English JOB! Interview

면접자의 영어

개정판

LTS 연구소

다양한 어학 콘텐츠 개발에 주력하여 현장에서 살아남기 위한 SURVIVAL ENGLISH에서부터 여러 분야의 프로페셔널들을 위한 PRACTICAL ENGLISH, 시험 영어에서 고득점을 받기 위한 LANGUAGE TESTING용 콘텐츠를 제공합니다. 저서로는 『OPIC 표현 사전』, 『OPIC 문장 조합 답변 공식』, 『듣고 따라하면 저절로 말이 되는 100분 오픽』, 『100분 오픽 실전 문제집』, 『여행자의 영어』가 있습니다.

면접자의 영어 개정판

저자 LTS 영어연구소
초판 1쇄 발행 2018년 10월 19일
개정판 1쇄 발행 2024년 6월 13일

발행인 박효상 **편집장** 김현 **기획·편집** 장경희, 이한경 **디자인** 임정현
마케팅 이태호, 이전희 **관리** 김태옥

내지 디자인·조판 Design SEE

종이 월드페이퍼 **인쇄·제본** 예림인쇄·바인딩

출판등록 제10-1835호 **발행처** 사람in **주소** 121-839 서울시 마포구 양화로 11길 14-10(서교동 378-16) 3층
전화 02) 338-3555(代) **팩스** 02) 338-3545 **E-mail** saramin@netsgo.com
Website www.saramin.com

책값은 뒤표지에 있습니다.
파본은 바꾸어 드립니다.

© LTS 영어연구소 2024

ISBN
979-11-7101-080-6 13740

우아한 지적만보 기민한 실사구시 사람in

LTS 영어연구소 지음

면접자의 영어 개정판

Intro
질문 분석, 어떤 질문을 하나?

기본 질문부터 까다로운 질문까지 섭렵해둬라!
본 교재에서는 질문을 다음 7가지로 구분했습니다.

1 Basic Questions
가장 기본적인 질문

가장 기본적인 질문으로, 가벼운 대화를 시작한다고 볼 수 있는 질문에 해당합니다. 오늘 어떻게 왔나, 날씨가 어떤가, 좋아하는 것이 무엇인가 등을 묻습니다. 대화를 한다고 생각하고 가볍게 설명하면 됩니다. 단, 국내 기업의 경우 이런 류의 질문으로만 영어 면접이 이루어지는 경우가 많으므로 준비는 철저히 해야 합니다. 아무리 간단한 질문이라도 Yes, No로만 답하지 마세요. 한 문장으로 답하는 것도 좋지만 because, and 등의 접속사를 써서 설명을 풍부하게 해주는 것이 좋습니다.

How did you get here today?

To be on time, / I had to use public transportation.

Today's interview was so important to me, / so I left home one hour earlier than usual / not to get stuck in traffic.

sed the subway to get here / and it took about 20

What skills can you bring to this job?

First of all, I have the ability to use a variety of computer software programs.

I possess **the skill to read people's minds**, / which is essential for this position.
▸ **the skill to plan an aggressive marketing campaign** 공격적인 마케팅 캠페인을 기획하는 기능
  the understanding of overseas markets 국제 시장에 대한 이해
  the understanding of accounting techniques 회계 기술에 대한 이해

ink / the employees in the department should be
many languages, / so I have learned Ch

2 Personal Questions
개인 특성 파악 질문

지원자 개인의 성향, 인성 등에 초점을 맞춘 질문입니다. 자기 소개, 좌우명, 성격, 장단점, 가족 소개 등이 해당하는데 무엇보다 자기 소개와 관련된 내용은 확실하게 준비를 하셔야 합니다. 자신에 대한 설명은 여러 가지 측면을 고려해서 준비해두는 것이 좋습니다. 학력 배경과 성격은 기본이고, 취미, 직무 관련 기술, 경험, 구체적인 직무 능력까지 최대한 자세히 준비해두세요.

Tell me about yourself.

I'm currently a senior at **Hankook University**, / majoring in **business** / and I'd like to apply for an opening / in **the IT project team**.
▸ 대학과 전공 그리고 부서명을 자기 상황에 맞게 바꿔서 활용하세요.

I graduated from Hankook University / with a master's degree in business.
graduate from 학교졸업 **with a master's degree in** 전공 ~ 석사학위를 받고 ~ 대학을 졸업하다

worked at an advertising company
r management

3-4 Educational Background / Career & Job
학력 / 경력 관련 질문

학력에 대한 질문은 물론 경력자의 경우 직무 관련 경험에 대한 질문도 필수입니다. 전공 및 수강 과목에 대해 기초적인 설명을 반드시 준비해야 하며 특히 전공과 관련된 전문 용어는 미리미리 영어로 찾아서 익혀두어야 합니다. 경력자의 경우 직무에 대한 설명을 구체적으로 준비해두세요.

5 Vocational Ability

업무 적성 파악 질문

업무 적성을 파악하는 질문입니다. 어떤 일을 했고, 어떤 일이 어렵고, 어떤 점을 배웠는지 등을 포함해, 동료와의 관계가 어땠는지, 상사와 문제는 없었는지 등 대인관계에 대해 묻는 질문도 나옵니다. 과거에 어려웠던 점을 어떻게 헤쳐나갔는지 문제 해결 능력을 묻는 질문도 단골 질문입니다.

Do you prefer working with others or by yourself?

I prefer working with other people / and adapt pretty well.

It depends on what the project is, / but I think it is valuable to work with good people / and help each other.

...lieve when people work together, / they can ove... ... easily / and do amazing things.

6 Role-playing & Problem Solving Skill

롤플레이 & 문제 상황 해결

사례를 주고 시연해보는 식의 프레젠테이션 질문이나 구체적인 문제 상황을 제시하고 어떻게 해결하겠냐고 묻는 질문 등 난이도가 높은 질문이 나옵니다. 우리말로 답한다고 해도 생각을 깊이 해서 답해야 할 정도로 어려운 질문일 수 있으나 가장 중요한 것은 당황해서 답변 자체를 망치지 않고 의연하게 대처하는 모습입니다. 문장이 잘 생각나지 않을 수도 있는데 그럴 때는 멈춰 있지 말고 생각을 유도할 수 있는 말이라도 하는 것이 좋습니다. 영어 면접에서는 어려운 문제조차도 첫 번째로 측정하고자 하는 것은 역시 영어 말하기 능력임을 잊지 마세요.

7 Tricky Questions & Brainstorming

까다로운 질문 & 브레인스토밍이 필요한 질문

한마디로 표현하자면 '당황스러운 질문들'입니다. 함정이 있는 질문이나 어떤 태도를 취해 답하든 문제의 소지가 있는 질문들이죠. 그러나 답변 내용에 너무 걱정하지 마세요. 너무 오래 생각하지 않고 답을 하는 것이 '옳은 답'을 찾는 것보다 훨씬 중요합니다. 질문을 듣고 대응해야 하는 시간 2~3초 안에 정답 또는 옳은 답변을 하기란 어렵다는 것을 면접관도 잘 압니다. 그러한 위기 상황에 어떻게 대응하고 영어로 논리적으로 답변하는가가 포인트입니다. 답변 안에 논리만 완성되면 만족스럽다 할 수 있으니 당황하는 모습을 보이지 말고 끝까지 당당한 태도를 유지하세요.

① **What is the key factor that you focus on doing the work?**
② **What do you think the key factors for succeeding in this industry?**

I think well-organized teamwork is needed to ensure first-rate performance.

I make sure that every goal I set is consistent with the goals of the team.

Then, I will adjust the goals I have set for my co-workers / so that I can keep myself productive and efficient.

Pretend you are a sales person of our company and sell our products to the client.

Let us make your trip easier / with our new lightweight suitcases.

Our newest suitcases are the lightest on the market, / and they're **durable** and strong.
durable 내구성이 좋은

As a bonus, the first 100 people to purchase our new ...cases online will receive a leather briefcase for f...

What is the Purpose of a Typical Interview?

성취동기를 어느 정도 갖추고 있는가?

성격은 어떠한가?

기술, 교육, 지식, 능력 등의 자질을 얼마나 갖추고 있는가?

돈값을 할 것인가?

회사에 득이 될 사람인가?

이전의 성공 경험이 우리 회사에서 발현될 것인가?

우리 회사 문화에 잘 맞는 사람인가?

면접에서의 답변 포인트는 회사 고용주들의 필요에 맞춰 줘야 합니다. 면접 전에는 반드시 지원하고자 하는 회사와 관련된 정보, 회사의 이력, 상품, 관련 산업, 회사의 경쟁사 등을 찾아서 숙지해야 합니다. 또한 회사에서 이루고자 하는 목표에 도움이 될 수 있는가에 초점을 맞춰 답변을 준비해야 합니다. 면접관들이 '이 친구, 월급 값 하겠는데!'라고 생각할 수 있게 해야 면접의 성공이 보입니다.

Research the Company

CHECKLIST

어디에 들어가볼 것인가?

☐ 회사 홈페이지: 재정 보고서, 언론 기사, 연혁, 제품, 등의 정보

☐ 관련 산업 분야 홈페이지 및 전문 기관 홈페이지

☐ 회사의 인력 구조

☐ 경쟁사 홈페이지

☐ 지역 신문과 잡지

☐ 도서관의 인쇄물이나 전자책 자료

무엇을 찾아볼 것인가?

☐ 회사 사명, 비전, 목표, 가치, 문화

☐ 관련 산업의 현재와 미래 흐름

☐ 홈페이지에서 가장 잘 드러나 보이는 것? 그것이 이 회사에서 가장 중요한 것!

☐ 전문가들이 작성한 기업 보고서: 전년 대비 수익률, 성장 전망, 부채 정도

☐ 회사 연혁, 사업 기간

☐ 주요 사업 부문

☐ 전체 종업원 수, 최근 종업원 수의 변화

☐ 판매 제품 또는 서비스, 회사의 효자 상품은 무엇?

☐ 주요 파트너사, 고객, 판매처

☐ 주요 경쟁사의 제품과 서비스

☐ 고객 친화적 홈페이지 구축을 위한 나의 제안은?

☐ 공동체 참여 기업이 되기 위한 방법

Communicating
Your Personal Brand

Tell the world about yourself,
your values, your goals,
and your skill in everything
you do, every day.

매일, 당신이 하는 모든 것에서
당신 자신의 세계, 가치, 목표, 기술을 말하라.

나 자신의 브랜드 가치를 높이려면 자신만의 고유한 특징과 장점을 잘
보여주어야 합니다. 내가 가진 자질, 즉 '나'라는 사람이 어떤 사람인
지, 무엇을 이루었는지를 보여줌과 동시에 회사에 어떤 이득을 가져올
것인가를 보여줄 수 있어야 합니다. 다음의 체크리스트를 이용해 자신
만의 고유한 특징과 장점을 파악하고 자신을 드러내는 질문에 대한 답
변에서 활용해보세요.

My Features

☐ 나의 핵심 가치, 열정, 재능은 무엇인가?

☐ '나' 하면 떠오르는 특징적인 것은 무엇인가?

☐ 나만의 특별한 재능이나 강점은 무엇인가?

☐ 나만의 고유한 장점은?

☐ 내가 자랑스럽게 느껴질 때는 언제인가?

☐ 어떤 교육 경험과 훈련 경험을 갖고 있는가?

☐ 나의 자질을 높이는 경험에는 무엇이 있는가?

My Benefits

☐ 나의 가치 있는 핵심 인맥

☐ 문제 해결 능력

☐ 비용 조절 능력

☐ 협업 능력, 낮은 이직률, 사기 진작

☐ 시장 점유율, 수익성, 효율성, 안전성, 역량을 높이는 능력

☐ 타사에서의 경험

☐ 미래 비전

Quick Responses

감사 표현
면접관에게 칭찬을 듣는 경우 반드시 감사의 표현을 하세요.

- **Thank you very much.**
  감사합니다.

- **Thank you for your consideration.**
  생각해주셔서 감사합니다.
  *감사한 이유에 해당되는 내용을 for 다음에 붙이세요.

- **That's very kind of you.**
  참 친절하시네요.

- **It's very kind of you to say that.**
  = **It's thoughtful of you to say that.**
  그렇게 말씀해주시다니 참 친절하시네요.

- **I really appreciate that.**
  정말 감사드립니다.

질문을 제대로 듣지 못했을 경우
못 들었어도 아는 척 대충 넘어가지 말고 다시 질문해줄 것을 정중하게 요청하세요.

- **I beg your pardon?**
  뭐라고 하셨죠?

- **I'm sorry, I missed that.**
  죄송합니다. 말씀을 놓쳤습니다.

- **Would you mind repeating that?**
  다시 말씀해주시겠어요?

- **I'm sorry, I didn't catch the last part.**
  죄송하지만 마지막 부분을 못 들었습니다.

- **I'm sorry, would you mind saying that again?**
  죄송하지만 다시 말씀해주시겠어요?

답변을 준비할 시간이 필요한 경우

답변할 내용이 바로 생각나지 않는다고 우물거리고 있으면 안 됩니다. 다음 표현들을
사용해 시간을 버세요.

- **Well, please let me think it over.**
  좀 생각해보겠습니다.

- **I need some time to organize my thoughts.**
  생각을 정리할 시간이 필요합니다.

- **That's a difficult question, so I'll need a moment to think.**
  어려운 질문이라 생각할 시간이 필요합니다.

- **I'll have to think about that a moment.**
  잠시 생각해봐야 할 것 같습니다.

- **Let me gather my thoughts.**
  생각을 정리해보겠습니다.

정확히 답할 수 없는 경우

정확히 답할 수 없다고 고개만 젓고 있으면 안 됩니다. 이럴 때는 다음 표현들을
사용해보세요.

- **I'm afraid I don't know exactly.**
  안타깝게도 정확히는 잘 모르겠습니다.

- **To be honest, it's tough for me to answer that.**
  솔직히 그것은 답변 드리기가 어렵네요.

- **I'm not keen on …**
  ~에 대해서 전문적인 지식을 가지고 있지는 않습니다.

- **I'm afraid I don't have an answer for you.**
  잘 모르는 부분인 것 같습니다.

- **I'm not sure how to respond to that.**
  어떻게 답변을 드려야 할지 잘 모르겠습니다.

- **I must admit I don't know enough about that to give you an answer.**
  답변 드리기엔 제가 잘 모르는 것 같습니다.

CONTENTS

Intro

- 질문 분석, 어떤 질문을 하나?
- 면접관들은 이런 것을 알고 싶어 한다!
- 내가 지원하고자 하는 회사는 어떤 회사인가?
- 자신의 브랜드 가치를 드러내라!
- 머뭇거리지 않고, 말을 이어갈 수 있는 표현

영어 면접에 대한 모든 것

해외 취업 및 국제 기구 취업 정보

1

Basic Questions
가장 기본적인 질문

2

Personal Questions
개인 특성 파악 질문

3

Educational Background

학력 관련 질문

4
Career & Job
경력 관련 질문

5
Vocational Ability
업무 적성 파악 질문

6

Role-playing & Problem Solving Skill

롤플레이 & 문제 상황 해결

7

Tricky Questions & Brainstorming

까다로운 질문 & 브레인스토밍이 필요한 질문

162 **Pretend you are a supervisor. There's an urgent thing in your department but a new employee is supposed to join next Monday. Would you meet with him in advance or wait until Monday?**

163 **Describe what you did to avoid making mistakes in your work.**

164 **Tell me about a time that you were not satisfied with your work performance. What did you do about it?**

165 **During your performance reviews, what criticism do you hear the most?**

7 Tricky Questions & Brainstorming 까다로운 질문 & 브레인스토밍이 필요한 질문

166 ① **What does "friendship" mean to you?**
② **Tell me a situation you had when your friendship with your friend at risk.**

167 ① **What does "family" mean to you?**
② **Tell me a situation you had when your family had a hard time.**

168 ① **Are you enjoying working?**
② **What does "work or job" mean to you?**

169 ① **What does "taking a rest" mean to you?**
② **Pretend you are in the presence of your impending death, what is one thing you want to tell your children for their lives?**

170 ① **What is the key factor that you focus on doing the work?**
② **What do you think the key factors for succeeding in this industry?**

171 ① **Are you married?**
② **We love women at this company, but most our clients are Asians and Middle East Asians who prefer to work with men, so we are considering hiring a man for this position.**

172 ① **Pretend you're forty-something, then would you be willing to start at an entry-level position here?**
② **What is your biggest regret now?**

173 ① **Have you experienced when you had trouble with your co-worker?**
② **Did you have a time that you had difficulties being an effective team member?**

174 ① **What if your boss managed to "take credit" for all your great ideas, how would you handle it?**
② **You're conducting a meeting now. You want discussion on a topic but no one is talking. How would you handle the situation?**

175 ① Describe the process to solve a problem in 3 steps.

② What is the way for the company to contribute to our environment by reducing the consumption of office supplies and increasing the reusable things?

176 ① If you were selected for this position, what would be your strategy for next 60 days?

② Pretend you will be promoted to a supervisor, starting next Monday. What strategy would you develop to use in your office?

177 ① From your resume, I see that you worked at the previous company for 3 years, but you weren't promoted. Why not?

② What is your biggest weakness that's really a weakness not a secret strength?

178 ① From your resume, it looks like you were fired before. How did that make you feel?

② Why haven't you worked recently? What have you been doing instead?

179 ① I think you are overqualified for this position. How do you feel about that?

② Why do you think you will be successful in this job?

180 ① What do you think we have to do to motivate people the most?

② You seem to be drawing a good salary. Will you be OK in taking a salary cut? What is your expected salary?

181 ① How did you make time for this interview? Where does your boss think you are right now?

② You knew that things at the previous company were rocky, why didn't you look for another job at that time?

182 ① Tell me about a time you disagreed with a company policy.

② Tell me how you set the goals for your department and gained commitment to them.

183 ① What would you do if you won 1 billion won?

② How aware are you of internal politics that may affect your performance?

184-186 Why should we hire you?

187-188 Do you have any questions?

189-190 Do you have any last words before we finish?

영어 면접에 대한 모든 것

해외 취업 및
국제 기구
취업 정보

기본 정보

——

영어 면접에
대한
모든 것
——

기본 정보

1. 취업 과정 중 가장 자신 없는 부분은?

1위	영어 면접
2위	서류 심사
3위	경력 또는 능력
4위	외모
5위	인성 테스트
6위	임원 면접
7위	토론 면접

2. 자신이 생각하는 영어 수준은?

1위	초급
공동 2위	왕초보
공동 2위	중급
4위	상급

3. 괜찮은 조건의 기업에 영어 면접이 있다면 지원할 것인가?

1위	고민해 볼 것 같다.
2위	포기한다.
3위	준비는 해두지만 상황을 봐서 결정한다.
4위	무조건 한다.

2 영어 면접이 왜 중요한가?

대한민국은 치열한 취업 전쟁중이다. 그만큼 경쟁자는 많고 취업의 문은 좁으며, 경쟁자들의 스펙이 높은 수준이다. 다들 열심히 준비한다. 그래서 다른 사람도 스펙이 나만큼은 준비되어 있다는 얘기다. 그렇게 좁은 문을 통과할 수 있는 사람과 탈락한 사람의 실력 또는 점수 차이가 거의 없다. 그러면 그 차이를 어디서 만들어야 할까? 설무의 결과에서도 보듯이 한국의 취준생들이 가장 취약한 부분이 영어라고 스스로 생각하는 것으로 드러났다. 따라서 그 부분에서 변별력이 생긴다. 마지막엔 결국 영어!

못하는 영어로 영어 면접 준비는 어떻게?

한국인이 영어에 투자하는 시간에 비해 구사하는 수준은 낮다는 것은 잘 알려진 사실이다. 영어를 못하는데 영어 면접이라니… 아예 포기하고 영어 면접을 봐야 하는 곳은 아예 피해서 취업 정보를 모으는 사람들도 많을 것이다. 그러나 국내의 경우라면 알다시피 영어 수준도 비슷하다. 변별력은 영어를 잘하고 못하는 수준에서 생기기보다 면접자의 자세에 있다고 하겠다.

아예 의사소통이 불가능하면 안 되겠지만 어느 정도 알아듣고 토막 단어라도 말할 수 있다면 영어 면접도 준비하기 나름이다. 준비가 철저하면 영어 실력 자체는 다소 모자라더라도 면접관에게 좋은 인상을 줄 수 있다. 어디선가 들어본 답변, 외운 것 같은 답변보다 자연스럽게 생각해서 순발력 있게 답변한다는 인상을 주려면 답변이 많고 독창적인 답변까지 준비된 교재를 선택해서 공부하는 것이 좋다.

3 영어 면접에서 도대체 왜 중요하지도 않은 것을 물을까?

국내 기업 면접, 왜 일상적인 질문을 하나?

일상적인 질문이라 함은 목차에서 Chapter 1의 Basic Questions에 해당하는 날씨, 아침 식사, 아침에 한 일, 교통편 등에 대한 질문을 말한다. 열심히 준비해간 영어 면접에서 왜 이렇게 중요하지도 않은 것을 묻는 것일까? 어떻게 보면 힘 빠지는 질문들이라고 할 수 있겠다. 뭔가 대단한 것을 물어볼 것이라고 잔뜩 긴장했을 텐데 말이다.

그러나 국내 기업에서 행하는 영어 면접은 면접자의 업무 능력을 파악하는 데 중점을 두는 것이 아니기 때문에 그렇게 중요한 질문이랄 것이 없다. 게다가 처음 본 사람에게 딱히 구체적으로 물어볼 거리는 별로 없지 않겠나. 처음에는 간단한 질문을 통해 상대를 좀 알아가는 ice-breaking용 질문을 한다. 그리고 이런 질문만 하고 마는 경우도 있다. 영어 실력을 알고자 한다면 몇 마디 하는 것만 보고도 알 수 있기 때문이다.

따라서 외국 기업 면접에서보다 이런 사소한 질문에 대해서도 '좋은' 답변을 준비해둘 필요가 있다. 간단하게 한 줄 답변으로 넘어가지 말고 생각할 거리가 있다든지, 스토리가 있다든지, 공감을 불러일으키는 요소가 포함된 답변이 깊은 인상을 남긴다. 이렇게 일상적인 질문을 하고 개인적인 특징이나 역량에 대한 질문을 할 수 있다.

그러면 외국 기업 면접에서는 왜 일상적인 질문을 하나?

외국 기업에서 보는 면접의 경우 영어 면접이라고 따로 부르지 않고 그냥 면접 그 자체가 될 것이다. 면접 전 과정이 영어로 이루어지는 것이고 면접 이후에 업무를 하면서 사용할 언어가 영어인 경우가 많다. 따라서 이 경우에는 면접에서 영어에 대한 준비도 더 철저해야 하지만 평소 실력이 어느 정도 받쳐줘야 한다. 그러나 기술직의 경우 역시 영어보다는 실력과 경력이 우선이다. 언어적인 부분은 취업 후에 지원해주기도 한다. 그러나 그만큼 탐이 나는 인재임을 어필하는 것 역시 영어이므로 준비가 중요하다.

외국 기업 면접에서 일상적인 질문을 한다는 것은 역시 ice-breaking용이다. 이때는 가벼운 대화에 해당한다. 무엇을 알아보고자 하는 의도라기보다 면접자의 긴장을 풀어주고 분위기를 풀어주려는 배려라고 볼 수 있다. 요즘 각광 받고 있는 IT 업계의 경우 우리나라 기업보다 자유로운 분위기에서 면접이 진행되기 때문에 너무 굳은 자세로 임하는 것은 좋은 인상을 주지 못한다. 자연스럽게 분위기에 동화되어 인사 및 가벼운 대화를 이후 면접을 풀어나가는 것이 좋다.

앞서 언급했듯이 일상적인 질문, 즉 Basic Questions에 대한 활용이 국내 기업과 외국 기업에서 각기 다르다. 따라서 국내 기업인 경우 일상적인 질문에 대한 대비부터가 중요하다. 그리고 당연히 개인의 역량을 묻는 질문들이 특히 중요하다.

자신의 역량이나 성격의 장단점, 앞으로의 목표나 인생 모토 등에 대해 설명하라고 하는 질문에 대해 답변을 준비할 때 흔히 그냥 좋은 것만 나열하는 식으로 답하거나, 모범 답변을 통째로 외워서 이용하는 실수를 한다. 그러나 스마트한 취업 준비자라면 자신이 들어가고자 하는 기업이나 공기업, 국제기구 등의 홈페이지에 들어가서 그들이 추구하는 기업 목표, 윤리, 인재상을 먼저 조사해봐야 한다. 거기에 맞춰 스스로 답변을 준비하거나 모범 답변을 활용해 내용을 바꿔서 답변을 외워 가야 한다.

특히 처음 질문 받게 되는 자기 소개와 자신의 장점을 설명할 때 버벅거려서 다시 하겠다고 하는 순간 상당한 감점이 이루어진다는 사실을 명심하고 철저하게 준비해야 한다. 만약 자기 소개를 자다가도 벌떡 일어나 술술 말할 수 있는 정도가 아니라면(영어라서 더욱 그렇다) 다른 것으로 넘어갈 생각을 말고 자기 소개 답변을 완벽하게 준비하고, 연기 연습을 해야 한다.

외국 기업인 경우 일상적인 질문은 가벼운 대화 정도로 분위기에 잘 녹아 풀어나갈 수 있으면 되고 모범 답변을 준비해야 하는 것은 아니다. 그러나 개인 역량에 대한 질문에 대한 답변은 잘 준비해야 한다. 그리고 업무와 연관성이 있는 내용들은 우리말 면접을 준비하듯이 철저하게 준비해야 한다. 경력과 성과를 중시하는 외국 기업의 특성을 잘 파악해 이에 맞춰 답변을 준비하되, 자신을 너무 과대 포장하지 않아야 한다. 이는 듣는 사람이 금방 알 수 있다.

특히 외국 기업에서 전문직이나 기술직의 경우 시연이나 프레젠테이션이 면접 과정에 포함되기도 한다. 이때는 직접 영어로 미션에 따라 설명해야 한다. 자기 분야에 대한 기본 용어는 영어로 알아두고 간단한 설명 정도는 무리 없이 할 수 있도록 준비해두어야 한다. 그렇지만 보다 철저하게 하기 위해 미리 해당 기업의 홈페이지에서 면접 절차 안내를 확인하거나 리크루팅 담당자에게 정보를 얻거나, 인터넷에서 면접 후기를 찾아보고 준비를 하는 것이 좋다. 한마디로 사전 조사는 필수라고 할 수 있다.

해외 취업 및
국제 기구
취업 정보

——

사전 준비

1 해외 구직에 대한 단상_취준생에게 물었다

1. 해외 취업을 생각해본 적이 있거나 의향이 있다?

- 1위 그렇다
- 2위 아니다
- 3위 기회가 된다면 생각해보겠다

2. 해외 취업을 한다면 어떤 나라를 염두에 두고 있는가?

- 1위 캐나다
- 2위 미국
- 3위 일본
- 4위 동남아시아
- 5위 유럽

3. 해외 취업 시에 나에게 장애가 되는 요인은?

- 1위 언어
- 2위 경력 및 자격 부족
- 3위 지원 기회의 부족
- 4위 이주 및 생활 문제
- 5위 문화 이질성
- 6위 가족과의 분리

2 구직자의 '핫이슈' 해외 취업 인기

해외 취업 관심 상승

국내 취업 준비생들이 지난 몇 년간 구직난을 겪고 해결될 기미를 보이지 않자 해외 취업이 키워드로 떠오르고 있다. 해외 취업의 가장 선호 국가로는 캐나다가 1위, 2위는 미국이 차지하는데, 최근 입국을 하려는 외국인에 대한 자격 강화 기조로 인해 미국의 경우 장벽이 높아진 상황이다. 구글이나 페이스북 등 해외 인재 비중이 높은 글로벌 기업들에서는 공개적으로 정부 정책에 반발하고 비난하고 있다.

우리나라 구직자들이 해외 취업을 원하는 이유는 단순히 취업 정도가 아니라, 해외 기업이 가진 여러 가지 장점도 작용하고 있다. 웰빙이나 욜로라는 문화 키워드로도 알 수 있듯이, 국내 기업의 지나친 업무 강도와 낮은 복지 수준, 수직적인 조직 문화 등에 염증을 느끼는 20, 30대가 많기 때문이다. 세부적으로 살펴보면 해외 취업에 관심을 가지는 요인으로 근무 환경을 가장 많이 꼽았고, 급여 수준, 그리고 외국에 대한 관심, 호기심 등도 크게 작용하는 것으로 보인다.

외국 기업만 있는 것이 아니다,
국내 기업의 해외 근무 인재 채용

해외 취업에 대한 구직자의 관심이 높아지고 있는 가운데, 국내 기업의 해외 인재 활용에 대한 소식을 눈여겨 보면 좋을 것이다. 많은 국내 기업들이 '해외 인재' 채용 계획을 준비하고 있기 때문이다. 국내 기업의 글로벌 인재 채용에 대한 수요는 주로 무역 및 해외 영업 관련 업무 담당자를 의미한다.

한편 기업에서는 이런 해외 업무에 유학파 국내 인재나 현지 인력보다는 외국어 구사가 가능한 국내 인력을 채용하는 방식을 선호한다. 당연히 국내 사정에 밝아야 하고, 자기 기업에 대한 깊은 이해를 바탕으로 해외 업무도 원활히 해낼 인재로 국내 인재를 선호한다는 것을 알 수 있다. 따라서 국내 인재들에게 요구되는 첫째 능력은 자유로운 외국어 구사 능력이다. 영어는 기본이고 그밖에 근무지의 언어를 잘 구사할 수 있는 인재가 1순위가 될 것이다.

구직자 입장에서는 캐나다, 미국 순으로 인기가 있었으나, 기업들의 요구는 다르다. 해외 업무가 필요한 국가로 단연 중국이 1위, 2위가 미국, 3위는 일본, 그밖에 동남아 국가들이 다수 있고 유럽 등이 있다.

3 해외 취업, 영어권 인기 국가의 특징

외국에서 취업하려면 먼저 해당 국가의 고용시장의 특성을 이해해야 하는 것이 순서일 것이다. 그래서 나에게 매력적인가를 판단해봐야 한다. 그밖에도 그곳에서 일상생활을 해야 하므로 진지하게 고려해봐야 할 것들이 많지만 우선 각국의 취업 시장의 특징을 살펴보자.

이민 계획과 연계, 캐나다 취업

캐나다에 입국하는 방법은 크게 두 가지가 있는데, 관광 비자를 통한 입국이 있고, 노동 비자를 통한 입국(물론 영주권자, 시민권자는 예외)이 있다. 한국에는 캐나다 대사관이 없기 때문에 캐나다에 들어가면서 입국 심사를 할 때 워킹홀리데이 인비테이션 혹은 LMIA라는 것을 제시하고 이를 워크퍼밋(Work Permit)으로 바꿔서 입국하게 된다. 캐나다 LMIA는 외국인이 캐나다에서 합법적으로 일을 할 수 있도록 캐나다 노동성에서 허가해주는 것으로, 캐나다에서 일하게 될 직장에서 여러 절차를 걸쳐 발행하며 캐나다 입국 후에 해당 직장에서만 일할 수 있다.

많은 사람들이 캐나다 취업을 이민과 연계해서 생각한다. 캐나다 각 주에 따라서는 비교적 어렵지 않은 조건으로 단기간에 영주권 신청이 가능한 주도 있지만 까다로운 조건을 내걸고 이민자를 받는 주도 있다. 워킹홀리데이는 Open Work Permit이라고 하고, LMIA는 Closed Work Permit이라고 한다. Open Work Permit, 워킹홀리데이 인비테이션은 어느 회사를 가든지 제한이 없어 1년 정도 합법적으로 캐나다 어느 곳으로나 이직할 수 있다.

Closed Work Permit은 캐나다 회사에서 초청을 받아야지만 캐나다에서 일할 수 있는 비자를 발급받을 수 있고, 퇴사를 하면 비자가 유효하지 않게 된다. 이때 LMIA가 있어야 Closed Work Permit 발급이 가능한데, LMIA는 Labour Market Impact Assessment의 약자로 보통 캐나다 회사에서 외국인을 고용하기 위해 캐나다 노동성에서 발급받는 외국인 고용 허가서이다. 노동성으로부터 허가가 나와야만 이민성에서 Closed Work Permit(비자)를 발급해준다. 워크퍼밋을 받고 입국하게 되면 해당 기간에는 캐나다 영주권자와 동일한 혜택과 함께 국가의 보호를 받는다. 또 LMIA의 경우 동행한 배우자에게는 동기간 아무 곳에서나 일할 수 있는 Open Work Permit이 주어지고, 자녀들에게는 공립학교 무상교육 혜택이 주어진다.

과거와는 다르게 외국인 근로자를 위한 LMIA가 특정 주를 빼놓고는 쉽게 발급되지 않도록 바뀌면서 캐나다 취업이 어려워지고 있다. 기술을 가지고 이민을 희망하는 경우는 LMIA 문제로 선택의 폭이 좁다. 사무직으로 캐나다에 취업하기를 원하는 경우 업무에 지장이 없을 정도의 유창한 영어 실력과 본인만의 특별한 기술이나 능력이 있어야 한다. 기본적으로 영어 실력을 먼저 키워놓는 게 좋다.

워킹홀리데이 하면 호주

호주하면 워킹홀리데이를 쉽게 떠올릴 만큼 워킹홀리데이 비자가 활성화되어 있다. 그 중에서 호텔/리조트 취업, 뷰티 분야 취업, 유아 교육 분야 취업에 대해 살펴보자. 먼저 호텔/리조트 취업 플랜은 호주에서 일한 경력과 안정적인 급여와 근무 조건으로 취업에 도전하는 프로그램이다. 물론 호텔/리조트 분야는 서비스업의 특성상 기본적인 영어 실력이 바탕이 되기만 하면, 다른 분야에 비해 비교적 안정적이고 어학연수 후 해외 취업 연계도 가능하다. 중간 하청 업체 없이 지원자와 호주 호텔 고용주의 다이렉트 계약도 가능한 길이 있다. 뷰티 분야(헤어. 네일아트. 스킨케어 등)의 경우 12주 단기 과정으로 certificate Ⅲ in beauty therapy 호주 자격증을 취득한 후, 관련 분야에서 유급으로 일할 수 있는 프로그램이 있다. 호주 뷰티 전문 학원에서 학위를 수여하고 현지에서 취업을 연계하는 방식이다. 유아 교육 프로그램은 16주 단기 과정으로 certificate Ⅲ in early childhood education 100% 호주 자격증을 발급 받은 후 호주 차일드 케어 센터에서 유아 교육 교사로 취업이 가능하다. 그러나 요즘은 호주 워킹홀리데이도 옛날과는 달라 무작정 가는 것이 아닌, 정확한 목표를 세우고 정보를 수집해 철저하게 실행해야 성공할 수 있다.

싱가포르

싱가포르는 다국적 기업이 많아 외국 인력도 많다. 싱가포르 취업을 공략한다면 영어 회화 실력과 더불어 한국어 실력을 어필하는 것이 유리하다. 유망 직종은 지속적인 관광 산업 투자로 관광 서비스직이 촉망 받고 있고, 다국적 기업이 많아 고객 서비스, 영업직 수요가 많다. 국가 비전 스마트 국가 채택으로 IT 관련직 수요가 많다는 것도 한국 인력이 유리한 면이다. 구직 활동에 앞서 몇 개월 현지에 머무르면서 필요한 언어를 배우고 현지 사정을 살펴보면서 취업 기회를 노리면 유리하다.

태국

태국은 완전 고용에 가까운 나라이지만 숙련공과 전문지식인 노동자가 부족해 주변국이나 일본, 미국, 유럽 등 선진국 출신의 전문 인력 의존도가 높다. 언어, 전문성, 차별성을 갖추고 있다면 태국 취업 시장을 공략해볼 수 있다. 태국의 까다로운 자본금 규정, 태국인 고용인에 비례한 외국인 노동허가증(Work Permit) 발급 절차 등이 걸림돌이 되기도 하고, 영어권의 원어민이나 일본인을 선호하는 점 등으로 우리 청년들이 태국에서 취업하기 쉬운 편은 아니다. 사업 환경의 경우 동남아시아 내에서 싱가포르와 말레이시아에는 뒤지지만 인도네시아, 필리핀, 베트남에 비해 나은 수준이다. 태국 취업을 위해서는 영어는 필수이고 태국어를 잘하면 취업에 유리한 것은 두말할 필요가 없다. 영어가 유창하지는 않더라도 업무상 필요한 이메일, 회의 등에 부족하지 않은 정도라면 도전해볼 만하다.

4 미국 기업 취업 준비

미국 리크루팅 기업 담당자와 현지 취업 준비생들의 현실 조언

미국은 특히 입국 및 체류 조건이 까다로워지는 경향이 있지만 여전히 매력적인 취업 시장이다. 물론 진출 분야는 언어 장벽으로 인해 기술 위주 분야로 제한적이므로 더욱 철저한 준비가 필요하다. 리크루팅 기업 담당자와 현지에서 취업을 준비해본 경험자들의 조언을 들어보자.

미국 채용 시장의 이해

미국 채용 시장의 큰 특징은 우리나라처럼 시즌별 공개 채용 개념이 아니라는 것이다. 기업에 공석이 생기고 인력이 필요할 때 수시로 채용한다. 따라서 자신이 근무를 희망하는 회사에서 구인 공고가 나는지를 수시로 살펴봐야 하는 수고를 감수해야 한다. 리크루팅 기업에 문의하거나 온라인으로 이메일을 보내는 방식으로도 접근할 수 있다. 자신이 취업을 하고 싶은 분야와 직책에서 요구하는 요건을 미리 확인하고 평소에 준비를 하는 것이 가장 기본적인 자세이다.

외국인으로서 유리한 분야

외국인들, 특히 한국인들에게 유리한 것으로 흔히 IT 산업과 상업 디자인 분야가 있다. 이외에, '글로벌화'를 꾀하는 산업 및 기업들에서는 고급 외국인 인재를 찾기 때문에 이런 분야를 찾아봐야 한다. IT, 디자인, 금융/회계, 소셜 미디어, 모바일, 클라우드, 데이터 분석, 인공지능(AI), 헬스케어 등이 그런 분야라고 할 수 있다.

미국에서 일하기 위해 준비해야 할 것

미국에서 일하고 싶다면 먼저 체류 자격이 되어야 한다. 미국에서 합법적으로 일을 하려면 미국 시민권자나 영주권자가 아니면 Employment Authorization Document(EAD)라는 고용 허가증을 받아야 한다. 신분 문제가 해결되지 않으면 채용 과정을 모두 거쳐 합격을 하더라도 최종 채용 및 근무를 할 수 없게 된다. 기업에서 비용을 들여 비자 스폰서를 당장 해줄 수 있는 사정이 안 된다면 가장 큰 장애물이 된다. 아직 학생 신분으로 한국에 있다면, 미국에서 공부를 마치거나 미국에서 추가로 공부를 더 하는 방법이 있다.

미국 기업의 일반적인 채용 프로세스

미국 기업의 채용 과정은 긴 편이다. 뒤에 나오는 실제 취업 과정 후기를 보면 알 수 있다. 미국 내 거주자라도 2-4주씩 걸리기도 한다. 이력서 접수부터 학력 및 성적 확인, 추천서 수령, 기본적인 신분 확인 절차를 거치는 것은 물론, 범죄 이력 조회서까지 요구한다. 서류 심사 통과 시 진행되는 면접도 단계 별로 한 명 이상씩 만나는 경우가 많고, 한 단계가 끝날 때마다 팀이나 부서 회의를 거쳐 다음 단계로 진행시키기 때문에 이 기간은 더욱 길어진다. 경력이 많은 높은 레벨(시니어 급)일수록, 이 기간은 더 길어진다. 따라서 미국이 아닌 해외에 있는 구직자들에게 채용 과정 중간 중간에 기다림이 길어지게 된다. 여러 번의 면접을 봐야 하는 경우 해외 거주자는 특히 더 어렵다. 일단 서류 전형을 통과해 면접을 보게 되는데, 한국에서 전화나 화상 면접을 보거나 한국에 이미 진출한 기업이라면 한국에 있는 지사를 방문해 면접을 보기도 한다. 그러나 미국으로 가서 면접을 봐야 한다면 더욱 철저한 준비와 일정 조율이 필요하다.

요즘 미국 채용 시장 트렌드

요즘은 채용이 주로 웹에서 이루어지는 경향이 있다. 링크드인(LinkedIn)*처럼 비즈니스 인적 네트워크도 이제 온라인으로 이루어져 취업 정보 및 채용 시장도 이런 온라인을 기반으로 더욱 활성화될 것으로 보인다.

* 링크드인(LinkedIn)에 대한 내용은 059쪽 참고.

5 해외 취업 이렇게 준비하라

필요한 언어를 익혀라

언어 실력은 현지에서 자신의 위치를 지키고 같이 일할 현지인과의 거래처를 원활히 이끌 수 있는 바탕이 된다. 영어는 기본이고, 현장에서는 영어로 의사소통이 어려운 경우가 많기 때문에 읽고 쓰기까지는 아니어도 어느 정도 듣고 말하기가 가능한 현지어 실력이 필요하다.

전문성을 확보하라

기업에서 신입사원 채용 시 업무에 관해 기대치가 그리 높지 않을 것이지만, 구직자가 지원 분야에 전문지식이나 경험이 있다면 유리하다. 특히 공채가 없는 외국 기업의 경우 신입사원이라도 전문지식이나 관련 경험이 있으면 채용 담당자의 눈이 안 갈 수 없다. 결국은 취업한 후에 그 분야에서 실력 발휘를 할 사람을 뽑는 것이기 때문에 실력을 입증할 전문성을 어떻게든 이력서나 프로필에서 보여줄 수 있어야 한다.

오픈 마인드를 가져라

국내 기업이 현지인들과 함께 일하는 현장에서 한국인을 뽑는 경우는 관리자급을 찾는 경우가 많다. 따라서 현지인들의 문화와 언어, 특징을 이해하고 열린 마음가짐으로 소통할 필요가 있다. 또 현지 문화에 대해 적극적으로 습득하는 자세가 필요하다. 한국식 사고방식과 업무 관행을 고집하지 않고 현지인들과 협조하고 협조를 구할 수 있는 마인드가 필요하다. 또 현지인들과 파트너쉽으로 수평적인 비즈니스를 진행하는 경우에도 마찬가지이다. 서로의 문화에 대해 인정하고 수용하는 자세가 필요하다.

글로벌 인재로서 매력을 키워라

글로벌화된 사회에서 미국 또한 국내 비즈니스로만 살아남을 수 없다. 전 세계로 사업을 확장시키는 것이 생존을 위한 필수 조건이다. 따라서 글로벌한 인재의 등용, 회사에 다양성을 입히려는 노력은 필수불가결한 요소이다. 이런 경향은 세계적인 IT 기반 기업들에서 특히 두드러지게 나타나고 있다. 이제 웬만한 사업들은 IT를 등에 업고 시작한다고 볼 수 있는 만큼 기업의 글로벌 인재 채용은 더 활발히 일어난다고 할 수 있다. 이런 기업들에 이력서를 쓴다면 주요 기업의 글로벌 본사나 지역에서 일해본 경험, 글로벌한 아이디어나 현장감을 강조할 만한 경험을 적을 수 있으면 유리하다.

6 해외 취업 필수 준비물

영문 이력서

해외 취업에서도 나의 경력을 소개하는 영문 이력서가 필요하다. 영문 이력서는 대체로 자유 서술 방식이지만 학력, 경력, 기술을 중심으로 쓴다. 몇 가지 한글 이력서와 다른 특징은, 날짜를 우리나라와 반대로 작성하고, 신체 사이즈나 가족관계 등의 개인정보를 기재하지 않는다는 것이다. 요즘에는 기업 홈페이지에서 작성할 수 있는 기본 양식을 제공하거나 취업 담당 기업에서 제공하는 양식도 많은 편이다.

취업 비자

취업 비자는 장기적으로 취업을 목적으로 해당 국가에 머무르는 외국인이 준비해야 하는 입국 허가 증명서이다. 취업을 원하는 해당 국가의 이민국 홈페이지에서 상세한 비자 정보를 확인하고 비자를 신청한다. 비자의 유효 기간을 확인해 적절한 시기에 기간 연장을 해두어 불법 체류자가 되지 않도록 주의해야 한다.

미국 취업 비자

H-1B (전문직 취업 비자)	H-1B는 미국 회사에 고용된 사람들을 위한 비자로 3년 동안 유효하며 한 번 연장할 수 있다. 한 번 연장을 포함하여 최대 6년간 일할 수 있고 이 기간 동안 영주권 신청도 가능하다. 전문성이 요구되는 업무여야 하고 학사 이상의 학력을 가지고 있어야 한다. 전 고용주가 미국 노동청에 노동 허가 요청서를 신청하여야 하며 매년 한정된 쿼터제로 운영되고 있다.
H-2B (단기 취업 비자)	H-2B는 단기 노동 비자로, 요식업과 호텔, 골프장, 조경 사업체 등 농업을 제외한 서비스 분야에서 3년까지 일할 수 있다. 단, 매년 비자 연장 신청을 별도로 해야 한다. 영주권 신청은 할 수 없다. H-2B 단기 취업 비자도 연간 쿼터제로 실시되고 있다.
H-1C (간호사)	H-1C는 미국의 외국 간호학교위원(CGFNS) 또는 이와 유사한 기관의 간호사 자격을 취득한 간호사를 대상으로 발급하는 비이민 비자이다.
H-2A (농업 종사자)	H-2A는 농장 노동자 또는 계절 노동자에게 발급되는 비이민 비자로 농장 고용주 및 농협에서 작성한 노동 허가 신청서가 필요하다. 단, 취업했던 농장에서 2주 이내 취업할 경우 노동 허가 신청서가 면제된다.
H-3 (기술 연수)	고용주로부터 실습을 받으려는 연수생에게 발급되는 비자로 의과 대학원 교육 과정 이외의 교육 과정자에게 발급된다. H-3를 발급 받기 위해서는 연수 과정이 필요성이 증명되어야 하며 연수자의 급여 출처 등을 밝혀야 한다.

▶ 미국 이민국 홈페이지(https://www.uscis.gov/)에서 상세한 비자 정보와 업데이트되는 내용을 확인하세요.

캐나다 비자

Open Work Permit		LMIA Based Work Permit	LMIA Exempt Work Permit
International Experience Canada	Working Holiday	Closed Work Permit	Intra-Company Transferees 주재원이나 해외 파견직과 같이 캐나다에 모회사, 지사, 자회사 또는 계열사가 있는 기업의 임원들이 캐나다에서 일하기 위해 발급받는 취업 비자
International Experience Canada	Young Professionals 젊은 전문가들을 채용하기 위한 제도	Closed Work Permit	Intra-Company Transferees 주재원이나 해외 파견직과 같이 캐나다에 모회사, 지사, 자회사 또는 계열사가 있는 기업의 임원들이 캐나다에서 일하기 위해 발급받는 취업 비자
International Experience Canada	International Co-op 한국의 고등 교육 기관과 캐나다 회사 간의 산학 협력으로 채용하는 취업 비자	Closed Work Permit	Intra-Company Transferees 주재원이나 해외 파견직과 같이 캐나다에 모회사, 지사, 자회사 또는 계열사가 있는 기업의 임원들이 캐나다에서 일하기 위해 발급받는 취업 비자
PGWP	Post-Graduation Work Permits For International Students In Canada 졸업 후 취업 비자를 의미하며 고등 교육 기관을 졸업한 이들이 캐나다에서 취업을 하고 일을 할 수 있도록 비자를 내주는 제도. 유효 기간은 1년에서 최대 3년	Closed Work Permit	NAFTA Work Permits North American Free Trade Agreement (NAFTA)에 의해 멕시코인들과 미국인들이 LMIA 서류 없이도 워킹 퍼밋을 발급받을 수 있는 제도
Inland Spousal/ Common – Law Partner Sponsorship	The Spousal Sponsorship Program 배우자 초청 이민자들이 절차를 밟는 동안 체류하며 사용하는 비자	Closed Work Permit	Comprehensive Economic and Trade Agreement (CETA) CETA에 가입되어 있는 회원국들이 LMIA 서류 없이도 워킹 퍼밋을 발급받을 수 있는 제도
BOWP	Bridging Open Work Permit 워킹 퍼밋 소지자들 중 영주권을 신청했으나 유효기간이 얼마 안 남은 외국인들이 합법적으로 캐나다에서 체류할 수 있도록 도와주는 징검다리 비자	Closed Work Permit	Working in Quebec with a CSQ 퀘벡 영주권자들에게 주어지는 캐나다 취업 비자로 CSQ를 발급받게 되면 LMIA 서류 없이도 캐나다 워킹 퍼밋을 발급 받을 수 있다.

▶ 캐나다 이민국 홈페이지(https://www.canada.ca/en/services/immigration-citizenship.html)에서 상세한 비자 정보와 업데이트되는 내용을 확인하세요.

보험

해외에서는 건강에 문제가 생기면 낭패를 보거나 당황스러운 일이 발생할 수 있다. 외국인의 신분으로 병원을 이용했다가 큰 비용이 발생할 수 있기 때문에 미리 해당 국가의 의료 비용이나 외국인 취업자에 대한 의료 혜택에 대해 알아보고 보험을 준비해둬야 한다.

7 영문 이력서에 괜히 써서 실패하는 것

1. 목표

지원 목표를 명시하는 것은 종종 도움이 되지 않는다. 구식으로 보일 뿐 아니라, 고용자가 원하는 것을 채우는 것이 아니라 반대로 지원자가 원하는 것을 나열하는 것으로 보이기 쉽다. 이력서는 지원자의 경험, 기술, 성취를 보여주는 것이다. 지원자의 경력에 비추어 지원하는 직책과 어떻게 완벽하게 도움이 되는지 보여주고자 한다면 커버레터에 기술하는 것이 좋다.

2. 다양한 단기 알바 경력

아르바이트와 같은 단기 경력들은 고용주나 면접관에게 매력적으로 보이지 않는다. 너무 많이 언급하면 오히려 왜 오래 하지 못하고 옮겨 다녔는지 의문을 품게 한다. 일하는 데 문제를 일으키는지, 동료와 어울리지 못하는지, 적응에 문제가 있는지 의심할 수 있다. 몇 개월 단위의 경력은 배제하고 핵심 경력만 적는 것이 좋다. 자원봉사 경험의 경우 핵심 정보는 아니지만 채용 담당자들은 유급 근무만큼 가치 있는 자원봉사 활동을 고려한다. 특히 사회 경험이 없는 신입을 평가할 경우는 자원봉사 경험의 비중이 크다고 할 수 있다. 단, 특별한 경우가 아니면 경력자의 경우 중요한 정보가 아니므로 어지럽게 늘어놓지 않도록 하자.

3. 기능의 나열

면접관들은 경력 순서에 따르지 않고 마구잡이식 기술/능력을 나열하는 이력서를 싫어한다. 이런 식은 제한적인 직업 경험이나 중요한 업무 공백을 가리려는 시도로 보이기 때문이다. 이는 또 지원자의 경력이 어떻게 발전하는지를 보여주지 못한다. 한마디로 마구잡이식 기능 나열로 면접관의 시선을 어지럽게 해서 뭔가를 숨기려고 한다는 인상을 주는 이력서가 된다. 다음은 프로필을 만들 때 많은 구직자들이 남용하는 단어들이다. 인상적으로 기술하려고 강조해서 쓰는 표현들이지만, 수많은 이력서를 검토하는 채용 담당자들에게는 오히려 흔한 표현이 되고 마는 단어들이므로 주의해서 사용하자.

Motivated, Creative, Passionate, Driven, Extensive experience, Organizational, Strategic, Track record, Responsible, Problem-solving

4. 화려한 디자인

특이하거나 화려한 디자인이나 색의 사용은 피하는 것이 좋다. 이력서는 지원자 자신에 대해 말해주는 것이라는 목적에 충실해야 한다. 이력서를 더 돋보이게 꾸미는 것은 아무 도움이 되지 않고 지원자가 보여주고자 하는 것이 무엇인지 의구심을 갖게 만든다. 즉 가독성이 떨어지고 눈은 피로한 디자인을 피해야 한다는 것이다. 단, 디자인 관련 직무에 대한 지원자라면 다를 수 있다. 디자인이 특이하고 눈을 즐겁게 하는 1차원적인 목적이 아닌 그야 말로 다른 지원자와 다른 '나'를 부각시켜 보여줄 이력서 양식을 개발하는 것은 대환영이다.

5. 주관적인 묘사

이력서는 경험과 성취에 대한 내용만 쓰는 것이 좋다. 리더쉽이 훌륭하다거니 창조적이라는 식의 주관적인 특성은 배제해야 한다. 스스로에 대한 주관적인 평가는 부정확하고 치우쳐 있다는 것을 면접관은 누구보다 잘 알고 있다.

6. 고등학교 시절 언급

고등학교를 졸업한 지 얼마 되지 않은 경우를 제외하고는 별도로 언급하지 않는다.

7. 연봉

이력서에는 일반적으로 과거 연봉 내용을 기록하지 않는다. 이런 정보를 숨김으로써 협상의 여지를 남겨두는 효과도 있다.

8 영문 이력서 업그레이드 하기

몇몇 한국 채용 사이트에서 제공하는 영문 이력서는 해외 기업에 사용하기에는 부적절한 경우가 많다. 결혼 여부, 키/몸무게, 가족 사항 등의 항목을 포함하는 경우가 많기 때문이다. 이런 항목을 해외 리쿠루터들이 본다면 의아하게 생각한다. 문화적 차이를 고스란히 드러낸 경우라고 할 수 있다. 중견 이상의 해외 기업에서 온라인에서 제공하는 이력서 샘플을 살펴보자.

사전조사를 하여 지원하는 업무에서 원하는, 그리고 우선으로 하는 스킬을 최우선으로 해서 이력서를 정리해야 한다. 내가 할 줄 아는 것보다 지원하는 회사와 부서에서 원하는 것이 무엇인지를 알고 그것에 초점을 맞춰 내 경력과 능력을 정리해야 한다. 설령 내가 가장 잘 하는 것과 차이가 있다고 하더라도 이력서에 정리하는 순서를 바꿔줘야 면접 기회가 주어진다.

퍼스널 브랜드를 정해서 일관성 있게 정리한 능력을 전달해야 한다. 이를 위해 Summary section을 정리할 필요가 있다. 경력을 요약 정리하는 부분이다. 수많은 이력서를 읽는 채용 담당자는 이력서를 처음부터 끝까지 읽는 경우는 드물다. 따라서 채용 담당자가 중요하게 생각할 만한 능력, 스킬, 경험 등을 정리해주는 것이 중요하다.

전문 분야라면 그 분야의 언어, 용어를 잘 알고 상세하게 언급해주는 것이 좋다. 모호한 능력을 나열해봐야 어필하지 못한다. 구체적인 언어로 경험뿐만 아니라 구체적인 성과도 언급해야 한다.

KIM JUNG IN
#201-1323, Mirea APT, Sinsa-Dong, Seoul, Korea
Cell) 82-11-2345-3355
E-mail) ltsbook@gmail.com

OBJECTIVES
To secure an entry-level position in the marketing field related to financial industry

WORK EXPERIENCES
June 2010 ~ Aug. 2010

Samsung SDS, Seoul, Korea
Summer Intern, Marketing Team
Researched the local IT industry and analyzed the market
Delivered a presentation in front of managers on weekly basis.

EDUCATIONS
March 2011 ~ 2015

Hankook University, Seoul, Korea
Bachelor of Business Administration
Cumulative GPA: 3.2/4.5 Overall GPA: 3.6/4.5

Sept. 2009 ~ Dec. 2009

Study Abroad / Exchange Student
Boston University, Boston, MA
Earned 30 credits from business-related courses
Actively participated in the intramural basketball club and in
charge of promotion and yearbook

HONORS AND AWARDS
Aug. 2015

The 10th Digital Contents Award, Seoul National University
Winner of Honor prize

SKILLS
Languages

Fluent in English and Korean, intermediate knowledge of Japanese
iBT TOEFL, score: 291/300

Computer skills

Extensive knowledge of MS-Office suite; especially PowerPoint and
Excel

Others

Participated in Global Management Analysis Seminar at University
of Chicago and received a diploma (2010)

김정인
#201-1323, 미래 아파트, 신사동, 서울, 한국
전화) 82-11-2345-3355
이메일) ltsbook@gmail.com

목적
금융 산업 관련 마케팅 부서의 신입직에 지원

경력
2010. 6 ~ 2010. 8
삼성 SDS, 서울, 한국
마케팅 팀에서 여름 인턴
지역 IT 산업 연구 조사와 시장 분석
주 단위로 매니저들을 대상으로 프레젠테이션 실행

교육
2011. 3 ~ 2015
한국 대학, 서울, 한국
경영학 학사
누적 평점: 3.2/4.5   총 평점: 3.6/4.5

2009. 9 ~ 2009. 12
해외 연수 / 교환학생
보스턴 대학, 보스턴, MA
비즈니스 관련 강의 30학점 이수
활동적으로 교내 농구 클럽에 참여, 프로모션과 연감 담당

수상 경력
2015. 8
제 10회 디지털 컨텐츠 공모전, 서울국립대학 수상

기술
언어
영어와 한국어에 능통, 중급 수준의 일본어
iBT 토플, 점수: 291/300

컴퓨터 기술
MS-Office에 대한 해박한 지식; 특히 파워포인트와 엑셀

기타
시카고 대학에서 세계 경영 분석 세미나에 참여, 이수증 받음
(2010)

John Smith

IT Project Manager
john@uptowork.com
774-987-4008
uptowork.com/mycv/smith
linkedin.com/in/johnsmith

IT Professional with over 10 years of experience specializing in IT department management for international logistics companies. I can implement effective IT strategies at local and global levels. My greatest strength is business awareness, which enables me to permanently streamline infrastructure and applications.

Experience

2012.12 - present
IT Project Manager
Software House / San Antonio, TX, USA

Management:
* Responsible for creating, improving, and developing IT project strategies.
* Manage project teams and contractors.
* Plan and monitor IT budgets.

Key IT Project Management:
* Initiate and manage projects that provide new solutions and improvements.
* Supervise timely accomplishment of project objectives.
* Manage key project risks and change.
* Ensure the highest quality of the implemented projects.
* Manage communication between project stakeholders.
* Cross trained more than 30 employees in two months.

Key Achievements:
I managed a key project involving SAP system implementation for the region.
My commitment resulted in the successful migration of 5 new countries to the global IT infrastructure.
I reduced the costs of IT infrastructure maintenance by 5% in 2015.

2005.11 - 2012.11
Support Consultant
XYZ Logistics / San Antonio, TX, USA
* Managed IT infrastructure.
* Prepared infrastructure performance analyses.
* Managed projects and support related to SAP modules.
* Recommended optimization measures.
* Implemented systems (ERP, WMS, CRM, ECM)
* Streamlined logistics and administration operations.
* Diagnosed problems with hardware and operating systems.
* Maintained the user database interface.

Education

2002.09 - 2005.06
Management and Information Systems / Texas A&M University / MBA

1997.09 - 2001.05
Computer Science and Databases / Texas A&M University / Bachelor of Science

Languages
Spanish

Key skills
Project Management

존 스미스

IT 프로젝트 매니저
john@uptowork.com
774-987-4008
uptowork.com/mycv/smith
linkedin.com/in/johnsmith

국제 물류 회사에서 IT 부서 관리에 전문적인 10년 이상의 경험을 가진 IT 전문가입니다. 효과적인 IT 전략을 지역과 세계적 수준에서 실행할 수 있습니다. 저의 강점은 기본 체제 및 어플리케이션을 영구적으로 능률적으로 이용할 수 있는 사업적 인식입니다.

경력

2012.12 - 현재
IT 프로젝트 매니저
Software House / 샌안토니오, 텍사스 주, 미국

관리:
* IT 프로젝트 전략 구축, 개선, 개발에 대한 책임.
* 프로젝트 팀과 계약자들 관리.
* IT 예산 기획 및 감독.

주요 IT 프로젝트 운용:
* 새로운 솔루션과 개선을 제공하는 프로젝트 착수 및 관리.
* 프로젝트 목표의 적시 완수 감독.
* 주요 프로젝트 위기와 변화 관리.
* 시행된 프로젝트의 최고 품질 보증.
* 프로젝트 주주들 사이의 의사소통 관리.
* 두 달간 30명 이상의 직원 교차 교육.

핵심 업적:
지역을 위한 SAP 시스템 실행과 관련된 중요 프로젝트를 관리했습니다. 제 작업은 5개국에서 세계적인 IT 기본 체제로 성공적으로 도입되었습니다. 2015년에 IT 기본 체제 유지관리 비용을 5% 감소시켰습니다.

2005.11 - 2012.11
자문 지원
XYZ 로지스틱스 / 샌안토니오, 텍사스 주, 미국
* IT 기본 체제 관리.
* 기본 체제 성과 분석 준비.
* 프로젝트 관리, SAP 모듈 관련 지원.
* 최적화 방안 추천.
* (ERP, WMS, CRM, ECM) 시스템 실행.
* 물류와 운영 관리 간소화.
* 하드웨어와 운영 시스템 관련 문제 진단.
* 유저 데이터베이스 인터페이스 유지관리.

교육

2002.09 - 2005.06
매니지먼트와 정보 시스템 / 텍사스 A&M 대학 / MBA

1997.09 - 2001.05
컴퓨터 과학과 데이터베이스 / 텍사스 A&M 대학 / 이학사

언어

스페인어

주요 기술

프로젝트 매니지먼트

이력서 3대 핵심 항목

WORK EXPERIENCES 경력
직무 설명에 많이 쓰이는 동사

analyzed 분석했다
assisted 도왔다, 보조했다
developed 개발했다
drafted 작성했다, 선발했다
gathered 모았다
helped 도왔다
participated 참여[참석]했다
prepared 준비했다
presented 발표했다
programmed 프로그램했다
reported 보고했다
researched 조사했다
resolved 해결했다
reviewed 검토했다
served 제공했다, 기여했다
set up 설치[시작]했다, 마련했다
studied 학습했다, 연구했다
submitted 제출했다

EDUCATIONS 교육/학력
학위 명 기재 기본 패턴 :
'Bachelor of 학문 분야 in 전공'

Bachelor of Arts 문학 학사
Bachelor of Business Administration 경영학 학사
Bachelor of Education 교육학 학사

Bachelor of Engineering 공학 학사
Bachelor of Fine Arts 미술 학사
Bachelor of Laws 법학 학사
Bachelor of Medical Science 의학 학사
Bachelor of Music 음악 학사
Bachelor of Science 이학 학사

SKILLS 기술

analytical ability 분석 능력
communication skill 의사소통 능력
flexibility 융통성
negotiation skill 협상 능력
organizational skill 조직 관리/정리정돈 능력
presentation skill 프레젠테이션 능력
problem-solving ability 문제 해결 능력
time management skill 시간 관리 능력

이력서에 유용한 Key Expressions

경력/업적 서술 표현

be in charge of ~을 담당하다
be responsible for 책임을 맡다
unique opportunity 독특한 기회
beneficial 유익한, 유용한
assist 돕다
conglomerate 재벌 기업
boutique 소규모 전문 업체
corporation 주식회사
largest company 대기업
major player 주요 업체
multinational company 다국적 기업
international company 국제 회사
great learning experience 훌륭한 학습 기회

strengthen 강화하다, 튼튼하게 하다
useful 유용한, 쓸모 있는
supervise 감독하다, 지도하다
build up practical experiences 실무 경험을 쌓다

build up hands-on experiences 현장 경험을 쌓다

step up to be a project leader 프로젝트 리더로 나서다

part-time job 아르바이트
part-timer 아르바이트생
work as a temp 임시직으로 일하다
temporary job 임시직
permanent job 정규직
internship 인턴식
intern 인턴사원

perform internships 인턴십을 하다
work as an intern 인턴으로 일하다
apprentice 견습생
relevant skills 관련 기술
learn real work at the office 사무실[현장]에서 실무를 익히다

have confidence in ~에 자신감을 갖다

prepare myself for ~ 준비를 하다
work on ~을 애쓰다, 준비하다, 일을 하다
work for ~에서 일하다, 근무하다
plan on ~을 계획하다
assign (일, 책임을) 맡기다, 배정하다, 배치하다
administrative duty 행정 업무, 일반 관리 업무

make a large effort to do ~하는 데 많은 노력을 하다, 애쓰다

during the school breaks 방학 때
develop/enhance my ~ skills ~ 능력을 기르다

opportunity to do ~할 기회
enjoy my work 일을 즐기다

Jane Smith

199 Walnut St., Suite 6
Lockport, NY 14094
1983-03-23

8880000111
jane_smith@gmail.com

Languages
English
● ● ● ● ○ ○
Vietnamese
● ● ● ● ● ○

Software skills
word
● ● ● ● ● ○
Powerpoint
● ● ● ● ● ○

Personality
Communicative ✓
Punctuality ✓
Creativity ✓
Organized ✓

Profile
Detail-oriented individual with **five years** of management
experience looking to secure on **Agile Project Manager**
position with ABC Company.

Education
2012 - 2014
University of Cambridge, Cambridge, England
Business Marketing

2010 - 2012
English school in London
Language Course

Experience
Jan. 2012 - Nov. 2015
ABC Company
Manager
Responsibilities: coordinated tracer activities; Conducted
client assessment; Screened and trained new employees

Apr. 2009 - Nov. 2011
XYZ Company
Junior Project Manager
Responsibilities: managing and leading the project team;
recruiting project staff and consultants; developing and
maintaining detailed project plan

Skills
✓ Good communication - written and oral skills
✓ Excellent conceptual and analytical skills
✓ Effective interpersonal skills

Certification
- Certified managers by Institute of Certified Professional
  Managers
- The financial risk manager certification

Hobbies
Search Engine Optimization   Technology   Tennis

프로필

ABC 회사의 Agile 프로젝트 매니저 직책에서 5년 관리자 경험을 가지고 있고 꼼꼼하고 세밀한 지원자임.

교육

2012 - 2014
캠브리지 대학, 캠브리지, 영국
비즈니스 마케팅

2010 - 2012
런던 영어 학교
언어 과정

경력

2012. 01 - 2015. 11
ABC 회사
매니저
책임 임무: 트레이서 활동 조직; 고객 평가 수행; 신입 직원 선별 및 교육

2009. 04 - 2011. 11
XYZ 회사
하급 프로젝트 매니저
책임 임무: 프로젝트 팀 관리 및 지휘; 프로젝트 직원 및 컨설턴트 채용; 상세한 프로젝트 계획 개발 및 유지 관리

기술

✓ 뛰어난 의사소통 – 쓰고 말하기 기술
✓ 뛰어난 구상 및 분석 기술
✓ 효율적인 대인관계 기술

자격증

– 공인 전문 매니저 기관에서 발급받은 공인 매니저
– 금융 위기 매니저 자격증

취미

검색 엔진 최적화　　기술　　테니스

제인 스미스

199 Walnut St., Suite 6
록포트, 뉴욕 14094
1983-03-23

8880000111
jane_smith@gmail.com

언어
영어
● ● ● ● ○ ○
베트남어
● ● ● ● ● ○

소프트웨어 기술
워드
● ● ● ● ● ○
파워포인트
● ● ● ● ● ○

성격
의사 전달 능력 ✓
시간 엄수 ✓
창의성 ✓
체계적 ✓

이력서에 유용한 Key Expressions

Personality 성격

calm 차분한, 침착한, 냉정한

creative 창의적인

friendly 상냥한, 다정한

thoughtful 심사숙고하는, 사려 깊은

extrovert 외향적인, 사교적인

organized 정리정돈을 잘하는

straightforward 솔직한

hardworking 근면한 = **diligent**

inventive 독창적인

deliberate 신중한, 심사숙고한

rational 합리적인, 이성적인

analytical 분석적인

amiable 붙임성 좋은

goal-oriented 목표 지향적인

picky 까다로운

wishy-washy 우유부단한

big-hearted 아주 친절한, 너그러운

reserved 속마음을 드러내지 않는, 내성적인

have a ready tongue 말주변이 좋다
= **have a way with words**

be a poor talker 말주변이 없다

courageous 용감한

short-tempered 성미가 급한

serious 심각한, 진지한

challenging 도전적인

levelheaded 분별 있는, 신중한, 침착한

unbiased 편견 없는

determined 단호한

original 참신한

warmhearted 마음이 따뜻한

reliable 신뢰할 수 있는

adjust to ~에 적응하다

shy 수줍어하는

well matched to ~에 잘 맞는

sociable 사교적인

scrupulous 세심한, 꼼꼼한

leading 인도하는, 선행하는, 뛰어난

conscientious 성실한, 꼼꼼한, 세심한

sensitive 민감한, 예민한, 섬세한, 감수성이
강한

outgoing 외향적인, 사교적인, 적극적인

people person 사교적인 사람

assertive 자기주장이 강한

passionate 열의에 찬, 정열적인

self-critical 자기 비판적인 =
self-evaluative

balanced 균형 잡힌, 안정된, 침착한

active 활동적인

team player 팀플레이를 잘하는 사람

efficient 효율적인, 능률적인

strategic 전략적인, 효과적인

opinionated 고집이 센, 독선적인

confident 확신하는

self-confident 자신이 있는

meticulous 꼼꼼한, 세심한

detail-oriented 세부적인 것을 지향하는

self-aware 자각한, 자기를 의식한

punctual 정확한, 꼼꼼한

risk-taker 위험을 무릅쓰는 사람, 모험가

never give up 절대 포기하지 않다

have fresh ideas 신선한 아이디어를 갖
고 있다

tolerant 관대한

have integrity 청렴하다, 정직하다

fair 공정한, 편견 없는

persistent 완고한, 끈기 있는

optimistic 낙관적인, 낙천적인

genuine 꾸밈없는, 성실한, 순수한

patient 인내심 있는, 성급하지 않은

loyal 충실한, 성실한 = **faithful**

entrepreneurial 기업가적인

have ingenuity 재주가 있다

astute observer (통찰력이) 날카로운 관찰자

philanthropist 박애주의자

generous 관대한, 마음이 넓은

carefree 근심이 없는, 태평한

energetic 활기 있는, 정력적인

enthusiastic 열렬한, 열심인

resourceful 기지가 좋은

communicative 이야기하기를 좋아하는, 터놓는

precise 정확한, 꼼꼼한, 세심한

articulate 명료한, 분명한

sincere 성실한, 진심에서 우러난

dedicated 헌신적인, 전념하는

assiduous 지칠 줄 모르는, 근면한

easygoing 태평한, 마음 편한, 느긋한

SKILLS 기술

be proficient in ~에 능숙하다

be fluent in ~에 유창하다

be conversational in ~로 일상적인 대화 정도를 구사하다

have an extensive knowledge of ~에 폭넓은 지식을 갖고 있다

have a well-rounded

knowledge of ~에 균형 잡힌 지식을 갖고 있다

have a working knowledge of ~에 실용적인 지식을 갖고 있다

have a profound[deep] knowledge of ~에 조예가 깊다

suite 프로그램 묶음

analytical ability 분석 능력

problem-solving ability 문제 해결 능력

time management skill 시간 관리 능력

flexibility 융통성

communication skill 의사소통 능력

negotiation skill 협상 능력

presentation skill 프레젠테이션 능력

organizational skill 조직 관리/정리 정돈 능력

Rita's

RITA'S ITALIAN ICE EMPLOYMENT APPLICATION

All Rita's Franchisees provide equal employment opportunity without regard to age, sex, color, race, creed, national origin, religion, ancestry, status as a veteran, or disability that does not prohibit performance of essential job functions, or any other status protected by applicable law. This policy applies to all areas of employment, including recruitment, hiring, training/development, promotion, transfer, termination, layoff, compensation, and all other conditions of employment.

Personal Information

Name: Last   First   Middle

Address   City   State   Zip Code

Telephone   Are you over 18? Y or N

Educational History

	School Name / Location	Years Completed	Degree / Diploma
College			
High			
Middle			

Activities / Organizations:

Employment Record (List Most Recent Employer First)

Company Name	Location	Supervisor	Employed From/To	Phone#	Salary	Reason for Leaving
Company Name	Location	Supervisor	Employed From/To	Phone#	Salary	Reason for Leaving
Company Name	Location	Supervisor	Employed From/To	Phone#	Salary	Reason for Leaving

References

	Name	Occupation	Years Known	Telephone #
1				
2				
3				

리타스

리타스 이탈리안 아이스 고용 신청서

모든 리타스 프랜차이즈는 연령, 성별, 피부색, 인종, 신념, 국적, 종교, 혈통, 전문가로서의 지위나 중요한 작업 기능의 수행을 방해하지 않는 장애나 해당 법률에 의해 보호되는 다른 지위에 상관없이 동등한 고용 기회를 제공합니다. 이 정책은 신규 모집, 채용, 교육/개발, 승진, 전출, 종료, 해고, 보상, 그리고 모든 다른 조건의 고용을 포함한 모든 분야의 고용에 적용됩니다.

개인 정보

이름: 성　　　　　　이름　　　　　　　　중간 이름

주소　　　　　　　시　　　　　주　　　　우편번호

전화　　　　　　　18세 이상인가요?　네　or　아니요

학력

	학교 이름 / 위치	졸업 년도	학위 / 졸업장
대학교			
고등학교			
중학교			

활동 / 조직 :

경력 사항 (가장 최근 고용주부터 적으시오)

회사 이름	위치	상사	고용 기간	전화 #	연봉	퇴사 이유
회사 이름	위치	상사	고용 기간	전화 #	연봉	퇴사 이유
회사 이름	위치	상사	고용 기간	전화 #	연봉	퇴사 이유

추천인

	이름	직업	알고 지낸 기간	전화 #
1				
2				
3				

해외 취업 및
국제 기구
취업 정보
———
실전 지원하기

13 해외 취업 지원 방법 1

기업 웹사이트에서 온라인 지원 – 애플 예시

1. 사이트에서 구직 부분을 찾아들어간다.
사이트 맵에서 Job opportunities를 클릭, get started 클릭

2. 관심 직종 선택

3. **Submit** 버튼 클릭 후 **ID** 등록, 이력서 제출

무조건 유리한 '지인 추천(referral)'

미국에서는 공석이 생기거나 필요한 인력이 생기면 인맥을 통해 추천을 받는 것이 일반적인데 이를 referral이라고 한다. 보통 해당 기업의 직원이나 임원, 관련자나 다른 사람들이 소개해주는 것이다. 미국에서 취업을 위해 가장 중요한 것이 업무 능력이나 언어 능력 이외에 바로 '인맥'일 것이다. 미국 기업의 입장에서, 본국에서 고용을 하는 것이 효과적일 테지만 전문 분야로서 특수한 이점이 있어 한국의 인재를 채용한다면, 이미 검증이 된 회사 직원을 통해 소개를 받는 방법이 가장 확실하다고 할 수 있다.

취업에도 인적 네트워킹이 중요

미국의 구직·구인 시장에서는 공채 제도가 없기 때문에 인적 네트워킹이 매우 중요하지만 한국 등 외국에 있는 취업 준비생들이 referral를 이용한다는 것은 꿈같은 얘기다. 갑자기 지인을 그 기업에, 그것도 미국에 심을 수 있는 것도 아니니 말이다. 그러나 길이 있다. 바로 온라인을 이용하는 것이다. 미국이 아닌 해외에 있는 취업 준비생들에게 접근이 손쉬운 방법으로 링크드인(LinkedIn)이라는 비즈니스 기반 소셜 네트워크 서비스가 있다. 관심 있는 기업 등을 링크드인에서 팔로우(follow)해서 꾸준히 채용 공고를 확인하고, 적극적으로 지원할 수 있다. 직장인이라면 업무를 통해 만나는 한국의 인맥들을 통해 다양한 업무 능력을 '인증'받는 링크드인의 '능력치 보증(endorsement)' 메뉴를 활용해 본인의 업무 능력을 프로필 상에서 어필할 수도 있다. 여러 사람으로부터 검증을 받았음을 보여주는 것이다. 특히 사람을 많이 만나야 하고 인맥이 중요한 수단이 되는 직업이나 직책이라면, 또는 팀워크를 발휘해 일해야 하는 업종이라면 링크드인 등의 사이트가 더욱 유용하다. 또 평상시에 본인의 프로필을 관리하고 홍보하는 것이 중요하다.

15 해외 취업 지원 방법 3

구직·구인 사이트에 지원서 등록 – 링크드인 예시

해외 구직, 중요하게 떠오르는 링크드인(LinkedIn)

링크드인은 미국의 비즈니스 기반 소셜 네트워크 서비스(SNS, Social Network Service)이다. 200개 이상의 지역에서 4억 명 이상이 사용하고 있는 링크드인은 추천 기능과 기업 간 전자상거래(B2B) 리뷰 및 평가 서비스를 포함하여 구직·구인은 물론 사업 파트너를 찾거나 신규시장 개척 등 활용 범위가 넓지만 아직 우리나라에는 많이 알려지지 않아 생소할 것이다. 그러나 Forbes에 따르면 2016년 미국의 헤드헌터 97%는 채용 과정에서 Linkedin을 사용했다고 하므로 해외 취업을 원한다면 적극적으로 활용해보기를 권한다.

우선 구직·구인의 경우 사용자는 온라인에서 직업과 관련된 전문적 관계를 확인할 수 있는 프로필을 만들어놓고, 근로자와 고용주는 서로를 검색하거나 연결할 수 있다. 링크드인에 가입한 회원은 전문직이 대부분이며 구직·구인 역시 경력직 위주로 이뤄진다. 프로필 연결을 따라 원하는 직종이나 사람을 찾을 수 있으며 링크드인의 추천 기능을 통해 새로운 사업 기회나 인재를 얻을 수 있다. 미국에서는 링크드인을 통한 구직·구인이 활발히 일어나고 있다. 따라서 해외 취업을 원한다면 언제 어떤 식으로 기회가 올지 모르므로, 항상 프로필을 관리하는 노력이 필요하다.

링크드인 가입 및 프로필 작성

링크드인 홈페이지에서(www.linkedin.com)에서 회원 가입한다. 해외 취업이 목적이므로 영문으로 작성하여 성명, 이메일, 비밀번호를 지정한다.

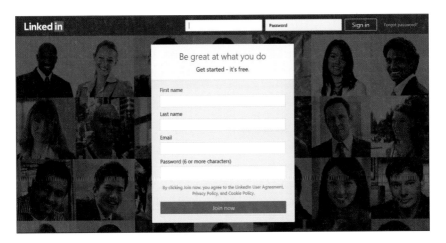

1. 헤드헌터나 인사 담당자들이 확인하는 링크드인 프로필에 본인의 기술이나 경력을 상세히 작성한다. 싱꽁 프로젝트가 몇 건인지, 몇 멍을 관리했는지, 실세로 싼배틀 얼마나 증가시켰는지 등 구제적으로 명시한다.

2. 프로필을 대중에게 공개하는 옵션을 설정하면 헤드헌터나 채용 담당자들이 검색할 수 있다. 정보를 자주 업데이트해 프로필의 신뢰도를 높이고 새로운 정보를 제공한다는 느낌을 준다. 업데이트하거나 새 연락처를 추가하면 링크드인 네트워크 회원에게 알림이 전송된다.

3. 프로필의 요약(Summary)으로 자신의 경험과 특기를 강조한다.

4. 기술 및 지지(Skills & Endorsement)에서 기록해둔 내 기술에 대해 다른 사용자들이 인정해주면 Endorsement가 올라간다. 많은 인맥이 지지해줄수록 지원자에 대한 신뢰도 상승한다.

5. 링크드인의 Jobs 탭에서, 지역 및 관심 분야를 검색할 수 있는데, 관심 있는 키워드와 지역을 설정하면 새로운 구인 정보를 주기적으로 받을 수 있어 찾아오는 정보의 역할을 한다.

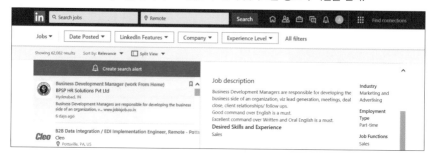

지역과 직종에 따른 구인 정보를 선택

1. 본인의 이메일 주소록과 직장 히스토리를 바탕으로 링크드인에 가입한 이들과 Connection이 맺어진다. 페이스북과 비슷한 기능인데, 인맥 맺기 추천이 뜬다. 또한 관심 분야 전문가, 관심 기업 관계자, 헤드헌터들과 연결(Connection)을 맺어 그들과 연결돼 있는 기업들의 구인 정보를 쉽게 찾을 수 있다. 또한 취업을 원하는 기업에서 근무하고 있는 이들과 연결을 맺어 관련 정보를 얻을 수 있고 메시지를 보내거나 답을 들을 수도 있다.

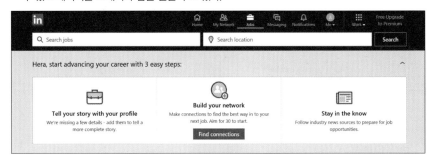

2. 헤드라인을 간략하게 기재하면 주요 키워드로 검색되어 헤드헌터나 채용 담당자에게 노출이 용이해진다.

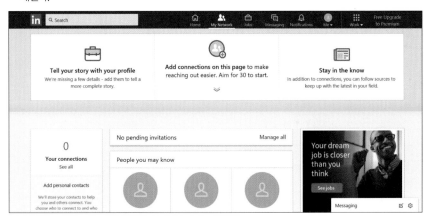

주의! 링크드인에서 받은 메시지가 미심쩍다면 주의

헤드헌터는 인재를 찾는 기업에 서비스를 제공하고 기업으로부터 수수료를 지급받으므로 구직자에게 수수료나 보증금 등을 요구하면 의심할 것. 메시지를 보낸 멤버의 프로필을 반드시 확인해야 한다.

리쿠리팅 사이트에 등록, 도움 받기

원하는 특정 기업이나 지역이 있는데 마땅한 정보가 없고 접근 방법을 모르겠다면, 해당 기업 또는
지역의 리크루팅 회사들을 통해 채용 정보를 알아보는 것도 해외 취업의 한 방법이다. 기업의 인사
담당자들이 지원자들과 인터뷰 약속을 잡는 데 많은 시간과 자원을 들이고 있다. 따라서 기업의 채용
과정에서 지원자와 인터뷰 스케줄을 잡는 것도 쉬운 일은 아니므로 기업들은 이 과정을 효율적으로
진행하고자 전문 리크루팅 회사를 이용해 독점적으로 관리를 시키기도 한다. 또 지역 내에서 기업들
의 공석이 난 일자리 정보를 독점적으로 관리하는 주요 리크루팅 회사들이 많기 때문에 리크루팅 사
이트에서 구인 정보를 수시로 확인하고 자기 정보를 정기적으로 업데이트하는 것이 중요하다.

미리 경력 쌓기

미국 채용 문화는 실무에 대한 경험이 있는 경력자를 선호한다. 미국 대학생들은 방학이나 학기 중에
자신이 근무하고 싶은 분야에서 인턴십을 하면서 실무를 익힌다. 실제로 한국에서 개발자로 근무한
경력을 바탕으로 미국에서 소프트웨어 개발자로 취업에 성공하거나 한국에서 일을 한 경력을 바탕으
로 시니어 엔지니어로 뽑히는 경우도 많다. 이렇게 실질적인 업무 능력을 갖추는 것이 매우 중요하다.

기업들은 핵심 인재를 중심으로 의사결정에 불필요한 시간은 줄이면서 과업을 완성해나가는 압박 속에 있기 때문에 느긋하게 숙련되지 못한 인재를 가르칠 여유가 없다. 따라서 실무적인 역량이 부족한 지원자는 며칠에 걸쳐 여러 단계로 중첩해 이뤄지는 미국의 심층 면접 과정을 통과하기가 거의 불가능하다. 소프트웨어 엔지니어라면 거쳐야 할 실무 면접인 코딩 테스트에서 이력서에서 기입한 역량을 증명할 수 있어야 한다. 소프트웨어 엔지니어라면 오픈소스 코드 개발 포럼 등에서 활동하는 것도 많은 도움이 된다.

박람회에 참석, 채용 담당자에 눈도장 찍기

채용 관리자들에 따르면, 온라인으로만 지원하는 경우보다 채용 박람회와 같이 현장에 방문해 담당자들과 이야기를 해보거나 질문을 해서 회사에 대한 관심을 적극적으로 표명한 구직자들이 후속 인터뷰를 제안 받거나 구직에 성공한 확률이 더 높다고 한다. 온라인에서 움직이지 않고도 지원할 수 있는 요즘, 이런 발품을 파는 일이 비효율적일 수 있으나 채용 담당자에게 적극적인 지원자로 기억에 남을 것이고, 수백 명의 지원자 가운데 얼굴이라도 떠올릴 수 있는 계기가 될 수 있다.

해외 취업 및
국제 기구
취업 정보
———

생생
지원 후기

17 인터뷰 기회 획득 방법

페이스북

- 1위 온라인 지원 (28%)
- 2위 리크루터/채용 담당관 (27%)
- 3위 직원 추천 (23%)
- 4위 기타 (22%)

구글

- 1위 온라인 지원 (33%)
- 2위 리크루터/채용 담당관 (30%)
- 3위 직원 추천 (21%)
- 4위 기타 (16%)

애플

- 1위 온라인 지원 (55%)
- 2위 기타 (18%)
- 3위 직원 추천 (15%)
- 4위 리크루터/채용 담당관 (12%)

Airbnb

- 1위 온라인 지원 (55%)
- 2위 직원 추천 (20%)
- 3위 리크루터/채용 담당관 (15%)
- 4위 기타 (10%)

18 페이스북 인터뷰 리뷰 소프트웨어 엔지니어

페이스북에서는 지원자들이 인터뷰 과정을 보다 잘 준비하고, 긍정적인 경험으로 기억할 수 있도록 소프트웨어 엔지니어 인터뷰 과정을 두 단계로 분석해 공개하고 있다.

Stage 1: Initial Technical Screen
1. Introductions
2. Discussions of Career Aspirations
3. Coding
4. Questions

Stage 2: Onsite Interview
1. Coding Interview
2. Design Interview
3. Behabioral Interview
4. Questions

〈페이스북 홈페이지 제공〉

1단계: 이니셜 테크니컬 스크린

초기 인터뷰는 온 사이트 인터뷰 전체를 계속 진행할지 여부를 결정하기 위한 심사 단계로 사용된다. 이 인터뷰는 주로 코딩 인터뷰이다.

1. **소개:** 면접관이 자신을 소개하고 전반적인 설명을 한다.
2. **경력 포부:** 5~10분 동안 면접관은 당신의 경력 및 경력 포부에 대해 질문할 것이다.
3. **코딩:** 코딩에 30~35분이 소요된다. 이 작업은 지원자와 면접관이 공유하는 온라인 협업 편집자 또는 직접 인터뷰를 하는 경우 화이트보드에서 수행된다. 이 편집기에서 완성할 수 있는 코딩 질문이 하나 이상 있다. 일반적으로 함정이 있는 속임수 질문 또는 추정 질문을 하지 않는다.
4. **질문 시간:** 마지막 5분은 지원자가 질문하는 시간이다. 페이스북 엔지니어가 직접 내부자의 관점을 파악할 수 있는 좋은 기회이다.

2단계: 온 사이트 인터뷰

페이스북에서 엔지니어링 직책을 맡고 있는 인터뷰 대상자는 하루 동안 4~5회 인터뷰를 하게 된다. 이들은 세 가지 유형의 인터뷰를 갖게 된다.

1. **코딩 인터뷰:** 하나 이상의 일반적인 코딩 문제를 해결하며 45분간 진행된다.
2. **디자인 인터뷰:** 디자인 실력을 과시, 시스템 또는 제품에 중점을 두고 45분간 진행된다.
3. **행동 면접:** 이전 직장 경험, 동기 및 여러 가지 행동 관련 질문을 한다.
4. **질문 시간:** 마지막 5분은 지원자가 질문하는 시간이다.

19 **구글 인터뷰 리뷰** 소프트웨어 엔지니어

취업자 알선 기관을 통해 지원했다. 먼저 전화 면접을 통해 합격 여부를 들었고, 이력서를 보낸 날부터 면접까지 2주, 면접부터 전화로 자리를 제안 받기까지 2주, 전체 진행 과정은 총 4주 걸렸다. 전화 면접에서 합격하고 나서 다른 면접을 위해 방문 요청을 받았다. 유튜브 팀과 함께 4개의 화이트보드를 놓고 점심 식사도 하면서 면접을 봤는데, 그 후에 나의 지원서가 채용 위원회를 거칠 것이라고 알려줬다. 나는 안드로이드에서 다른 팀들과 두 번의 전화 면접을 봤다. 나는 첫 번째 팀에 관심이 있었는데, 이 팀은 더 이상 공석이 없어 플랫폼팀이 나의 경력에 관심을 보였다. 두 번의 면접을 했는데, 코드를 써보게 했다. 그들의 피드백을 받고 나서, 채용 위원회를 다시 거쳐 이번에는 그들로부터 합격 통보를 받았고 일주일 후에 임원진과 면접을 보고 제안이 수용되었다. 끝에 가서는 지겹다기보다 토론을 즐기게 되었다. 중요한 것은 준비 기간과 수년간의 경험이었던 것 같다.

면접 질문 및 과제

면접 1: Graph related question and super recursion
면접 2: Design discussion involving a distributed system
면접 3: Array and Tree related questions
면접 4: Designing a simple class to do something
면접 5: Dynamic programming

20 구글의 악명 높은 면접 질문

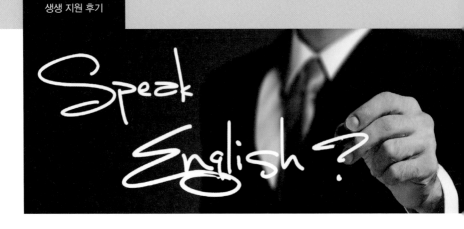

구글의 엉뚱한 면접 질문 내용은 악명이 높다. 상황 대처 능력이 탁월한 인재를 찾기 위해 면접관이 지원자에게 정형화된 정답이 없는 수수께끼와 같은 질문을 물어봄으로써 지원자가 처해진 상황을 어떻게 타개하는지 평가하기도 한다. 이러한 면접 방식에서 지원자가 난해한 문제에 대해 이해하고 해결 방식을 찾아내는 상황 대처 능력과 이를 풀어내는 창의성을 가지고 있는지를 평가한다. 그러나 구글은 이런 난해한 질문을 면접에서 금지시켰으며 온라인에 공개된 질문은 더 이상 출제되지 않을 것임을 알아두자. 다음은 단순히 참고용 또는 영어로 대응하는 연습용으로 활용할 수 있다.

1. **How many golf balls can fit in a school bus?**
   스쿨버스에 골프공이 몇 개 들어가겠는가?

2. **How much should you charge to wash all the windows in Seattle?**
   시애틀에 있는 모든 창유리를 청소하는 의뢰를 받은 당신은 얼마를 청구하겠는가?

3. **Explain a database in three sentences to your eight-year-old nephew.**
   8살 조카에게 데이터베이스에 관해 세 문장으로 설명하시오.

4. **How many times a day does a clock's hands overlap?**
   시계의 시침과 분침은 하루 몇 번 겹치게 되는가?

5. **You have to get from point A to point B. You don't know if you can get there. What would you do?**
   당신은 A지점으로부터 B지점까지 가지 않으면 안 되는 상황이다. 게다가 거기에 도착할 수 있을지도 확실치 않은 상황이다. 당신은 어떻게 할 건가?

6. Every man in a village of 100 married couples has cheated on his wife ... Every wife in the village instantly knows when a man other than her husband has cheated but does not know when her own husband has. The village has a law that does not allow for adultery. Any wife who can prove that her husband is unfaithful must kill him that very day. The women of the village would never disobey this law. One day, the queen of the village visits and announces that at least one husband has been unfaithful. What happens?

100쌍의 부부가 있다. 남편들은 전원 바람을 피우고 있다. 아내들은 전원 자기의 남편 이외의 남자들이 바람을 피우고 있다고 생각한다. 이 마을의 정해진 법률은 외도와 간통을 허락하지 않는다. 또한, 누구든 자기의 남편이 바람을 피우고 있다는 사실을 알게 되면, 즉시 자신의 남편을 죽이는 규율이 있다. 이 마을의 여성들은 규율을 어기지 못한다. 어느 날, 마을의 왕비가 이 마을에는 외도하고 있는 남자가 적어도 한 명은 있다고 말했다. 이 마을에는 무슨 일이 벌어지겠는가?

7. How many piano tuners are there in the entire world?

전 세계에 피아노 조율사는 몇 명 존재하는가?

8. You have eight balls all of the same size. the 7 of them weigh the same, and one of them weighs slightly more. How can you find the ball that is heavier by using a balance and only two weights?

당신은 똑같은 크기의 공을 8개 갖고 있다. 그 중에 7개는 같은 무게를 지니고 있으나, 한 개는 다른 것에 비해 살짝 무겁다. 저울을 2번만 사용해 살짝 무거운 이 볼을 찾아내려면 어떻게 해야 할까?

9. You're the captain of a pirate ship and your crew gets to vote on how the gold is divided up. If fewer than half of the pirates agree with you, you die. How do you recommend apportioning the gold in such a way that you get a good share of the booty, but still survive?

당신은 해적선의 선장이고 나머지 해적들은 금화를 어떻게 나눌 것인지에 대한 제안에 투표할 권리를 가지고 있다. 당신의 의견에 대해 해적들의 찬성이 반을 넘지 못할 경우 당신은 살해된다. 당신이 최대의 금화를 가지면서도 살아남는 방법을 취하려면 어떤 분배 방식을 제안하겠는가?

21 **애플 인터뷰 리뷰** 소프트웨어 엔지니어

애플은 지원자가 알고 있는 것보다 어떻게 답변하는지를 더 집중해서 본다. 애플은 당신에게 기술을 가르쳐줄 수 있지만 자신감을 가르칠 수는 없다고 생각한다. 질문에 대한 답을 몰라도 괜찮다. 모른 다고만 하지 마라. 애플은 스토리를 좋아하므로 자신만의 이야기를 만들어서 답변하라. 긴장하지 말 고 침착하게 자신감 있는 태도로 인터뷰에 응하는 것이 중요하다.

애플 소프트웨어 엔지니어 직책에 온라인으로 지원했다. 이력서를 제출하고 2달쯤 후 고용 매니저로부터 전화를 받고 인터뷰 날짜를 잡았다. 지원 과정에 일주일 걸렸다. 애플에서 인터뷰를 진행했다. 지원해서 일주일 후에 채용 행사에 참석하라고 연락을 받았다.

보통 채용 행사에 70명가량 온다고 했는데 내가 속한 행사에는 15명이 왔다. 우리는 등록하고 기다렸다. 애플 직원들은 당신이 문을 들어서는 순간부터 채점을 시작한다. 두세 사람과 대화를 시작한다. 이는 당신이 사람들과 잘 어울릴 수 있는지를 확인할 수 있는 단계이다. 자기소개를 하게 되고 애플 직원들이 모두 자신을 소개한 후에 지원자 들도 소개를 한다. 지원자들은 자신에 대해 독특한 점에 대해 설명하라고 요청된다. 소 개 후에 5명씩 그룹을 만든다. 질문이 적힌 아이패드를 주고 순서대로 돌아가면서 답 변을 한다. 적극적으로 참여해서 답변을 하려고 노력해야 한다. 끝난 후에 다 같이 모 여서 애플에 대한 비디오를 보고 나서 애플에 대한 소개를 듣는다. 그 후에 질문이 있 는지 물었다. 그들이 깊이 생각할 만한 거리를 질문하는 것이 좋다. 내가 하는 질문이 애플 직원들을 불편하게 만든다고 생각하면 안 된다. 채용 행사 후에 다음 인터뷰 제안 을 받고 채용 행사는 45분이 걸렸다.

일하게 될 지점에서 이틀 뒤에 두 번째 인터뷰를 진행했다. 30분 정도 걸렸다. 모두 개인적인 사항에 대한 질문이었다. 단답형 답변을 하지 마라. 자신의 이야기를 만들어서 답하는 것이 좋다. 개인적인 경험을 연결해 답해야 한다. 그 후에 세 번째 인터뷰 제안을 받았다.

두 번째 인터뷰가 있은 지 이틀 뒤에 세 번째 인터뷰를 진행했다. 일대일 인터뷰를 기대했으나 또 다른 지원자와 함께 인터뷰를 했다. 이 두 지원자를 경쟁시키려는 의미는 아니며 꼭 같은 직책에 지원하는 경우도 아니므로 긴장할 필요는 없었다. 가능하면 먼저 답변을 하는 기회를 잡는 것이 좋다. 이 인터뷰에서는 좀 더 깊이 생각해야 하는 어려운 질문을 한다. 깊이 생각해 다듬어진 답변을 해야 한다. 두 시간 후에 네 번째 인터뷰에 참석하라는 전화를 받았다.

네 번째 인터뷰는 상위 직급을 제외하고는 일반적으로 대부분의 경우 마지막 단계이다. 이 인터뷰는 세 번째 면접 후 며칠이 지나고 진행되었다. 인터뷰 진행자, 지원자 본인, 두 명의 다른 지원자와 진행된다. 이번 인터뷰는 보다 기술적인 면에 집중한다. 기술적인 질문을 한다. 애플이 신제품을 출시한다면 그것에 대해 잘 알고 있어야 한다. 24-48시간 안에 응답을 들을 것이라고 알려줬고 4일 후에 자리를 제안 받았다. 24-48시간 안에 전화를 못 받아도 걱정할 필요 없다.

질문 리스트

What's your hobby?
취미가 무엇인가요?

What are you passionate about?
어떤 것에 열정이 있나요?

Where do you see yourself in 5 years?
5년 후에 자신은 어떨 것 같은가요?

Why Apple?
왜 애플인가요?

Name a time you went above and beyond for a customer.
고객을 위해 권한 밖의 일을 했던 때를 말씀해주세요.

Name a time where you had to deal with an unruly customer.
다루기 힘든 직원과 일했던 때를 말씀해주세요.

Name the most profound experience you had with a customer.
고객과 가장 심오한 경험을 한 때를 말씀해주세요.

Name a time where you were overwhelmed with projects and how you dealt with it.
프로젝트가 힘들었을 때 어떻게 극복했는지를 말씀해주세요.

22 Airbnb 인터뷰 리뷰 어플리케이션 엔지니어

온라인으로 지원. 온라인으로 지원한 지 며칠 지나 리쿠르터가 전화로 연락해왔다. 매우 직설적으로 내 관심과 동기가 어떤지에 대해 물었다. 첫 번째 전화 면접을 바로 치르고 다음날, 기술에 대한 전화 면접을 보게 되었다는 연락을 받았다.

두 번째 면접은 처음 것보다는 쉬운 편이었다. 면접관이 내 경험에 대해 매우 긍정적인 반응을 보였다. 그날 오후 현장 인터뷰를 하러 오라고 했고 다음 주로 날짜를 잡았다. 코딩 인터뷰 한 번, 두 번의 문화 맞춤 인터뷰, 그리고 점심, 그리고 코딩 인터뷰를 보았다. 질문은 모두 전에 찾아보지 못한 질문이었지만 준비만 열심히 하면 답변할 만한 것들이었다. 한 가지 아쉬운 것은 프로세스에 대해 20분간 심도 있게 질문했는데 그에 대한 내 지식은 그냥 중간 정도 아는 수준이었다. 프로세스, 스레드, 스케줄링에 대해 세부적으로 공부를 해두어야 한다.

나머지 인터뷰도 바로 진행되었고 문화 맞춤 인터뷰는 재미있었고 창의적인 답변을 한다면 좋은 결과를 얻을 수 있다. 갑작스럽고 별난 질문에 당황하지 말고, 내용을 빨리 파악한 후에 답변에 대한 근거를 세워 대처하면 된다. 이력서에 대한 심도 있는 대화를 나누었고, 남은 시간이 많아 엔지니어에게 많은 질문을 했다.

23 캐나다 회사, 취업 과정 리뷰 마케팅 분야

현재 나는 캐나다 토론토의 한 회사에서 신제품의 시장 진입 전략, 적절한 가격 책정, 영업 이익 증대 등 전반적인 마케팅과 프로모션을 담당하고 있다.

해외 취업 준비

학생 때는 마케팅쪽 공모전을 준비하기도 하고 인턴십을 하기도 했다. 그러면서 마케팅 분야에 확신을 갖게 되었다. 그래서 대학을 졸업하고 한국에서 마케팅 분야에 취업했다. 더 큰 시장에서 일해보고 싶어서 해외 취업에 도전해보게 되었다. 영어는 국내 취업을 위해 하던 공부를 계속 하고 있었기 때문에 비자 문제를 우선 해결하고자 노력했다. 미국과 캐나다의 취업 비자를 받으려고 알아보다가 학생 비자로 들어가 공부한 후 취업하기 쉬운 곳으로 캐나다를 선택했다.

캐나다 구직 활동

캐나다에서 MBA를 하기로 선택하고 곧장 취업에 관련된 준비에 몰두했다. 외국에서 직업을 찾는 방법으로, 취업 사이트와 헤드헌팅 사이트를 이용하는 방법과 링크드인 사이트를 이용하는 방식을 병행했다. 우선 취업 사이트와 헤드헌팅 사이트에 이력서를 올리고 연락을 기다렸다. 그리고 네트워킹이 뛰어난 사이트인 링크드인에서는 인맥들의 추천받기 위해 프로필을 올리고 열심히 인맥을 쌓기 위해 검색하고 관련자에게 메시지를 보내며 내 프로필과 경력, 기술을 조금이라도 더 노출시키기 위해 애썼다.

우선 두 가지 방식 모두 매력적인 이력서와 커버레터는 필수이므로 한 번 작성했다고 방치하는 것이 아니라 지속적으로 업데이트했다. 캐나다의 취업 사이트의 피드백을 받아보면서 계속 수정했다. 이력서와 커버레터가 어느 정도 채용 담당자들한테 매력을 어필할 수 있는 정도로 다듬어지고 노출도가 높아지면서 인터뷰 제의가 들어오기 시작했다.

물론 일사천리로 진행된 것은 절대 아니다. 꽤 많은 시간이 걸렸고 들인 공도 상당하다.

인터뷰가 잡히기 전부터도 내가 취업을 준비하던 분야의 유명한 회사나 유사 회사에 대한 자료를 준비하고 예상 질문을 찾아 답변 연습을 많이 하고 있었기 때문에 인터뷰가 특별히 긴장되지는 않았다. 실패해도 경험이 축적된다고 생각했다. 또한 마케팅 분야의 경험이 중요하다는 것을 인터뷰를 거듭할수록 느낄 수 있었기에 동시에 인턴십 기회를 끊임없이 노렸다.

링크드인에서 관련 분야의 인맥을 검색해 메시지를 보내 조언을 구하기도 했다. 그런 것이 링크드인의 장점이기도 하다. 답을 못 받을 때도 많지만 많이 보낼수록 답을 받을 확률이 올라가기 마련이다. 누군가는 나의 노력을 기특해 하고 답을 해주고 싶어 하는 사람이 있기 마련이다. 그렇게 인터뷰 기회가 점점 많아지고 실패해도 실망하기보다 다음 기회에 대한 준비로 생각하고 보완하니 어느덧 실무에 경험이 있는 마케팅 분야 지원자로 어필할 수 있었다. 지금 보면 한국에서의 실무 경험과 현지에서 이를 보완하고자 관련 정보를 수집하면서 업무에 대한 이해도를 높였던 것이 주요한 성공 요인이었던 것 같다.

해외 취업 및
국제 기구
취업 정보

—

국제 기구
취업 정보

24 국제 기구 취업

국제 기구 근무 왜 그렇게 'Hot'한가?

국제 기구에 진출하는 한국인 수는 해마다 증가해서 외교부에 따르면 45개 국제 기구에 진출한 한국인 수는 2000년에는 194명에 불과했지만 지난해 480명으로 2.5배가량 늘어났다고 한다. 자격 요건이 엄격하지만 2009년부터 시작된 국제 금융기구 채용 설명회에는 해마다 많은 지원자들이 몰린다.

국제 기구 취업이 왜 핫한가? 국제 기구는 복리후생이 뛰어난 편이고 업무 환경도 국내 직장보다 좋은 것으로 평가되며, 일과 사생활의 균형을 한국에서보다 훨씬 잘 맞출 수 있다는 것이 장점으로, 취업이 어려운 시기에 국제 기구로 눈을 돌리는 사람들도 많다. 물론 국제 기구 채용의 자격 요건은 까다로운 편이라 아예 고려조차 하지 않는 사람들도 많지만 인터뷰 경험을 들어보면 의외로 영어나 경험보다 열정이나 준비 자세를 높이 사서 합격의 기쁨을 맛본 사람들도 심심치 않게 볼 수 있다.

그러나 국제 기구 근무가 직장 생활이 되면 쉽고 즐겁기만 한 것은 아니다. 성과 평가는 상당히 엄격하기 때문에 자기 관리 성과 관리가 중요하다는 것이다. 성과가 좋지 않으면 임금이 삭감되고 해고까지 가능하다. 국제 기구는 대우가 좋지만 그만큼 자격 요건도 까다롭다. 유창한 영어 실력은 기본이고, 프랑스어, 스페인어 등 제2외국어 구사 능력이 요구되며, 전문성이 강한 인력을 뽑는 만큼 석사 이상 학위를 요구하기도 한다. 국제 기구는 대부분 인턴 과정을 거쳐 정규직이 되거나 다른 직장에서의 경력을 가지고 채용 공고를 보고 응모하게 된다.

국제 기구 취업 방법

국제 기구는 국제 협력체로서 국제법에 의해 설립되며, 독자적인 지위를 갖는 기관이다. UN 사무총장 정책특보를 맡았던 강경화 외교부 장관, 고(故) 이종욱 세계보건기구(WHO) 사무총장, 반기문 UN 사무총장, 김용 세계은행 총재 등 많은 한국인이 국제무대에서 적극적인 활약을 하면서 국제 기구 취업에 대한 관심이 높아지고 있다. UN 시스템에는 UN의 6개 주요 기관인 총회, 안전보장이사회, 경제사회이사회, 사무국, 국제사법재판소, 신탁통치위원회가 있으며, 그 이외 산하기구, 전문기구, 관련 기구가 있으며, 유엔아동기금(UNICEF), 석유수출국기구(OPEC), 세계보건기구(WHO), 세계무역기구(WTO), 국제통화기금(IMF), 경제협력개발기구(OECD) 등이 있다.

국제 기구 근무의 매력이라고 한다면 꾸준히 자신을 개발 성장할 수 있는 기회가 있다는 것과 일반 기업에서는 하기 힘든 새로운 경험과 공공의 이익, 사회 전반의 구조 변화에 기여한다는 자부심이다. 영어는 기본이고 다른 언어도 구사할 수 있으면 좋다. 국제 기구마다 일의 초점과 특성이 다르기 때문에 어디에서 어떤 일을 하느냐에 따라 하는 일과 요구되는 역량도 다양해 국제 기구 취업이나 인턴을 염두에 두고 있다면 여러 방면에서 필요한 역량들을 키워나가야 한다.

한편 높은 관심에 비해 외국에서 근무해야 하는 점, 언어에 대한 두려움으로 인해 장벽이 높지 않나 하는 선입견도 높다. 그러나 국제 기구 취업에 성공한 사람들의 얘기를 들어보면 영어 실력보다는 경험 및 전문성이 중요하다고 한다. 자신이 관심을 두고 있는 국제 기구 홈페이지를 자주 방문하여 채용공고나 채용 설명회를 관심 있게 지켜보면서 경험과 능력을 쌓아야 한다. 국제 기구에서 요구하는 인재상을 정리하면 단순히 좋은 학교를 나온 것보다는 다양한 활동, 장학금, 학점 등의 요소가 학업 배경을 설명하는 데 중요하고, 국제 경험, 관련 업무 경험이다. 학생 신분으로 쌓을 수 있는 국제 경험은 교환학생, 해외 봉사 등을 꼽을 수 있다. 국제 경험을 통해 국제적인 환경에서 일할 수 있다는 것을 보여줘야 한다. 국제 기구에서 일하는 것은 직업이라기보다 자신의 분야에서 전문가가 되었을 때 자신의 스킬을 일반 회사가 아닌 세계 발전을 위해 기여하는 것인 만큼 처음부터 국제 기구에 들어와 단계를 밟아나가는 과정도 있지만 특정 분야 전문가가 되어 국제 기구에서 일하는 것이 더 현실적일 수 있다.

국제 기구의 채용 설명회가 매년 열리는데, 행사에서는 국제 기구 인사 담당자와 지원자의 채용 인터뷰가 실제로 진행된다. 설명회를 통해 인턴, 컨설턴트, 자원봉사자, 정규직의 기회를 얻을 수 있다. 각 기구의 채용 방법과 처우 및 계약 관계는 해당 기구의 인사 방침에 따라 다르다. 해마다 국제 기구 취업에 대한 관심이 높아지고 있는 추세로 설명회도 서울에서만 열리다 부산 등으로 확대되고 인터뷰 대상 인원도 증가하고 채용 가능성도 높아지고 있다.

국제 기구 취업에 특별히 유리한 전공이 있는 것은 아니고 자신의 적성과 국제 기구가 하는 일이 맞아야 한다. 각 기구의 홈페이지에서 설립 이념 등을 확인하고 자신에게 맞는 또는 진출하고 싶은 분야를 정한다. 채용 과정에서 서류상으로 완전히 확정되기 전까지는 최종 시험 합격이 곧 '채용'은 아니라 임용되기까지 1년이 걸리기도 하므로 취업 일정 관리도 주의해야 한다.

UN 직원의 종류

1. 전문직/고위직(Professional and higher categories: P급, D급)

전문지식이나 기술, 경험 등을 활용해 업무를 수행하여 채용 즉시 일할 수 있는 전문 인력을 뽑는 직종이다. 공석 공고를 통해 국제적으로 채용이 이루어진다. 사무총장·사무차장·사무차장보와 같이 국장 이상급과 관리직(Director 1, 2급), 전문직(Professional 1~5급), 일반사무직(General Service) 등 네 단계의 9직급으로 나뉜다.

2. 일반직 및 관련직(General Service and related categories: GS급)

일상적인 일부터 전문 업무에 이르기까지 포괄적인 직종으로, 비서, 타이피스트, 운전기사/전기기술자/건물관리사/인쇄업, 경비·경호원, 관광 가이드, 언어 강사 등 다양하다. 대부분은 현지에서 채용한다.

3. 현장 전문가(Field Service: FS급)

개도국에 대한 기술 원조 사업의 일환으로 3개월에서 3년 정도 수혜국에 파견하는 특정 기술 분야의 전문가 직종이다. 해당 전문 분야에 대한 광범위한 지식 및 경험을 보유하고 있어야 한다.

25 직원 혜택 및 채용 제도

유엔 헌장의 취지를 따라 높은 급여와 좋은 복지 혜택이 제공된다. 국제 기구에서 근무하는 직원 중 P급 이상의 직원에게는 '노블메이어 원칙(Noblemaire Principle)', '회원국 중 가장 높은 보수를 받는 국가의 공무원에 준하는 급여를 지급한다'는 원칙이 적용되는 만큼 매력적인 것이 사실이다. P1~P3 직원의 기본 급여에 근무지의 물가 수준에 따른 지역 조정금과 부양 가족 · 교육보조 · 위험 · 주택보조 등의 각종 수당이 추가 지급된다. 전문직(P급) 이상일 경우 기본 급여(Base salary)와 '지역 조정급(Post adjustment)'에 각종 수당 및 혜택을 포함해 연봉을 받는다. 연봉은 특별한 하자가 없는 한 매년 자동으로 인상되며, 5~10년 이상 근무하면 55세부터 지급되는 평생 연금의 자격이 된다. 이러한 자격을 얻을 수 있는 기회인 채용 제도에 대해 알아보자.

1. NCRE(국별경쟁채용시험)

공채제도와 유사한 제도로, 행정, 재정, 공보, 통계 등이 주요 선발 분야이다. 유엔 홈페이지에 시험 공고를 확인하고, 영어와 프랑스어로 지원서를 작성해 이메일로 제출하면 유엔 시험위원회는 지원서를 검토한 후 서류 전형 합격자들을 선발해 필기시험을 실시한다. 필기시험 합격자는 뉴욕 유엔본부에서 인터뷰를 치러야 하며, 인터뷰 시험까지 통과하면 채용 후보자 명부에 등재된다. 직원 모집 공고가 된 보직에 관심 있는 사람은 공고문상의 응모 요령에 따라 직접 응모한다.

2. JPO(국제 기구 초급 전문가)

사회 초년생(통상 만 35세 이하)을 선발해 P1~P2급의 수습 직원을 임명하는 제도이다. 30세 미만의 학사 이상 학위 소지자에게 지원 자격이 주어진다. 특정 국제 기구와 협정을 체결해 국가의 비용 부담으로 국제 기구에 수습 직원을 파견해 정규 직원과 동등한 조건으로 근무하는 것이다. 국가가 자국 젊은이들을 대상으로 국제 업무를 경험할 수 있도록 2~3년간 월급, 체류비, 출장비 등 모든 비용을 지급한다. JPO로 국제 기구에 처음 배치되면 P-2급으로 인정받고 혜택과 복지도 정규 직원과 동일하다. 2~3년간 JPO 과정을 마친 인재들이 정규직이 되기 위해선 내부 공석 채용에 응모해야 한다. JPO를 위한 교육 프로그램을 충실히 받고 인적 네트워크 형성해두어 JPO 종료 후에 정규직 채용에 유리할 수 있도록 준비한다.

3. YPP(젊은 전문가 프로그램)

JPO와 마찬가지로 사회 초년생(통상 만 35세 이하)을 선발해 P1~P2급의 수습 직원을 임명하는 제도이다. 각 국제 기구에서 자체 재원으로 인력을 선발하고 일정 기간 실무 수습 후 실적에 따라 정규직으로 채용하는 프로그램이다. JPO와 비슷하지만 YPP의 경우 선발 업무와 경비 부담을 국제 기구가 맡는다.

4. UN 인턴십

전문 분야 경력이 부족한 대학(원)생들이 국제 기구 근무가 본인의 적성에 맞는지 미리 경험해보고 인적 네트워크를 형성할 수 있는 기회로 활용하는 경우가 많다. 지원 자격은 22세~37세 정도의 젊은 연령층을 대상으로 '석·박사 과정 재학중' 혹은 '학사 과정 마지막 학기' 혹은 '학사 졸업 후 1년 이내'이며, 보수는 거의 없는 경우가 많고 경비 또한 본인이 부담해야 하기도 한다.

5. UNV(UN 자원봉사단)

전문 봉사단원을 선발하여 인도주의적 구호, 재건사업, 인권 보호, 선거 관리와 평화 구축 등을 위해 활동하는 유엔 내 봉사 기구이다. 글로벌 현장에서 국제기구 업무를 익히면서도 개발 지원 및 인도적 구호 사업을 수행할 수 있다. 이런 이유로 국제 기구 취업을 꿈꾸는 청년들은 반드시 챙겨볼 만한 코스이다. UNV는 말 그대로 봉사 단원이며 국제 기구의 직원으로 채용되는 것은 아니다.

26 국제 기구 응시 방법과 인터뷰 예시

NCRE (National Competitive Recruitment Examination)

- 직접 응모 이후 서류 심사 합격자를 대상으로 지원자의 역량, 기술, 지식 등 경험 및 경력을 확인하는 평가 인터뷰(전화 및 화상 인터뷰)를 실시한다.
- 필기 시험을 위해 분야별로 가장 핫한 최신 이슈를 파악해서 전략적으로 준비하는 게 좋다.
  ex) 유엔이 개입해 자주 국가가 된 다섯 나라를 쓰고 유엔 기능을 평가하시오.
- 전 세계 동시간대에 시험을 실시한다.
- 필기 시험은 긴 문장을 요약하는 '일반 논문'과 실무적인 지식을 테스트하는 '전문 논문'으로 구성된다. 일반 논문은 영어 또는 프랑스어, 전문 논문은 유엔 공식 언어 중 하나로 작성해야 한다. (일반 논문 general paper 200점, 전문 논문 specialized paper 600점)
- 인터뷰가 끝나면 학력 및 경력 등 본인의 응모 서류에 기재된 추천자에 관한 조회가 이루어진다.
- 신체검사 합격은 채용의 조건이므로 후보자는 반드시 신체검사를 받아야 한다.

JPO (Joint Program Office)

- 1차 시험은 텝스(TEPS)를 통해 영어 실력만 평가한다. (930점이 넘는 사람 중 10배수 선정)
- 2차 시험은 국어 인터뷰, 영어 인터뷰, 영어 작문으로 이뤄진다. 국제 기구와 각종 국제 현안에 대한 전문지식, 국제 기구에서 하고자 하는 명확한 역할상 등을 평가받게 된다.
- 국어 인터뷰는 교수, 외교관, 국제 기구 인사 등 각 4명과 10분씩 인터뷰하는 형식으로 진행된다.
- 영어 인터뷰는 그룹 토의와 개인 인터뷰로 나뉜다. 그룹 토의는 국제 기구 및 현안과 관련한 세 가지 주제 중 하나를 골라 팀별로 정리해 5분간 발표한 뒤 면접관들과 질의응답 하는 방식이다.
- 시기별 주요 국제 이슈뿐 아니라 그에 대한 한국의 시각과 입장을 명확한 근거로 설명할 수 있어야 한다.

ex) 인터뷰 질문 예시
① 유엔 개혁의 필요성과, 개혁안에 관해 어떤 논의들이 진행되었는지를 설명하라.
② 현재 유엔이 당면하고 있는 문제 중 하나를 택하여 유엔 사무총장에게 편지를 쓰라.
③ 유엔 평화유지활동이 국제 평화와 안보의 유지에 어떻게 기여하는지 설명하라.
④ 안보리 개편 방향에 관한 본인의 의견은?
⑤ 유엔에서 한국 직원으로서 일하는 동안 본인은 한국 정부와 유엔 중 어느 곳에 loyalty를 둬야 한다고 생각하는가?

YPP (Young Professionals Programme)

- 객관식, 지문 간추리기, 짧은 에세이, 긴 에세이, 특정 분야 에세이 등으로 나눠져 있다.
- 영어 혹은 프랑스어 중 하나를 선택해 치른다.
- 시험 형식을 잘 파악해서 그에 맞는 용어나 표현을 사용하는 것도 중요하다.

- UN 사무국 내 미진출(unrepresented) 또는 과소 진출(under-represented)로 분류된 국가의 국민만 응시 가능하기 때문에, 2013년부터 '적정 진출국'으로 분류된 우리나라는 2014년부터 응시 자격이 없다.

UNV (The United Nations Volunteers)
- 대학을 갓 졸업한 만 29세 이하의 청년을 선발한다.
- 지원자의 전문적인 경력보다, 어떤 목적으로 해당 국제 기구 또는 업무 분야에 지원을 했는지를 염두에 두고 인터뷰를 보게 된다.
- 인터뷰 전 서류 심사에서 관련 경력이나 경험을 본다.
- 청년들에게 국제 기구 체험을 목적으로 하기 때문에 절대 무리한 경험을 요구하지 않는다.

ex) 인터뷰 질문 예시
① **Why are you interested in this specific assignment?**
지원자의 명확한 지원 동기를 파악하는 질문
② **Could you describe a practical example of your past when you collected and analysed information to support emergency preparedness?**
해당 직무를 수행하기 위한 역량 또는 능력을 평가하는 질문으로, 인턴이나 대외활동 등 현장에 나가서 부딪혀보는 실무 경험을 하는 것이 매우 중요하다.
③ **Who do you communicate regularly in your current job and what methods of communication work best for you? Can you describe a situation in which you took the initiative to share your knowledge and/or experience in a specific area/task even though it was not within your duty or responsibility?**
소통 능력, 책임감, 문제 해결 능력을 평가하는 질문이다. 이런 스킬을 배우기 위해서는 실제 배운 지식을 현장에서 적용하면서 실패도 해보고 그것을 통해 어떤 점을 배웠는지 꼭 경험해 봐야 한다.
④ 기타
  - 특정한 상황을 주고 이 상황엔 어떻게 할 것인가?
  - 일이 한꺼번에 많아져서 처리할 수 없는 정도가 되면 어떻게 이 문제를 해결할 것인가?
  - 다른 유엔 스태프와 똑같이 일을 해도 유엔 봉사자로 왔기 때문에 그 사람보다 훨씬 더 적은 월급을 받는데 그러면 불만이 없겠는가?

1

가장 기본적인 질문

가장 기본적인 질문으로, 가벼운 대화를 시작한다고 볼 수 있는 질문에 해당합니다. 오늘 어떻게 왔나, 날씨가 어떤가, 좋아하는 것이 무엇인가 등을 묻습니다. 대화를 한다고 생각하고 가볍게 설명하면 됩니다. 단, 국내 기업의 경우 이런 류의 질문으로만 영어 면접이 이루어지는 경우가 많으므로 준비는 철저히 해야 합니다. 아무리 간단한 질문이라도 Yes, No로만 답하지 마세요. 한 문장으로 답하는 것도 좋지만 because, and 등의 접속사를 써서 설명을 풍부하게 해주는 것이 좋습니다.

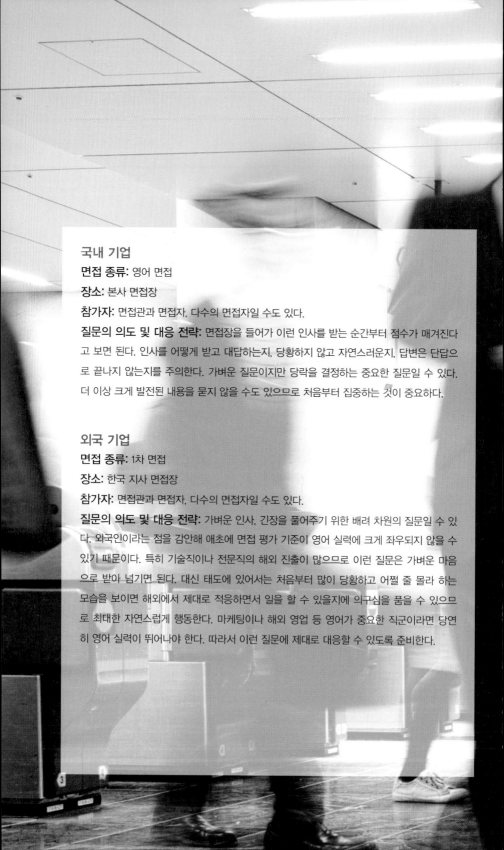

국내 기업

면접 종류: 영어 면접

장소: 본사 면접장

참가자: 면접관과 면접자, 다수의 면접자일 수도 있다.

질문의 의도 및 대응 전략: 면접장을 들어가 이런 인사를 받는 순간부터 점수가 매겨진다고 보면 된다. 인사를 어떻게 받고 대답하는지, 당황하지 않고 자연스러운지, 답변은 단답으로 끝나지 않는지를 주의한다. 가벼운 질문이지만 당락을 결정하는 중요한 질문일 수 있다. 더 이상 크게 발전된 내용을 묻지 않을 수도 있으므로 처음부터 집중하는 것이 중요하다.

외국 기업

면접 종류: 1차 면접

장소: 한국 지사 면접장

참가자: 면접관과 면접자, 다수의 면접자일 수도 있다.

질문의 의도 및 대응 전략: 가벼운 인사, 긴장을 풀어주기 위한 배려 차원의 질문일 수 있다. 외국인이라는 점을 감안해 애초에 면접 평가 기준이 영어 실력에 크게 좌우되지 않을 수 있기 때문이다. 특히 기술직이나 전문직의 해외 진출이 많으므로 이런 질문은 가벼운 마음으로 받아 넘기면 된다. 대신 태도에 있어서는 처음부터 많이 당황하고 어쩔 줄 몰라 하는 모습을 보이면 해외에서 제대로 적응하면서 일을 할 수 있을지에 의구심을 품을 수 있으므로 최대한 자연스럽게 행동한다. 마케팅이나 해외 영업 등 영어가 중요한 직군이라면 당연히 영어 실력이 뛰어나야 한다. 따라서 이런 질문에 제대로 대응할 수 있도록 준비한다.

Basic Questions

001
첫인사 & 오프닝

만나서 반갑습니다.

자기 소개로 바로 들어가지 않고 면접 분위기를 풀어주려고 여러 가지 가벼운 주제를 묻기도 합니다. 대답을 잘하려고 지나치게 긴장한 모습을 보이기보다 편안한 마음으로 가볍게 인사하세요. 그러나 너무 풀어진 모습도 경계해야 합니다. 국내 면접의 경우는 가벼운 이야기들이 주를 이룰 수 있기 때문에 면접장에 첫발을 딛는 순간이 시작입니다.

우선 제게 이런 기회를 주셔서 감사 드리고 싶습니다. 정말 감사합니다.

오늘 면접관님과 얘기를 나눌 기회를 갖게 돼 행운이라고 생각합니다.

오늘 면접관님과 이 자리에 함께 하게 되어 영광입니다.

저는 운 좋게도 어린 나이에 정말 하고 싶은 일을 발견하고 지금 여기 있습니다.

저는 오늘 제 잠재력에 대해 이야기하기 위해 여기 왔습니다. 여기에서 일하게 되면 어느 누구도 실망시키지 않을 것이라 확신합니다.

TIP 잠재 능력과 자신감 강조

Nice to meet you.

반복훈련 ☐ ☐ ☐

필요한 문장에
표시해보세요!

For starters, / I would like to thank you / for this
opportunity. / I really appreciate it.

☐

I feel fortunate to have the opportunity to speak
with you today.

☐

It's an honor to be here / with you today, sir/ma'am.

It's an honor to ... ~하게 되어 영광입니다.

☐

I was lucky – I found what I loved to do early in life and I'm
here now.

☐

I am here today / to talk about my potential. / I'm pretty
sure I won't let anybody down if I work here.

☐

002 교통편 1 (대중교통 이용)

오늘 여기에 어떻게 오셨나요?

질문에 숨은 의도가 있다기보다 긴장을 풀어주려고 던지는 간단한 질문입니다. 단 이런 질문의 답변도 채점 대상이라는 것을 명심해야 합니다. 너무 길게 답하지 말고 핵심만 말해보세요. 관심을 끌 만한 에피소드를 얘기해도 좋지만 황당한 이야기를 하면 자칫 첫인상에 나쁜 영향을 줄 수 있으니 가볍게 답한다고 생각하세요.

시간을 맞추기 위해 대중교통을 이용해야 했습니다.

오늘 면접이 너무 중요해서 교통 체증에 걸리지 않게

평상시보다 1시간 일찍 집을 나섰습니다.

지하철을 타고 왔는데 20분 정도 걸렸습니다.

집이 여기에서 멀어서 오는 길에 지하철에서 버스로

갈아탔습니다.

TIP 기꺼이 이사 오겠다는 의지를 보이는 것도 좋습니다.

버스로 약 30분 정도 걸렸는데 생각보다 더 빨리

도착했습니다.

How did you get here today?

❚ SHORT TALKS **❚**

반복훈련 ☐ ☐ ☐

필요한 문장에
표시해보세요!

To be on time, / I had to use public transportation. ☐

Today's interview was so important to me, / so
I left home one hour earlier than usual / not to
get stuck in traffic. ☐

I used the subway to get here / and it took about 20
minutes. ☐

Since I live far away from here, / I transferred from the
subway to a bus / on my way here. ☐

▶ **I transferred subway lines twice on my way here.**
이곳에 오는 길에 지하철을 두 번 갈아탔습니다.
When I pass the interview, I'm willing to move closer to the company.
합격하면 회사 가까이로 이사 오려고 합니다.

It took about 30 minutes by bus / and I arrived more
quickly / than I expected. ☐

003 교통편 2 (도보/자가용)

오늘 여기에 어떻게 오셨나요?

저희 집이 여기에서 걸어서 5분 정도 거리에 있어서
걸어왔습니다.

여기에 바로 오는 대중교통 수단이 없어서 운전해서 올 수
밖에 없었습니다.

집이 멀지 않아서 택시를 탔습니다. 다행히 차가 막히진
않았습니다.

평상시보다 30분 일찍 집을 나섰습니다. 그래서 제시간에
도착할 수 있게요.

애들을 학교에 7시에 내려주고 7시 40분 즈음 도착했습니다.

How did you get here today?

반복훈련 ☐ ☐ ☐

필요한 문장에
표시해보세요!

I just walked / since my home is / only 5 minutes' walking distance from here. ☐

I **couldn't help driving** here because there is no public transportation to get here directly. ☐
cannot help -ing ~할 수밖에 없다

I took a taxi because my home is not far from here. Fortunately, there was no traffic. ☐

I left home 30 minutes earlier than usual / **so that** I could get here on time. ☐
목적을 나타낼 때 **so that**(~할 수 있도록) 구문을 활용하세요.

I **dropped** my kids **off** for school at 7 o'clock, / and I got here at about 7:40. ☐
drop ... off ~를 내려주다

004 교통편 3

오늘 여기에 어떻게 오셨나요? / 오는 길은 어렵지 않았나요?

1 저는 교통 혼잡을 피하기 위해 보통 대중교통 수단을 이용하는데 오늘도 다름이 없었습니다.

시간을 맞추기 위해선 버스 전용 차선을 이용하는 버스가 매우 좋은 교통 수단이죠.

TIP 공무원 면접이나 공기업 면접이라면 행정에 대한 긍정적인 내용을 언급해주는 것도 센스

30분 일찍 도착해서 여기 들어오기 전에 이 건물 카페에서 커피를 한 잔 했습니다.

---

2 사실 이 건물을 찾기가 힘들어서 다른 사람한테 길을 물어봤어요.

다행히 여기서 멀지 않았습니다.

TIP 면접장에 오기까지의 단순 과정을 설명하면 되는 질문이지만 사건과 반전을 이용해 흥미를 끌만한 내용을 만들 수도 있습니다.

이 중요한 면접에 늦을까 봐 걱정했는데 마침내 제시간에 도착했습니다.

How did you get here today? / Was it easy to find us today?

┃ LONG TALKS **┃**

반복훈련 ☐ ☐ ☐

필요한 문장에
표시해보세요!

I usually **take public transportation** / to avoid the rush hour traffic, / and today was no different. ☐
take public transportation 대중교통을 이용하다

With using **bus-only lanes**, / the bus is a good form of transportation / if you want to be on time.
bus-only lanes 버스 전용 차선

I arrived half an hour early, / so I had a coffee at the café of this building / before getting here.

Actually, I **had difficulty finding** this building, / so I asked someone to give me some directions. ☐
I had difficulty (in) -ing ～하는 데 어려움이 있었다

Fortunately, I found / that I was a few meters away from here.

Although I was afraid / I might be late for this important job interview, / I finally **got here on time**.
get ... on time ～에 제시간에 도착하다

005 아침에 한 일 1

오늘 아침 무엇을 하셨나요?

가볍게 물어보는 질문으로 보이지만 면접에 대한 준비 상태를 알아보기 위한 질문이기도 합니다. 심각하게 대응할 필요는 없지만 여유로운 모습과 함께 뉴스나 신문 등을 보고 시사 문제를 체크했다거나 평소 부지런하고 흐트러지지 않은 모습으로 아침을 준비하는 습관임을 드러내는 답변도 좋습니다.

오늘 아침 평소처럼 30분 정도 체육관에서 운동을 했습니다.

TIP 부지런하고 규칙적인 생활 습관을 가진 사람이라는 인상을 줄 수 있는 답변입니다.

집을 나서기 전 30분 정도 인터뷰 준비를 했습니다.

언제나처럼 오늘 해야 할 일들을 적고 확인했습니다.

긴장을 풀고 마음을 맑게 하기 위해서 아침에 명상을 했습니다.

저는 아침에 일어나면서 '멋진 하루가 될 거야!'라며 박수 치며 외쳤습니다.

TIP 긍정적인 마인드를 가진 사람이라는 인상을 줄 수 있는 답변입니다.

What did you do this morning?

필요한 문장에
표시해보세요!

I worked out at a gym this morning / for about half an hour as usual.   ☐

▶ 일상적인 아침이었다면. **It was a typical morning.** 여느 때와 다름없는 아침이었습니다.

I **spent** half an hour **preparing for** this interview / before leaving my house.   ☐

spend -ing ~을 하며 (시간을) 보내다

I **made a to-do list** for today / and checked it up as usual.   ☐

make a to-do list 해야 할 일을 적다

I meditated this morning / **to relax and clear my mind.**   ☐

to relax and clear my mind 긴장을 풀고 마음을 맑게 하려고

When getting up in the morning, / I clapped my hands and said, / "This is going to be a great day!"   ☐

006 아침에 한 일 2

오늘 아침 무엇을 하셨나요?

1 보통 때처럼 해야 할 집안일이 있어서 바빴습니다.

저는 부모님과 남동생, 여동생과 삽니다. 사람들이 많으니 할 일도 많아요.

저는 여러 가지 일을 동시에 처리할 수 있어서 다른 해야 할 일과 면접 준비를 다 했습니다.

TIP 멀티태스킹 능력을 강조하는 답변

2 전 오늘 아침 30분 정도 체육관에서 운동을 했습니다. 제가 매일 아침 하는 일이죠.

거기서 보통 전 러닝머신을 뛰면서 **CNN**을 보며 최신 뉴스를 확인합니다.

오늘의 주요 주제는 유럽의 경제 침체에 관한 내용이었습니다.

TIP 관련 질문이 이어서 나올 수 있어요. 준비를 잘 해가면 오히려 관련 질문에서 점수를 딸 수 있으니 면접관으로부터 질문을 유도할 수 있는 내용으로 답변해 보는 것도 좋습니다.

What did you do this morning?

필요한 문장에
표시해보세요!

As usual, I was busy / because there were chores to do. ☐

I live with my parents and a brother and a sister, / which means many people, many things to do.

Because I'm a **multi-tasking** player, / I could **get done with** preparing for the job interview, / as well as other things to do.

multi-tasking 여러 일을 동시에 처리하는   **get done with** ~을 끝내다, 처리하다

I worked out at a gym for half an hour this morning, / which is what I do every morning. ☐

I usually run on the treadmill there / while checking up on the most current news on CNN.

Today's main topic was an article / concerning **the economic recession** in Europe.

the economic recession 경제 침체

007 어제 한 일 1

어제 무엇을 했습니까?

역시 면접에 대한 준비 상태를 알아보기 위한 질문이기도 합니다. 아침에 무엇을 했냐는 질문에서보다 면접에 열심히 대비했음을 어필하는 것이 좋습니다.

인터뷰를 앞두고 약간 긴장이 되어서 기분전환을 위해 산에 올라갔습니다.

퇴근 후에 친구 한 명과 술 한잔 하면서 제 커리어에 대해 의논했습니다.

평소처럼 가족과 좋은 시간을 보냈습니다. 일상 대화도 나누고 맛있는 음식도 함께 먹었습니다.

이 기회를 놓치고 싶지 않았기 때문에 인터뷰 준비를 했습니다.

면접 전날인 어제는 할 일이 많았습니다. 회사를 검색해보고 인터뷰를 연습했죠.

What did you do yesterday?

필요한 문장에
표시해보세요!

I was a little bit nervous / before the interview, ☐
/ so I climbed a mountain / to **refresh** myself.
refresh 생기를 되찾게 하다

After work, / I had a drink with **one of my friends** / to ☐
discuss my career.
▶ **one of my co-workers** 동료 한 명

I had a good time / with my family as usual. We had an ☐
everyday conversation / and enjoyed delicious food
together.

Since I didn't want to miss out on this opportunity, / I ☐
prepared for the interview.

Yesterday, you know, the day before the interview, / I had ☐
a lot to do; / googling the company and rehearsing for the
interview,

008 이제 한 일 2

어제 무엇을 했습니까?

① 면접 준비하는 중에 다른 일도 있어서 어젠 정신 없이
바빴습니다.

어제 친척 결혼식에 빠질 수가 없었어요. 제 사촌의
결혼식이었거든요.

그는 신혼여행을 갔고 저는 면접을 보고 있는데 둘 다 새로운
출발선에 서 있네요.

TIP 앞 부분에 면접 준비하는 데 방해 요인이 있었다는 어려운 상황을 이야기했지만 긍정
의 메시지로 마무리하세요.

② 직장 동료와 술 한잔 하면서 구직과 오늘 면접에 대해
의논했습니다.

그는 말을 잘 들어주는 사람이고 저와 같은 상황을 겪어봤기
때문에 저는 그의 도움이 필요했습니다.

그는 진심으로 저를 걱정해주며 면접을 준비하는 데 많은
도움이 되는 좋은 조언을 해주었습니다.

What did you do yesterday?

반복훈련 ☐ ☐ ☐

필요한 문장에
표시해보세요!

While I was preparing / for the job interview, / I also had
other things to do, / so actually I had a **hectic** day. ☐

hectic 정신 없이 바쁜, 빡빡한

I couldn't skip a relative's wedding yesterday; / it was my
cousin's wedding.

He went on his honeymoon and I'm in a job interview, / so
both of us **stand at the starting line**.

stand at the starting line 출발선에 서 있다

I had a drink with one of my co-workers / to discuss my job
search and this interview. ☐

I was looking for his support / because he is a good listener
/ and he had been also in the same situation as me.

He was **being so concerned about** me / and he gave
me good advice that helped a lot for preparing for this
interview.

be concerned about ~에 대해 걱정하다

009 존경하는 인물 1 (인물 선정)

가장 존경하는 사람은 누구입니까?

지원자의 인성, 인생관, 가치관 등을 알아볼 수 있는 질문이므로 신중하게 답변하는 것이 좋습니다. 농담을 하거나 재미있게 답하려고 하지 말고 자신의 가치관에 부합하는 인물 선정, 존경하는 이유, 인물에 대한 느낌 등을 성실하게 묘사하세요.

한 사람만 고르자니 힘이 드네요. 꼭 한 사람을 골라야 한다면 그 사람은 …입니다.

TIP 이런 문장으로 답변을 시작하면 좋겠지요. 활용도 높은 문장이니 꼭 활용해보세요.

저는 중학교 때 영어 선생님을 멘토로서 존경합니다.

저는 저희 아버지를 가장 존경합니다. 아버지는 한 직장에서 35년간 근무하셨습니다. 아버지는 은퇴하시며 "네가 지금 하는 일을 사랑해라"라고 하셨어요.

TIP 특징적인 이야기를 덧붙이면 더욱 좋겠죠? 활용해보세요.

저는 애플의 창업주이자 세상에서 가장 기발한 사람 중 한 명인 스티브 잡스를 존경합니다.

주저 없이 박지성을 선택하겠습니다. 그는 대단한 사람이고 한국의 이미지를 끌어올리는 데 기여했다는 평을 듣습니다.

Who do you admire the most?

필요한 문장에
표시해보세요!

It is very difficult for me / to pick only one person. If I have to pick one, the person is …. ☐

I really look up to my English teacher / in middle school as a mentor. ☐

I really look up to … as a mentor. 멘토로서 ~을 정말 존경합니다.
▶ 인물을 바꿔 말해보세요.

I admire **my father**, / who worked for a company for 35 years the most. He said when he retired, / "Love what you do now." ☐

▶ 인물을 바꿔 말해보세요.

I respect **Steve Jobs**, the founder of Apple / and one of the most ingenious men in the world. ☐

Without hesitation, / I would choose **Park Ji-Sung**, / who is a great person / and is thought to help boost Korea's image. ☐

▶ 인물을 바꿔 말해보세요. 한국을 빛낸 정치인, 예술인을 넣어도 좋아요.

010 존경하는 인물 2 (이유 덧붙이기)

그분을 가장 존경하는 이유는 무엇인가요?

그는 실패에서 기꺼이 배우려고 했습니다. 그는 "나는 인생을 살면서 계속해서 실패했고, 그것이 내가 성공한 이유다"라고 말했습니다.

그는 제가 아는 가장 영향력 있는 사람이지만 권력에는 전혀 관심이 없고 자신의 길을 간다고 이야기합니다.

그가 절대 자신의 꿈을 포기하지 않고 꿈을 이어갔다는 점에서 그를 존경합니다.

그는 결국 꿈을 이루었고 세상에서 가장 훌륭한 예술가가 되었습니다.

그녀는 어떻게 인생에서 성공할 수 있는지를 보여줍니다.

Why do you admire him/ her the most?

반복훈련 ☐ ☐ ☐

필요한 문장에
표시해보세요!

He was willing to learn from failures. He said "I've failed over and over and over again in my life and that is why I succeed." ☐

Although he is one of the most powerful men I know, / he goes out of his way to say / that he's not really interested in power. ☐

I **respect** him / **because he never gave up on his dream and kept sticking to it.** ☐

▶ **respect** 대신 **have a great regard for**(〜를 존경하다) 등의 다른 표현도 활용해보세요.
▶ **for his integrity** 진실성 때문에
because he is sincere 그가 성실하기 때문에
because he is honest 그가 정직하기 때문에

He **ended up achieving** his dream, / and became one of the greatest artists in the world. ☐

end up -ing 결국 〜하게 되다

She shows / how you can be successful in your life. ☐

011
존경하는 인물 3 (이유 덧붙이기)

그분을 가장 존경하는 이유는 무엇인가요?

그의 시를 읽고 저는 깊은 감동을 받았습니다. 그의 〈숲가에 서서〉라는 짧은 시를 읽다 보면 저는 시인이 걸음을 멈추고 숲을 바라보며 무슨 생각을 했을까 상상할 수 있게 됩니다.

그는 한국의 경제 발전에 지대한 역할을 했습니다.

그는 세계 평화와 발전에 크게 공헌했습니다. 그는 온 평생을 민주주의 확립에 헌신했습니다.

그는 가난하고 병든 사람들을 돕는 데 대단히 솔선수범 했습니다.

그의 발명품은 우리 생활을 더욱 편리하고 즐겁게 만들었습니다.

TIP 구체적인 제품이나 서비스를 넣어도 좋아요.

Why do you admire him/ her the most?

반복훈련 ☐ ☐ ☐

필요한 문장에
표시해보세요!

He touched me deeply / with his poetry. / When I recite her
brief poem Stopping By Woods, / I can imagine what the
poet thought / when he stopped to watch the woods.

☐

He **played a great role** / **in** developing our nation's
economy.

play a great role in ～에 큰 역할을 하다
▶ **politics** 정치 **society** 사회 **culture** 문화

☐

He **contributed greatly** / **to** the peace and progress of the
world. He spent his whole life / in **building democracy**.

contribute greatly to ～에 크게 공헌하다
▶ **restoring our economy** 경제 재건

☐

He **took great initiative** / when it comes to
helping the poor and ill.

take great initiative 대단히 솔선수범하다

☐

His inventions made our life / more convenient and
enjoyable.

▶ **computer** 컴퓨터 **iPad** 아이패드 **Google searching engine** 구글 검색 엔진
effort 노력 **products** 제품

☐

012 존경하는 인물 4

가장 존경하는 사람은 누구이며
이유는 무엇입니까?

① 한 사람만 골라야 한다면 전 주저 없이 존 도우 작가를
선택하겠습니다.

TIP **John Doe**는 익명의 사람을 지칭합니다. 본인이 존경하는 작가의 이름을 넣어 답하
세요.

그녀는 베스트셀러 작품인 〈미스테리어스〉를 집필해 저와 같은
젊은이들에게 꿈을 심어주었습니다.

그녀의 작품이 제 인생을 완전히 변화시켰습니다. 그것이 제가
직업에 대한 목표를 정하는 데 동기부여를 해주었죠.

② 30대나 40대에 놀랄 만한 일을 성취해내는 인물을 찾는 것은
드문 일입니다.

TIP 존경하는 사람이라고 꼭 나이가 많거나 역사적인 인물일 필요는 없습니다. 요즘은 젊
고 성공한 사업가, 혁신가에 대한 관심이 높으니 반영할 수 있습니다.

그는 젊은 나이에 자수성가한 사람이었지만 크게 성공한
후에도 변함 없이 성실하고 정직했습니다.

그의 성공뿐만 아니라 인간성 때문에 저는 그를 존경합니다.

Who do you admire the most and why?

반복훈련 ☐ ☐ ☐

필요한 문장에
표시해보세요!

If I have to choose only one person, / **I would choose** a writer, **John Doe**, / without hesitation. ☐

If I have to choose …, I would choose … ~을 골라야 한다면 ~을 선택하겠습니다

She wrote a best-selling book, *Mysterious* / which gave dreams to young people like me.

Her book totally changed my life; / it motivated me to set my own career objectives.

It is rare that you see a person in his thirties or forties / who is able to accomplish something amazing. ☐

It is rare that … ~은 드문 일입니다

He was a self-made person at a young age, / but still sincere and honest after his big success.

I **look up to** him, not just because of his success, / because of his personality.

look up to ~을 존경하다

013 존경하는 인물 5

가장 존경하는 사람은 누구이며 이유는 무엇입니까?

1 성공적인 비즈니스맨, 디자이너, 개발자, 그리고 리더로서의 스티브 잡스는 '가슴에 진실해지기', 이 한 가지를 항상 강조했습니다.

수많은 승리와 패배를 겪는 동안에도 그는 일에 대한 열정과 사랑을 잃지 않았습니다.

그의 열정과 진정성은 일과 삶으로 퍼지는 전염성을 가지고 있었습니다. 그리고 지금 저에게도요.

2 저는 이전 회사의 사장님을 가장 존경하는데, 특히 두 가지 이유로 그분처럼 되고 싶습니다.

회사가 지금 위기를 겪을 때 그가 보여준 용기는 제게 자신감을 불어넣어 주었습니다.

TIP 영웅은 도처에 있습니다. 주변에서 나를 감동시킨 사람을 골라 설명해보세요.

그는 위기에 직면해서도 결코 포기하지 않고 항상 그 상황에 맞는 해결책에 집중하려고 노력했습니다.

Who do you admire the most and why?

필요한 문장에
표시해보세요!

As a successful businessman, designer, developer, and
leader, / Steve Jobs always emphasized one thing / that he
stayed true to his heart. ☐

stay true to one's heart 가슴에 진실해지다

Through the triumphs and defeats, / Jobs never lost his
passion and love for his work.

Through the triumphs and defeats 승리와 패배를 겪으면서

His passion and sincerity were **contagious** / and it **spread
to** his work and life and now, even to me.

contagious 전염성이 있는　**spread to** ～로 퍼지다

I admire the president of the former company the most,
and especially for two reasons, / I'd like to be just like him. ☐

**His courage / that he showed in the financial crisis of
his company** / inspired my self-confidence.

▶ **His courage to try new things** 새로운 것에 도전하는 용기
His courage to fight for justice 정의를 위해 싸우는 용기
His courage to do what he felt was right 자신이 옳다고 느끼는 것을 하는 용기

He never gave up / when faced with adversity and always
tried to focus the solution on the situation.

014 좋아하는 색깔 1

가장 좋아하는 색깔은 무엇입니까?

좋아하는 것에 대해 먼저 답하고 그 이유, 에피소드 등을 덧붙이세요. 어떤 것에 대한 견해를 묻는 질문에는 반드시 이유와 근거를 두 가지 정도 덧붙여 설득력을 높이는 것이 좋습니다.

제가 가장 좋아하는 색깔은 보라색입니다. 제 자신을 바꿀 수 있는 어떤 것을 추구하는 데 영감을 주는 색이기 때문입니다.

저는 마음을 편하게 해주는 녹색과 노란색의 조합을 좋아합니다.

제가 가장 좋아하는 색깔은 녹색이며 그것은 제 어린 시절을 생각나게 합니다.

파란색을 볼 때면 그것이 스트레스에서 벗어나게 도와줍니다.

저는 파란색과 빨간색을 좋아하는데, 이것이 저를 좀 더 열정적으로 만들어줍니다.

What is your favorite color?

필요한 문장에
표시해보세요!

My favorite color is **purple** / because it inspires me to
pursue something / that will change myself.   ☐

▶ 좋아하는 색깔을 넣어 바꿔 말해보세요.

I like **a combination of** green and yellow / **because it
makes me relaxed**.   ☐

a combination of ~의 조합
▶ **because**절로 좋아하는 이유를 바꿔 말해보세요.

My favorite color is green, / which reminds me of **my
childhood**.   ☐

▶ **my first love** 첫사랑 **dreams of adolescence** 사춘기 시절의 꿈 **my school days** 학창 시절

Every time I see blue, / it helps me get over my
stress.   ☐

I like blue and red, / which inspire me to be more
passionate.   ☐

015 좋아하는 색깔 2

가장 좋아하는 색깔은 무엇입니까?

① 저는 노란색을 좋아합니다. 이 색깔이 제 성격을 잘 대변해준다고 생각합니다.

TIP 간단한 질문이지만 단답형보다는 이유까지 설명하고 마무리를 짓는 3단 구성 정도로 표현하는 것이 좋습니다.

보통 이것은 행복을 떠오르게 합니다. 저는 주변 사람들을 웃게 만들고 행복하게 해주거든요.

이 인터뷰를 하면서 면접관 님들도 저와 함께 즐거운 시간이 되었으면 좋겠습니다.

② 제가 가장 좋아하는 색깔은 빨간색과 파란색의 조합인데 그 색깔을 볼 때마다 항상 영국 축구팀인 맨유와 첼시가 생각납니다.

TIP 축구를 싫어하는 사람은 없죠. 호응을 유도하기 좋은 답변입니다.

영국은 축구로 유명하죠. 온 세계를 열정적으로 고무시키는 것이 축구죠.

아마도 제가 이 축구팀의 광팬이고 지난 몇 년 동안 축구에 푹 빠져 있어서 그런 것 같습니다.

What is your favorite color?

필요한 문장에
표시해보세요!

I like yellow; / I think this color **represents** my personality
well.   ☐

represent ~을 나타내다

Usually it **reminds** me **of** happiness; / I always try to make
people around me laugh / and make them happy.

remind A of B A에게 B를 떠오르게 하다

Hopefully, you are happy with me / during the interview.

My favorite color is a combination of red and blue, / which
always reminds me of the Manchester United and Chelsea,
/ England football teams.   ☐

England is famous for soccer / that inspires the rest of the
world / to be more passionate.

That's because / I'm a big fan of the football **team and / I've
been crazy about** soccer for a couple of years.

be crazy about ~에 푹 빠져 있다

016 좋아하는 음식 1

가장 좋아하는 음식은 무엇인가요?

이렇게 초반에 나오는 질문들은 첫인상에 영향을 줄 수 있습니다. 짧게 단답형으로 답하지 말고 성의껏 답변하세요. 좋아하는 음식과 좋아하는 이유, 맛, 조리법이나 특징, 추억 등을 같이 언급해보세요.

마늘이 많이 들어가고 한국식 매운 소스가 들어간 모든 고기 요리를 좋아합니다.

TIP 음식 이름만 말하고 마는 단답형 답변은 No! 좋아하는 이유를 덧붙이는 것이 좋아요.

제가 가장 좋아하는 음식은 불고기입니다. 한국의 가장 대표적인 음식 중 하나죠.

저는 고기류는 다 좋아해서 부모님이 고기 뷔페 식당을 운영하셨으면 하고 바랐습니다.

비 오는 날에는 빈대떡에 막걸리를 마시는데 어느 때보다 비 오는 날 먹어야 제맛이지요.

저는 매운 음식을 다 좋아해서 매운 음식을 먹을 때 가장 즐겁습니다.

맛을 나타내는 표현 1 · **great/delicious** 맛있는 · **sweet** 단 · **salty** 짠 · **hot** (아주) 매운 · **spicy** 매운 맛이 나는 · **juicy** (고기, 야채 등이) 즙이 많은 · **greasy/oily** 기름진, 느끼한

What is your favorite food?

필요한 문장에
표시해보세요!

I like all kinds of meat dishes / with a lot of garlic and Korean spicy sauce. ☐

My favorite food is **bulgogi**, / one of the most representative Korean foods. ☐

▶ 자신이 좋아하는 음식으로 바꿔 말해보세요.

I like all kinds of meat, / so once I wished / my parents ran a meat buffet restaurant. ☐

I like to eat some bindaetteok and drink rice wine on a rainy day because it tastes a lot better when it rains than any time else. ☐

I like all the spicy foods, / so it is the most delightful thing / for me to eat them. ☐

맛을 나타내는 표현 2 • **savory** 맛이 풍부한 • **chewy** 씹는 맛이 있는(쫄깃한) • **pungent/sharp** 톡 쏘는 자극적인 (맛) • **crispy/crunchy** 비삭바삭한 • **tender** 부드러운 • **bland** 싱거운, 담백한

017
좋아하는 음식 2

가장 좋아하는 음식은 무엇인가요?

① 저는 불고기 요리하는 것을 정말 좋아합니다. 다른 여러 나라에서도 유명해지고 있는 한국 전통 음식이죠.

제 요리법은 좀 특별한데요, 저는 불고기에 김치와 제가 만든 특별 소스를 넣기 때문입니다.

TIP 간단한 조리법 설명, 요리의 특징, 짧은 에피소드 등을 덧붙일 수 있어요.

제가 만든 소스와 함께 드시면 정말 좋아하실 겁니다. 기회가 된다면 대접해 드리고 싶네요.

TIP 채용의 기대감과 자신감을 표현해보세요.

② 저는 피자는 다 좋아해요. 특히, 치킨에다 토마토 소스와 마늘 오일 소스가 들어간 피자를 좋아해요.

배가 고프면 이런 양념 맛과 풍미가 그리워져서 한밤중에도 피자를 주문합니다.

여러분의 다이어트를 망치고 싶진 않지만 이 두 가지 소스가 들어 있는 피자를 드시면 분명 좋아하실 거예요.

TIP 친근한 태도로 답변하세요.

What is your favorite food?

▌LONG TALKS▐

반복훈련 ☐ ☐ ☐

필요한 문장에
표시해보세요!

I really like to cook bulgogi, a Korean traditional food / that is becoming famous even in many other countries. ☐

My recipe is a little bit special / because I add kimchi and the special sauce / that I made into the bulgogi.

I'm sure / you'd really love it with my sauce. I'd like to cook it for you if there is a chance.

I like all kinds of pizza, especially ones / with chicken, tomato sauce, and garlic oil sauce. ☐

When I **am starving**, / I miss the taste and smell of these **seasonings** / and I order a pizza even at 12 a.m.

be starving 배고파지다 **seasonings** 양념

I don't want to ruin your diet, / but if you try the pizza with these two sauces together, / you will really like it.

018 좋아하는 계절 1

가장 좋아하는 계절은 무엇입니까?

좋아하는 계절을 먼저 밝히고 이유를 같이 언급하세요. 이렇게 좋아하는 것을 묻는 질문은 이유를 같이 물어올 가능성이 높습니다. 재미있게 대답하려는 의도로 엉뚱한 이유를 대지 않도록 하세요.

추운 날씨 끝이라서 저는 봄을 좋아합니다.

제가 가장 좋아하는 과일인 딸기를 맘껏 먹을 수 있어서 봄이 좋습니다.

야외 활동하기에 좋아서 여름을 가장 좋아합니다.

저는 가을을 좋아합니다. 설악산에 가서 아름다운 단풍을 볼 수 있거든요.

저는 눈과 겨울 스포츠를 너무 좋아해서 겨울이 제일 좋습니다.

What is your favorite season?

❚ SHORT TALKS **❚**

반복훈련 ☐ ☐ ☐

필요한 문장에
표시해보세요!

I like spring / **because it is the end of the cold weather**. ☐

▸ **because it is the start of a new school year** 새 학년의 시작이기 때문에
because it is the season when all living things come to life
만물이 소생하는 계절이기 때문에

I love spring / because I can enjoy my favorite fruit, strawberries, / **as much as I like**. ☐

as much as I like 내가 원하는 만큼

My favorite season is summer / because it's good for outdoor activities. ☐

I like fall / because I can go to Mt. Seorak / to see the beautiful red and yellow leaves. ☐

➕ 구체적인 날짜를 덧붙일 수 있어요. **in late October** 늦은 10월에

My favorite is winter / because I love the snow and winter sports. ☐

➕ 구체적인 겨울 스포츠의 예를 덧붙이려면, **such as skiing, skating, and snow boarding**

019 좋아하는 계절 2

가장 좋아하는 계절은 무엇입니까?

1 저는 무덥고 화창한 날씨를 좋아하는데 수영, 수상 스키, 웨이크보드 등의 수상 스포츠를 좋아하거든요.

TIP 한 문장으로 답하더라도 because로 이유를 덧붙여 말하는 습관을 들이세요.

여름엔 새 수영복을 사서 해변으로 떠나야 하죠. 집에만 있는 건 자연(본성)을 거스르는 거예요.

해변에서 선탠을 하는 것도 좋아하지만 가장 좋은 건 여름 내내 서핑을 즐길 수 있다는 거예요.

2 가장 좋아하는 계절은 겨울입니다. 겨울은 제게 추억의 계절이니까요.

저는 크리스마스를 위해 집을 장식하고 가족, 친구들과 함께 즐거운 한때를 보냅니다.

겨울이 지나면 장식물들을 떼어내 치워두었다가, 다시 겨울이 돌아올 때마다 꺼내어 지난 겨울 연휴를 추억하곤 합니다.

What is your favorite season?

필요한 문장에
표시해보세요!

I like a hot sunny day / because I love water-sports / such as swimming, water-skiing, wake-boarding, etc. ☐

Summer is time to shop for a new swim suit / and to leave for the beach. Staying home is against nature.

I also enjoy tanning on the beach, / but the best thing about summer is / that I can enjoy surfing all summer long.

My favorite season is winter / because it is the season of my memories. ☐

I decorate my house for Christmas / and have a very nice time with family members and friends.

After winter, the **ornaments** are **put away** and, / in subsequent years, / are brought out as a memory of past winter holiday seasons.

ornament 장식물 **put away** ~을 치우다

020 날씨 묘사 1

오늘 날씨는 어떻습니까?

현재 사실 그대로 답하면 됩니다. 날씨가 너무 좋은데 실내에만 있기는
아깝다는 등의 짧은 감상을 덧붙이는 것도 좋습니다.

어제에 비해 오늘은 그다지 덥지 않습니다.

하루 종일 눈이 내리고 있습니다.

오늘 약간 덥습니다. 땀이 멈추질 않네요.

구름 한 점 없이 아주 맑은 하늘이라 실내에만 있기에는
너무나 아까운 날씨입니다.

아침 내내 흐렸습니다만 곧 개었습니다.

What is the weather like today?

반복훈련 ☐ ☐ ☐

필요한 문장에
표시해보세요!

It's not really that **hot** today compared to ☐
yesterday.
▶ 날씨를 묘사하는 형용사
cold 추운 **sunny** 화창한 **windy** 바람이 부는 **clear** 맑은

It's been snowing / all day long. ☐
▶ **It seems raining out there now.**
지금 밖에 비가 내리고 있는 것 같습니다.

It's a little bit **hot** today; / I can't stop **sweating**. ☐
▶ **It's a little bit cold today; I can't stop shivering.**
오늘 약간 춥습니다. 몸이 계속 떨리네요.

This is too fine a day to be indoors / since it's pretty much ☐
a clear sky, / no cloud cover.

It's been cloudy all morning / but soon it cleared up. ☐

021 날씨 묘사 2

오늘 날씨는 어떻습니까?

1 지구 온난화 때문에 가을/봄이 거의 사라지는 것 같습니다.

TIP 이렇게 누구나 공감하는 내용을 넣으면 좋습니다. '맞아'라면서 고개를 끄덕이게 하는 것이 화술입니다.

오늘 바람이 많이 불지만 걸어 다니기에는 나쁘진 않을 것 같습니다.

금방 비가 올지 모르니 우산을 가지고 가시라고 권해 드리고 싶네요.

TIP 배려의 모습으로 우산을 빌려주겠다고 재치있게 말해보세요.
I have one you can borrow, if you'd like. 원하시면 하나 빌려드릴게요.

2 오늘 날씨가 맑고 좋네요, 그렇지 않나요?

어제 하루 종일 흐렸습니다만 오늘 아침에 개었습니다. 그래서 좋은 징조라고 믿고 싶습니다.

좋은 날 여러분을 만났으니 인터뷰 끝나고 집까지 걸어가면 정말 완벽한 하루의 더할 나위 없는 마무리가 되겠네요.

What is the weather like today?

반복훈련 ☐ ☐ ☐

필요한 문장에
표시해보세요!

It seems like **autumn/spring** has almost disappeared /
because of global warming.   ☐

▶ **the change of seasons** 환절기

It is a windy day today, / but I guess it's not going to be too
bad / for walking around.

It might rain **at any moment**, / so I recommend you take
an umbrella with you.

at any moment 언제 어느 때, 금방이라도

It is a lovely sunny day, / isn't it?   ☐

It was cloudy all day yesterday, / but it cleared up
this morning, / so hopefully, / it is a good sign to
me.

It is a beautiful day and I meet you, / so it would be the
perfect ending to the perfect day to walk home after this
interview.

022 기분 묘사 1

지금 기분이 어떠세요?

간단하지만 초반에 나오는 질문들이라 첫인상에 영향을 줄 수 있습니다. 짧고 솔직한 답변이 좋지만 지나치게 자신 없는 모습을 보이지 않도록 하세요.

제가 여기에 있어 너무 기쁘고 도전을 즐기고자 합니다.

약간 떨리지만 이런 좋은 기회를 얻게 되어서 기쁘기도 합니다.

가슴이 두근거려요. 아무쪼록, 오늘 이 면접을 잘 봐서 통과했으면 좋겠습니다.

이 기회를 오랫동안 기다려왔기 때문에 이 자리에 있는 것이 기쁩니다.

영어로 면접을 진행하는 것이 약간 스트레스가 되어 사실 긴장했었는데 이제 한결 나아졌습니다.

How do you feel right now?

필요한 문장에
표시해보세요!

I am so happy to be here / and I am ready to enjoy the challenge. ☐

I am a little bit nervous, / but I am also pleased / to have this great opportunity. ☐
▶ **I am a little bit nervous and strained, but it's OK.**
좀 초조하고 긴장되네요. 그렇지만 괜찮습니다.

My heart is pounding, / but I hope I can do a good job in this interview / and pass it. ☐
▶ **Hopefully I will do a good job in ...** ~을 잘했으면 좋겠어요.

I am glad to be here now / because I know how long I've been waiting / for this chance. ☐

Actually I was nervous / because conducting an interview in English is a little bit stressful for me, / but I'm feeling much better now. ☐

023 기분 묘사 2

지금 기분이 어떠세요?

① 오랫동안 원하던 일이라 오늘 면접을 기다려왔습니다.

그런데 오늘 면접은 영어로 진행되어서 약간 스트레스가
되네요.

긴장했는데 지금은 괜찮습니다. 걱정하는 것보다는 최선을
다하는 게 나으니까요.

② 오늘을 생각하니 매우 흥분이 되어서 지난 밤에는 한숨도 못
잤습니다.

제가 운이 좋게도 이 직책에 대해 면접을 볼 기회를
얻었습니다.

이전 회사에서의 시간은 절대 잊을 수 없는 경험이었지만 이제
변화의 시간인 것 같습니다.

How do you feel right now?

반복훈련 ☐ ☐ ☐

필요한 문장에
표시해보세요!

I was looking forward to this interview / because this
position is **what I have wanted for a long time**. ☐

what I have wanted for a long time 오랫동안 원하던 일

But today's interview is being conducted in English, / so it's
a little bit stressful for me.

I was nervous, / but I'm OK now. / Doing my best **is better
/ than** worrying about that.

A is better than B A가 B보다 낫다

I was so excited about today, / so I didn't sleep a wink last
night. ☐

I'm so lucky / to get this opportunity / to be interviewed
for this position.

The years I've worked there will never be forgotten, / but I
feel **it is time for a change**.

it is time for a change 변화의 시간이다

면접, 시작되었다

1 면접 진행 순서를 시뮬레이션하라!

면접은 연습을 통해 자신의 약점이 무엇이고 어떤 대비책을 세워야 하는지 꼼꼼히 체크해야 합니다. 나의 경쟁자들은 이미 철저히 준비하고 있음을 잊지 말아야 합니다. 면접장에 문을 열고 들어서는 순간 이미 면접은 시작되었다고 생각해야 합니다. 자신감 있고 자연스러운 걸음, 여유 있는 표정, 바른 자세, 인사를 나누는 밝은 목소리톤까지 하나하나 신경 써야 하지만 실전에서는 그리 만만한 것이 아닙니다. 답변을 가장 힘들게 여기기 때문에 답변을 하다 보면 표정은 일그러지고 땀을 뻘뻘 흘리고 있을지 모르죠. 그러니 연습을 통해 면접에 임하는 자세를 익혀두는 것이 무척 중요합니다. 면접 진행 순서와 확인 사항을 익혀두세요.

	인사	····▶	자리 잡기	····▶	질문 시작

- Hello,
- Nice to meet you.

- 미소를 띤 표정

- 밝은 목소리,
  약간 높은 톤을 유지
- 바른 자세

2 중간중간 질문에 대응하고 있는가?

'면접'이라는 특수 상황이라는 점에 너무 집중하면 사람과 사람이 일대일로 만나 이야기하고 있다는 것을 잊게 됩니다. 마치 기계 앞에서 정답을 쏟아내듯이 답변하지 말아야 합니다. 아무리 좋은 답변을 한다 하더라도 좋은 인상을 주기 힘들기 때문입니다.

3 할 말이 생각 안 날 때 머뭇거리며 오랫동안 말을 멈추고 있지 않는가?

어떤 문제가 나올지 모르는 사실상 무방비 상태에서 질문을 듣는 것이기 때문에 당황스러운 질문이 나올 수도 있습니다. 그러면 당연히 답변하기가 어렵겠지만 그냥 멈춰서 생각을 하고 있으면 곤란합니다. 어떻게든 대답을 해야 합니다. 차라리 모르면 솔직하게 '이러 저러 해서 어려운 문제다, 죄송하지만 잘 모르겠다'고 시인하는 것도 방법입니다. 숨만 쉬고 있으면 안 된다는 사실!

4 면접관을 사로잡을 묘수를 준비했는가?

면접관의 질문이나 요구에 빨리 대응하고 적극적인 태도를 보여야 합니다. 이건 기본이죠. 면접관을 배려하는 마음으로 재미있는 이야기를 준비해가야 합니다. 웃기는 얘기나 유머를 사용하라는 말이 아닙니다. 나의 답변 자체를 귀담아 들을 만한 이야기들로 채우세요. "저런 한심한 지원자 이야기를 듣고 있어야 하나?"라는 생각이 들지 않도록 예상 질문에 대한 답변을 미리 준비해간다면 다소 영어를 잘 못하는 듯 보이더라도 "저 사람 괜찮군!"이란 평가를 받을 수 있을 겁니다.

자연스럽게 말하기 꿀팁

1 일단 준비해간 질문에 대한 답변은 완전 암기해서 자연스럽게 나올 정도로 준비하세요.

2 발음, 억양, 강세까지 연습하세요. 그래야 외운 티가 안 납니다.

3 농담은 피하되, 진정성이 담긴 좋은 문장을 이용하세요.

외국인처럼 말하세요. "영어를 잘 해야 외국인처럼 말하지?"라고 생각하지 마세요. 그런 마인드를 가지고 말하고 행동할 필요가 있다는 뜻입니다.

그럼, 먼저 행동부터 살펴봅시다.

영화를 보면서 연구해볼 필요가 있어요. 아이콘택은 어떻게 하는지, 상대방이 말할 때 어떤 자세가 좋은지, 어떤 행동에 불쾌해하는지 말이죠. 바디랭귀지는 어떻게 구사하는지를 잘 보세요. 말로 다 전하지 못하는 것을 표정이나 몸짓, 손짓으로 전달할 수 있고 면접관은 그런 것도 무의식 중에 자연스러운 의사소통의 일부분으로 받아들입니다.

다음은 발음, 억양, 강세입니다.

물론 영어를 못하는데 이런 것들이 제대로 되기 힘들다는 것은 압니다. 그러니 연습을 해야죠. 영어를 잘 못해도 발음이나 억양, 강세를 그럴 듯하게 흉내내면 훨씬 잘 하는 것처럼 들립니다. 개그 프로그램을 보면 말도 안 되는 중국어를 구사하는데 이상하게도 진짜처럼 들리잖아요. 심지어 가만히 들어보면 중국어도 아닌 우리말로 흉내 내는 건데도 말입니다. 이것도 바로 발음, 억양, 강세의 위력입니다.

마지막으로, 한 마디를 해도 진정성을 담아 말하세요.

면접관도 사람인지라 아무리 영어를 잘해도 인간미가 느껴지지 않는 판에 박힌 말만 하는 후보자가 마음에 와 닿긴 힘들 겁니다. 면접이 끝나고 기억도 안 날 수 있어요. "아, 그 영어는 술술 잘하던 그 친구?" 정도로 남겠죠. 영어 실력이 비슷하다면 어떤 사람을 뽑을까요? 가슴에 남는 한 마디가 당락을 결정합니다.

2

개인 특성 파악 질문

지원자 개인의 성향, 인성 등에 초점을 맞춘 질문입니다. 자기 소개, 좌우명, 성격, 장단점, 가족 소개 등이 해당하는데 무엇보다 자기 소개와 관련된 내용은 확실하게 준비를 하셔야 합니다. 자신에 대한 설명은 여러 가지 측면을 고려해서 준비해두는 것이 좋습니다. 학력 배경과 성격은 기본이고, 취미, 직무 관련 기술, 경험, 구체적인 직무 능력까지 최대한 자세히 준비해두세요.

국내 기업

면접 종류: 영어 면접

장소: 본사 면접장 그대로, 영어 면접의 경우 대체로 1, 2, 3차로 진행되지 않는다. 단, 영어로 업무를 진행해야 하는 분야이거나 외국계 한국 기업이라서 영어 실력이 중요한 경우는 다르다.

참가자: 면접관과 면접자, 다수의 면접자일 수도 있다.

질문의 의도 및 대응 전략: 면접장을 들어가 가벼운 인사 관련 질문이 그냥 몸풀기였다면 이제 본격적인 질문을 시작한다. 그 시작이 바로 개인적인 성향에 대한 질문이다. 더 이상 나아간 질문을 하지 않을 수도 있으므로 성실히 답한다. 다음 기회란 없다고 생각하고 대응하는 것이 좋다. 개인적인 성향에 대한 질문에 답변하다 보면 아무리 잘 준비해도 감추고 싶은 자신의 성향이 드러나게 마련이다. 솔직하게 설명하되, 편협한 관점 및 태도를 보이지 않도록 주의한다.

외국 기업

면접 종류: 1, 2차 면접

장소: 한국 지사 면접장 또는 1차 면접 이상일 경우 현지일 수 있음

참가자: 면접관과 면접자, 다수의 면접자일 수도 있다.

질문의 의도 및 대응 전략: 가벼운 인사 및 가벼운 스몰톡 다음에는 바로 개인적인 성향에 대한 질문으로 들어가게 된다. 이를 생략하고 전문성 위주로 질문을 할 수도 있지만 여기서는 개인적인 성향을 알아보기 위한 질문을 먼저 다룬다. 이는 다국적 기업으로 다양한 인종이 어울려 일하는 기업일수록 중요할 수 있다. 특정 인종이나 문화, 종교에 편견 없고 자유로운 태도가 중요하다. 최근 이런 다인종/종교/문화로 인한 문제를 해결하려는 기업의 적극적인 노력이 활발한 가운데, 이런 질문이 중요할 수 있다. 자신감 넘치는 태도 또한 중요하다. 단, 그 내용에서는 중언부언 이것저것 장점이나 특징 등을 나열하기보다 정리된 특장점을 논리정연하게 설명한다는 인상을 주는 것이 중요하다.

Personal Questions

024 자기 소개 1 (일반)

자신에 대해 이야기해보세요.

자기 소개는 면접을 할 때 항상 나오는 중요한 질문이지만 이후 경력에 대한 질문들이 별도로 나오므로 1분 이내로 답변하는 것이 좋습니다. 자신을 돋보이게 하기 위해 좋은 말만 나열하면 대부분 거부감을 줄 수 있으니 진심이 담긴 답변이 좋습니다. 중요한 이력을 한두 가지 언급하고 깊은 인상을 줄 수 있는 답변을 생각해두세요.

현재 한국대학 4학년이며 경영학을 전공하고 있고, 이번 IT 프로젝트 팀의 공석에 지원하고자 합니다.

저는 경영학 석사학위를 받고 한국대학을 졸업했습니다.

전 최근 광고 회사에서 근무를 했고 고객 관리를 담당했습니다.

저는 지금 한 단계 더 성숙해야 하는 시점에 와 있습니다.

간단히 말해 저는 5분 일찍 움직이고 신중하게 생각하는 사람입니다. 그리고 오늘 여기 제 잠재력에 대해 이야기하기 위해 왔습니다.

Tell me about yourself.

반복훈련 ☐ ☐ ☐

필요한 문장에
표시해보세요!

I'm currently a senior at **Hankook University**, / ☐
majoring in **business** / and I'd like to apply for an
opening / in **the IT project team**.
▶ 대학과 전공 그리고 부서명을 자기 상황에 맞게 바꿔서 활용해보세요.

I **graduated from** Hankook University / **with a master's** ☐
degree in business.

graduate from 학교명 **with a master's degree in** 전공 ~ 석사학위를 받고 ~ 대학을 졸업하다

I recently worked at an **advertising company** / and I was ☐
in charge of **customer management**.
▶ 회사명 또는 업종명을 자기 상황에 맞게 바꿔서 활용해보세요.
　offering speedy delivery service 빠른 배송 서비스를 제공하는 것
　development of high quality electronic goods 고품질의 전자제품 개발
　website design 웹사이트 디자인
　providing various legal services with clients 고객에게 다양한 법률 서비스를 제공하는 것

I come to the point now / when I have to grow up more. ☐

Simply put, / I am always 5 minutes early and think ☐
carefully, / and I am here today / to talk about my potential.

025 자기 소개 2 (마케팅/경영관리부)

자신에 대해 이야기해보세요.

1 저는 마케팅에 맞춰 교육을 받아왔기 때문에 제가 바로 제대로 준비된 후보자입니다.

또한 저는 시간을 잘 지키고 신뢰할 수 있으며 팀으로 일하는 것을 좋아합니다.

제 경험과 성격으로 볼 때 이 자리에 다른 누구보다도 제가 더 이 직무에 도움이 되리라고 확신합니다.

2 작년에 저는 ABC 사의 경영 관리 부서에서 인턴으로 일했습니다.

인턴을 하면서 저는 관리 훈련 프로그램을 완성하는 일에 참여할 기회가 있었습니다.

저는 이런 경험을 통해 제가 경영 관리 부서에서 일할 수 있도록 준비되었다고 생각합니다.

Tell me about yourself.

필요한 문장에
표시해보세요!

I am the well-prepared candidate because I have devoted
my educational pursuits / to marketing.   ☐

Also I am **punctual** and **dependable** / and I enjoy working
as a team.

punctual 시간을 잘 지키는 **dependable** 믿을 수 있는

I'm sure that my experience / and my personality make
me more helpful for this job than anyone else.

I'm sure that ... ~이라 확신합니다.

Last year, I worked as an intern / in the management
department at ABC Company.   ☐

During my internship, / I had the opportunity to participate
/ in completing management training programs.

I believe this experience has prepared me / to pursue a
management department.

026 자기 소개 3 (영업 관련)

자신에 대해 말씀해보세요.

1 저는 이 분야에 대한 뛰어난 지식을 가지고 있고 대부분 빨리 배웁니다.

작년에 영업 부서에서 인턴으로 일하면서 영업 기획안을 작성하였습니다. 그 기획안은 회사가 서비스와 제품을 더 효과적으로 판매할 방법을 제안한 것이었습니다.

저는 인턴일 뿐이었지만 다양한 행사와 활동에 적극적으로 참여했습니다.

2 저는 인턴십과 사업 기회를 포함한 경험을 통해 스스로 이력을 준비해왔습니다.

TIP 지원 분야에 얼마나 준비되어 있는지를 보여주세요.

저는 사람들을 만나 제품의 필요성을 설득해내는 기회를 즐깁니다.

저의 과거 경험을 통해 제가 영업을 하면서 겪는 어려움을 즐겁게 극복해낸다는 것을 아실 수 있을 겁니다.

Tell me about yourself.

반복훈련 ☐ ☐ ☐

필요한 문장에
표시해보세요!

I have an excellent knowledge of this industry / and I'm usually able to learn quickly. ☐

While interning in the sales department last year, / I developed a sales plan which recommended more effective ways / the company could sell its services and products.

Although I was just an intern, / I actively participated in various events and activities.

I have prepared myself for a business career through my experiences / involving internship and **entrepreneurial** opportunities. ☐

entrepreneurial 사업의

I enjoy the opportunity to approach people / and convince them that they need my product.

Judging my past experiences, you can see / that I enjoy **overcoming the challenge of** making a sale.

overcome the challenge of … ~의 어려움을 극복하다

027 자기 소개 4 (IT/관리직 경력자)

자신에 대해 이야기해보세요.

① 저는 대학에서 컴퓨터 공학 석사 학위를 취득했습니다.

TIP 자신에 대해 솔직 담백하게 설명하되, 면접관들에게 분명하고 강한 인상을 남길 수 있는 한마디가 중요합니다. 조직에 도움이 될 인성을 강조할 수도 있고 직무 능력을 강조할 수도 있습니다.

저는 대학 생활과 인턴 생활을 통해 컴퓨터 전문가로서 성공하는 데 몰두해왔습니다.

저는 컴퓨터 전문가로서 고급 교육을 받았고 시작한 것을 반드시 끝내고 맙니다.

② 저는 과거에 판매, 소포 적재, 운행 관리를 한 경험이 있습니다.

TIP 구체적인 직무 능력을 나열하면 좋습니다.

최근 직무에서 저는 각 부서의 팀원들과 협력해 특별 프로젝트를 진행해왔습니다.

저는 무언가 잘 해냈음을 알았을 때 큰 만족을 느낍니다.

Tell me about yourself.

반복훈련 ☐ ☐ ☐

필요한 문장에
표시해보세요!

I have **a master's degree** / **in** computer engineering from
a college. ☐
a master's degree in ... ~ 석사 학위

Through my college years and internship, / I have
committed myself to success as a computer professional.

I'm a highly educated computer **professional** / and I **can be
counted upon** to finish what I start.
professional 전문가 **can be counted upon** ~을 믿어도 좋다

My past experiences **have to do with managing** / **in** retail,
package loader, and dispatcher, etc. ☐
have to do with managing in ... ~의 관리와 관련이 있다

In my most recent position, / I have worked on special
projects / **in conjunction with** team members of each
department.
in conjunction with ... ~와 협력해

I get a great deal of satisfaction from knowing / that I have
done something well.

028 거주지 위치 1

현재 사는 곳은 어디입니까?

지원자의 배경 설명을 요구하는 질문입니다. 핵심 내용만 설명하면 됩니다. 너무 자세하게 설명하여 지루한 느낌을 주기보다 간결한 것이 좋습니다.

저는 부산국제영화제의 개최지로 유명한 부산에 살고 있습니다.

저는 서울 북부의 수유동에서 살고 있는데 녹지가 많은 곳입니다.

저는 서울 강서구에 삽니다. 집에서 여기까지는 도보로 20분 거리입니다.

여기까지 오느라 오래 걸렸는데 오늘 면접에서 잘했으면 좋겠습니다.

부모님과 함께 김포에 살고 있는데 서울에서 혼자 살 곳을 알아보고 있습니다.

Where do you live now?

필요한 문장에
표시해보세요!

I live in Busan, / which is famous for the home of the Busan International Film Festival. ☐

I live in Suyu-dong, / the northern part of Seoul, / **where there are lots of green areas**. ☐

▶ where 다음에 지역의 특징을 덧붙여 설명하세요.

I live in Gangseo-gu, Seoul, / which **is a twenty-minute walk from here**. ☐

▶ which 다음에 거주지의 특징을 표현해보세요.
there are a lot of public buildings and shopping malls 관공서와 쇼핑몰들이 많다
there are many interesting walks and wide green space 재미있는 산책로와 넓은 녹지가 많다
there are roads packed with cars and buses 자동차와 버스로 가득한 도로들이 있다
is famous for good school districts 좋은 학군으로 유명하다

It took so long to get here, / so I hope to do a good job in this interview. ☐

I live in Gimpo with my parents, / but I'm looking for a place of my own in Seoul. ☐

029 거주지 위치 2

현재 사는 곳은 어디입니까?

① 저는 서울에 있는 학교 근처 원룸에 삽니다. 아르바이트를
해서 생활비를 벌면서 경제적으로 독립해서 생활해왔습니다.

이 동네는 임대료가 꽤 싸고 그 근처 교통도 매우 편리합니다.

전반적으로 살기 좋은 곳이라서 집을 구하는 사람에게 꼭
추천하고 싶습니다.

---

② 저는 부산에 살고 있고 이곳에 한번도 와본 적이 없어서
사무실을 찾는 데 좀 힘이 들었습니다.

부산은 대한민국에서 두 번째로 큰 도시이면서
부산국제영화제의 개최지로 알려져 있죠.

이곳에서 일할 수 있는 기회를 주신다면 더 큰 도시인 이
지역으로 기꺼이 이사를 하려고 합니다.

Where do you live now?

| LONG TALKS |

반복훈련 ☐ ☐ ☐

필요한 문장에
표시해보세요!

I live in **a studio apartment** / near my school in Seoul. I
have been working part-time for my living expenses / so I
have been financially independent of my family.

a studio apartment 원룸

Rent for the apartment is low / and also the transportation
is very convenient around the area.

Overall, it is a very good place to live, / so I'd love to
recommend this town to anyone / who is looking for a
house.

It was not so easy to find your office / because I live in
Busan and I have never been here before.

It was not so easy to ... ~하는 데 좀 힘이 들었습니다.

Busan is the second largest city in the country / and it
is famous for the home of the Busan International Film
Festival.

If you could give me a chance to work here, / **I would be
willing to move into** this area which is much bigger.

I would be willing to move into ... 기꺼이 ~로 이사하려고 합니다.

030 아버지 소개 1

아버지가 어떤 분이신지 설명해주시겠습니까?

지원자의 배경 설명을 요구하는 질문과 같은 의도입니다. 핵심 내용만 설명하면 됩니다. 동양에서는 아버지의 존재가 남다른 만큼 지원자의 인성이 투영되어 있다고 파악하는 경우가 있으므로 장점을 부각시키는 답변이 좋습니다.

아버지는 자상하시고 저희를 무척이나 아껴주십니다.

아버지는 매우 성실하셔서 항상 약속을 지키려고 하십니다.

저는 아버지가 꽉 막혔다기보다 우직한 성격이라고
생각하는데, 아버지는 "전혀 너그러워지지 말고 선의 길만을
가라"고 말씀하시기 때문입니다.

저희 아버지는 말을 많이 하는 것을 싫어하셔서 사람들이
아버지더러 고지식하다고 합니다.

아버지는 조용한 분이시지만 정말 힘든 상황이 닥치거나
절박한 순간이 오면 매우 단호한 결단을 내리십니다.

Could you describe your father's personality?

필요한 문장에
표시해보세요!

My father is very generous / and takes good care
of us.   ☐

▶ **When I was young, my father was the one on me every shot, making me do it
right.** 제가 어렸을 때 아버지는 매 순간 제가 제대로 하게끔 이끌어주시던 분이셨습니다.

He is so **sincere** / that he always tries / to keep his
promises.   ☐

sincere 성실한

I think he is more naively honest than stubborn / because
he says, / "Be not tolerant at all and follow the good path."   ☐

My father doesn't like to talk so much, / so people say he is
simple and honest.   ☐

My father is a quiet person, / but when it really comes to
a very difficult situation / and when the chips are really
down, / then he makes a very firm decision.   ☐

031 아버지 소개 2

아버지가 어떤 분이신지
설명해주시겠습니까?

❶ 저희 아버지는 융통성이 없다는 얘기를 들으십니다.

예를 들면, 진실의 정도 차이가 있을지는 모르지만 선의의
거짓말도 여전히 거짓이라고 말씀하십니다.

그렇지만 저는 아버지가 꽉 막혔다기보다 우직한 성격이라고
생각하는데, 아버지는 "전혀 너그러워지지 말고 선의 길만을
가라"고 말씀하시기 때문입니다.

❷ 아버지는 동양의 철학자 같으십니다. 조용한 사람이고 조화를
굉장히 중요하게 여기시죠.

아버지는 자신의 생각을 말씀하시기 전에 우선 다른 사람들,
심지어 자녀들의 말을 들으려고 하십니다.

하지만 정말 힘든 상황이 닥치거나 절박한 순간이 오면
아버지는 매우 단호한 결단을 내리십니다.

Could you describe your father's personality?

필요한 문장에
표시해보세요!

My father has been told that / he is inflexible.   ☐

For example, / he says that a white lie is still a lie / and it
may be **a subtler shade of truth**.

a subtler shade of truth 진실의 (더 미묘한) 정도 차이

But I think he rather naively honest than stubborn /
because he says, / "Be not **tolerant** at all and follow the
good path."

tolerant 관대한

My father is like an Eastern philosopher; / a quiet person
and / he regards highly the harmony.   ☐

He tries to first of all listen to others / before he speaks his
own idea, / and even his own children.

When it really comes to a very difficult situation, / **when
really chips are down**, / then he makes a very firm
decision.

when really chips are down 절박한 순간이 오면

032 가족 소개 1

당신의 가족을 설명해주세요.

가족 소개는 관계를 중심으로 간단하게 설명하세요. 가족 구성원에 대한 설명은 면접의 본질적인 내용이 아니므로 장황해지지 않도록 하는 것이 좋습니다.

저는 대가족 속에서 나고 자랐습니다.

저희는 아이들이 셋인 대가족인데 곧 아기가 또 태어납니다.

저희 가족은 부모님, 형제 둘 그리고 저, 이렇게 다섯이고 저는 맏이입니다.

아버지는 제과점을 운영하십니다.

Describe your family.

반복훈련 ☐ ☐ ☐

필요한 문장에
표시해보세요!

I was born and I grew up / in a large family. ☐

We are a large family with 3 children / and we're expecting ☐
a new arrival / in the family soon.
> **My family consists of 6 members.** 저희 가족은 6명입니다.
> **There are 6 of us in my family.** 저희 가족은 6명입니다.

We are 5 in all; / my parents, 2 brothers, and me, ☐
/ and I am **the oldest** in my family.
> **the second son/daughter/one** 둘째 **the third one** 셋째 **the youngest one** 막내

My father **runs a bakery**. ☐
> **does a clothing trade business** 의류 무역 사업을 하다 **works for a publishing
> company and also does translation as a sideline** 출판사에서 근무하고 별도로 번역도 하다

직업을 넣어 말할 경우 **My father is ....**
 • **a civil servant** 공무원 • **a hairdresser** 미용사 • **an architect** 건축가 • **a mechanic** 기계공
 • **an engineer** 기술자 • **a chef** 주방장 • **an English teacher in high school** 고등학교 영어 선생님

033 가족 소개 2

당신의 가족을 설명해주세요.

저희 아버지는 매우 가정적이시고 어머니는 집안일을
잘하십니다.

저희 가족은 사이 좋게 서로를 존중하며 생활합니다.

제 딸아이가 3살인데 인형을 가지고 노는 것을 보면
행복합니다.

저희 가족을 생각하면 떠오르는 것은 정원입니다. 다채롭고
조화롭습니다.

저는 매우 엄격한 기독교 가정에서 자라 제 성격은 엄격하신
부모님에 의해 형성되었다고 할 수 있습니다.

Describe your family.

반복훈련 ☐ ☐ ☐

필요한 문장에
표시해보세요!

My father is very **domestic** / and my mother is good at
housework. ☐

▶ 성격을 나타내는 표현
　good 좋은　**cautious** 신중한　**diligent** 성실한　**friendly** 친절한　**passionate** 열정적인

We live in harmony / and respect each other. ☐

▶ **We are a very close family.** 저희는 화목한 가정입니다.

My daughter is 3 / and I am happy / when I see her playing
with her dolls. ☐

When I think of my family, / the first thing that comes to
me is a garden; / it's colorful and harmonious. ☐

I was brought up in a very strict Christian family / and I can
say / my personality was molded by my strict parents. ☐

034 가족 소개 3

당신의 가족을 설명해주세요.

1 저희 가족은 아버지, 어머니, 남동생, 그리고 저 이렇게 네
식구입니다.

아버지는 제과점을 운영하시고 어머니는 고등학교 영어
선생님이시며 남동생은 고등학생입니다.

부모님은 활달하고 개방적인 성격으로, 자신 주변의 사람들을
활기차게 하는 능력이 있습니다.

2 저희 아버지는 퇴직 후 작은 식당을 운영하시며 어머니는
아버지를 도와 식당에서 일하십니다.

"부지런하면 가난이 있을 수 없다"는 것이 부모님 인생관이라
정말 열심히 일하십니다.

TIP 부모님의 긍정적인 인생 철학을 보여줌으로써 어떤 영향을 받았을지를 유추할 수 있
도록 합니다.

그런 생각이 구식이라는 생각이 들지만 동생과 저도 부모님께
그런 부지런함을 물려받은 것 같습니다.

Describe your family.

필요한 문장에
표시해보세요!

There are 4 in my family / – my father, mother, brother, and
me.

My father **runs** a bakery, my mother teaches English in
high school, / and my brother is a high school student.

run ~을 운영하다

Energetic and open-minded, / my parents have the ability
to **galvanize** the people around them.

galvanize (사람들을) 행동하게 만들다

My father has run a small restaurant after his retirement /
and my mother helps him with serving at the restaurant.

Their rule of life is / that **"Poverty is a stranger to
industry,"** so they are hard-working.

Poverty is a stranger to industry. 부지런하면 가난이 있을 수 없다.

Even though my brother / and I think those ideas are
outdated, / but maybe we get that kind of **diligence** from
them.

diligence 근면함

035 가족 소개 4

당신의 가족을 설명해주세요.

저의 첫째 아들은 10살인데 학교에서 공부를 잘하지요.

저는 제 아들이 정말 대견스럽고 우리가 열심히 사는 모습을 보여주려고 노력합니다.

부모가 되는 것의 만족감을 말로 설명할 수는 없지만 세상에서 가장 보람 있는 일이에요.

Describe your family.

반복훈련 ☐ ☐ ☐

필요한 문장에
표시해보세요!

My first son is 10 years old, / who is doing great in school. ☐

I am very proud of him / and my wife and I try to show him / the way we live lives to the full.

I can't explain the fulfillment of being parents, / but it is the most rewarding job in the world.

036 자신의 장점 1 (성격/성향)

어떤 장점을 갖고 있나요?

지원자의 성격이 회사에 성공적으로 적용할 수 있는지를 파악하기 위한 질문이므로 신중하게 접근해야 합니다. 지원한 회사가 추구하는 핵심 가치 및 지원 부서의 업무 자질에 대해 미리 연구하고 답변을 준비하는 것이 좋습니다.

하는 일을 사랑하고 그것을 중히 여기는 것, 그것이 제 장점입니다.

저의 진정한 장점은 제 좋은 성격에 있습니다.

저는 다른 사람들에게 동기부여도 잘하며 남에게 제 의견을 받아들이도록 하는 데 능합니다.

매우 낙천적이고, 긍정적인 사람이라서 여럿이 같이 하는 상황에서 일을 잘 해냅니다.

저는 자신감이 있고 제 생각을 털어놓고 말하는 걸 두려워하지 않습니다.

What are your strengths?

필요한 문장에
표시해보세요!

To love what I do / and feel that it matters; / that's my strength. ☐

My true strength lies / in my good personality. ☐

I am good at motivating others / and making my opinions heard. ☐
> **I am a natural leader who likes to take charge.**
> 전 천부적인 리더이기 때문에 책임을 지는 것을 좋아합니다.

I'm a very **optimistic** and **positive** person, / so I work well in group situations. ☐
> **outgoing** 외향적인 **easygoing** 태평스러운 **open-minded** 개방적인
> **independent** 독립적인 **humorous** 유머 감각이 뛰어난

I have confidence in myself / and I am not afraid to speak my mind. ☐

037 자신의 장점 2 (성격/성향)

어떤 장점을 갖고 있나요?

저는 다른 사람들의 말에 귀를 잘 기울입니다.

저는 항상 열정적이고 창의적입니다.

저의 강점은 말을 잘하고 유머감각도 있다는 것입니다.

저는 항상 명랑하고 다정하다고 생각합니다.

저는 아니라고 말하는 것을 좋아하며 실수를 줄이기 위해
의심할 것이 없을 때까지 의심합니다.

분야별로 응용할 수 있는 성격 1
- 은행, 금융: **punctual** 꼼꼼한, 정확한 **calm** 차분한, 침착한, 냉정한
  hardworking 근면한
- 마케팅: **creative** 창의적인 **extrovert** 외향적인, 사교적이
  challenging 도전적인
- 인사, 경영: **organized** 정리정돈을 잘하는 **straightforward** 솔직한
  leadership 리더십 **entrepreneurship** 기업가 정신

What are your strengths?

반복훈련 ☐ ☐ ☐

필요한 문장에
표시해보세요!

I listen carefully / to what others say. ☐

I am always **energetic** / and **creative**. ☐
▶ **very productive at work** 생산적으로 일하는 **perceptive** 통찰력이 뛰어난
patient 인내심이 있는 **considerate** 사려 깊은

My strong points are I am a good speaker / and ☐
I have a good sense of humor.
▶ **One of my positive qualities is ...** 제 장점 중의 하나는 ~입니다.

I consider myself (to be) cheerful and friendly. ☐

I like to say no and I doubt / until I can doubt no more / to ☐
reduce mistakes.

분야별로 응용할 수 있는 성격 2
• R&D: **creative** 창의적인 **hardworking** 근면한 **inventive** 재능이 있는, 창의성이 풍부한
• 의료: **precise** 꼼꼼한 **deliberate** 신중한, 심사숙고한
• 영업: **extrovert/outgoing** 외향적인 **people skills** 대인관계 능력 **time management** 시간 관리
  friendly 친절한

038 자신의 장점 3 (성격/성향)

어떤 장점을 갖고 있나요?

저는 다른 사람들을 웃게 만들고 기분 좋게 하는 능력이
있습니다.

저는 제 일을 매우 즐기기 때문에 사람들이 제 주위에 있기를
좋아합니다.

저는 위험을 감수할 수 있을 만한 용기를 지닌 그런
사람입니다.

저는 신체적으로나 정신적으로 매우 건강해서 이 회사에서
열심히 일할 준비가 되어 있습니다.

저는 창의적이고 신중해서 큰 고객을 위한 매력적인 생각을
해낼 수 있습니다.

What are your strengths?

반복훈련 ☐ ☐ ☐

필요한 문장에
표시해보세요!

I have a talent for making people laugh / and pleasing them.
I have a talent for -ing ~하는 능력이 있습니다. ☐

I really enjoy my job / and that is why people like being around me. ☐
▶ **I love my job and I like to work with other people.**
저는 제 일을 사랑하고 다른 사람들과 같이 일하는 것을 좋아합니다.

I am a person / who is courageous enough to take risks. ☐

I'm very healthy not only physically but mentally, / so I am ready to work hard for this company. ☐

I am very creative and thoughtful, / so I can produce attractive ideas for big clients. ☐

039 자신의 장점 4 (업무 관련)

어떤 장점을 갖고 있나요?

직장인은 직장일을 항상 자기 머릿속에 염두에 두고 있어야 하는데, 제가 그렇습니다.

저는 중국어를 잘 하고 중국 사회와 문화에 대한 많은 지식을 갖추고 있습니다.

무슨 일이든지, 얼마나 어렵든지 상관 없이 저는 맡은 일에 최대한 노력을 기울입니다.

저는 일에 대한 열정을 인정받았기 때문에 이전 회사에 고용되었습니다.

저는 매사에 완벽을 기하며 작년에 300번의 프레젠테이션을 해서 한 번도 망친 적이 없었습니다.

What are your strengths?

반복훈련 ☐ ☐ ☐

필요한 문장에
표시해보세요!

Office workers need / to **keep** all the details of their job **in mind** / and that's what I do. ☐

keep ... in mind ~을 염두에 두다

I can speak **Chinese** / and I have a lot of knowledge of **Chinese** society and its culture. ☐

▶ 나라 이름을 바꿔 말해보세요.

No matter what it is, / or how hard it is, / I put my best efforts into my work. ☐

I was hired by the previous company / because of my **enthusiasm for the job**. ☐

▶ **problem-solving abilities** 문제 해결 능력 **management skill** 관리 능력
communication skill 의사소통 능력

I always pursued perfection in everything I did / and I made 300 presentations last year / and I never **messed up** once. ☐

mess up 망치다

040

자신의 장점 5 (업무 관련)

어떤 장점을 갖고 있나요?

저는 실수를 했을 때 실수를 빨리 인정하고 계속해서 다른
혁신을 강화하려고 합니다.

저는 긍정적인 성격이라서 새로운 업무 상황에 적응을 잘
합니다.

전 혼자서도 일을 잘하지만 같이 일을 하는 상황에서도 역시
잘 해냅니다.

저는 긍정적인 성격이라서 이 직업에 여러모로 도움이 될
것입니다.

여러분은 한 순간도 시간을 절대 허비하는 법이 없는
멀티태스킹의 왕을 보고 계십니다.

TIP 이유를 넛붙여서 설명하면 좋습니다.

What are your strengths?

반복훈련 ☐ ☐ ☐

필요한 문장에
표시해보세요!

When I make mistakes, / I admit them quickly, / and get on
with increasing my other innovations.
☐

I have adapted well to new work situations /
with **a positive personality**.
☐

▸ **a cheerful personality** 유쾌한 성격

I am good at working alone, / but I am also good
in group situations.
☐

▸ **I used to pitch wonderful ideas to my classmates/colleagues.**
전 급우들/동료들에게 훌륭한 아이디어를 내곤 했습니다.

My positive personality will help / in many ways
in this job.
☐

You're looking at the king of multitasking / who never
wastes time, / not even a second.
☐

➕ 이유를 붙일 때
because I always make a to-do list for the day 저는 항상 그날 할 일을 목록으로 작성하거든요.

041 자신의 장점 6

어떤 장점을 갖고 있나요?

1 저는 긍정적이며 유쾌한 성격을 가지고 있으며 다른 나라 사람들과 일하는 것을 좋아합니다.

또한 새로운 도전을 즐기며 새로운 것을 빨리 익힙니다.

귀사의 해외 진출 계획에 진심으로 제 능력을 발휘하고 싶습니다.

TIP 단순히 괜찮은 사람인지 아닌지 판단하려는 질문이 아닙니다. 지원한 분야의 업무 특성을 반영한 장점으로 답하는 것이 점수 따는 비결!

2 먼저 저는 실무 능력, 외국어 능력, 그리고 큰 열정을 가지고 있습니다.

또한 저는 긍정적인 자세로 어려움을 극복할 수 있는 능력이 있습니다.

이러한 장점은 많은 인맥이 필요한 이 직무에 여러모로 도움이 될 것이라 확신합니다.

What are your strengths?

반복훈련 ☐ ☐ ☐

필요한 문장에
표시해보세요!

I have a positive and cheerful personality / and enjoy
working with people from other countries.   ☐

In addition, I like taking on new challenges / and
something new quickly.

I'd really like to contribute to your plans / **for branching
out into abroad** with my abilities.

▶ **for expanding its market** 시장을 확장하기 위한

First of all, / I have practical business skills, / foreign
language skills, and my great passion.   ☐

In addition, / I have the ability to overcome difficulties /
with a positive attitude.

with a positive attitude 긍정적인 자세로

I'm sure / these strengths will help in many ways in this
position / that needs a lot of human networking.

042 자신의 단점 1 (성격/성향)

어떤 단점을 갖고 있나요?

기본적으로 솔직한 것은 좋지만 업무수행이나 사회생활에 부정적인 영향을 주는 요소에 대해서는 언급을 피하는 것이 좋습니다. 직무와 무관한 단점을 언급하되, 큰 문제가 아니라는 인상을 줄 수 있도록 개선하려고 노력하고 있음을 강조해서 답하세요.

주변 사람들이 말하기를 저는 머리는 뛰어난데 감성이 부족하다고 하셨어요.

전 쉽게 스트레스를 받지만 쉽게 극복해내기도 합니다.

저는 너무 꼼꼼하다는 말을 종종 듣습니다.

말씀 드리기 좀 그렇지만 가끔은 고집이 조금 셉니다.

저는 완벽주의자인 편이라 실수를 하지 않으려고 항상 무언가를 바로잡기 위해 애를 씁니다.

저는 모든 것에 너무 낙관적입니다.

What are your weaknesses?

필요한 문장에
표시해보세요!

People around me told me / that I was born with **two helpings of brain**, / but only half a helping of heart. ☐
two helpings of brain 뇌의 좌반구와 우반구

I become stressed out easily, / but I get over very easily, too. ☐

I've been told / that I'm a little too **meticulous**. ☐
meticulous 꼼꼼한

I'm afraid sometimes / I'm a little bit **stubborn**. ☐
▶ **conservative** 보수적인 **inflexible** 융통성이 없는

I'm kind of a perfectionist, / so I try to make things right all the time not to make a mistake. ☐

I am too positive / about everything. ☐
▶ **I get tense easily.** 저는 쉽게 긴장을 합니다.

043 자신의 단점 2 (성격/성향)

어떤 단점을 갖고 있나요?

조금은 부끄러움을 타고 때때로 성급한 면이 있습니다.

TIP 결격 사유가 될 만큼 심각한 단점은 피하는 게 좋겠죠! 단점이지만 때에 따라 장점도
될 수 있는 것이나 사소한 단점을 언급하세요.

저는 좀 더 신중해질 필요가 있다고 생각합니다.

저는 침묵을 견디지 못하고 줄곧 수다를 떨 때가 있습니다.

저의 단점은 다른 사람들이 무슨 생각을 할지에 대해 너무
깊이 걱정한다는 데 있습니다.

저는 가끔 너무 산만하고 정리정돈을 잘 못한다고 말씀
드려야겠네요.

사소한 단점으로 활용하기 좋은 성격 1
- **be reserved** 내성적이다 · **be cynical** 냉소적이다
- **be too serious/cautious for everything** 매사에 너무 진지하다/조심스럽다

What are your weaknesses?

반복훈련 ☐ ☐ ☐

필요한 문장에
표시해보세요!

I am a little shy / and **impatient** sometimes. ☐

impatient 참을성이 없는, 성급한

I think I need / to be more **prudent**. ☐

prudent 신중한

Sometimes I'm talking away / because I can't stand silence. ☐

One of my weak points is / that I worry too much about /
what other people think. ☐

I must admit / that sometimes I become / a little too
distracted and disorganized. ☐

distracted and disorganized 산만하고 정리정돈을 못하는

사소한 단점으로 활용하기 좋은 성격 2
• **be an easy target for jokes because of my appearance** 외모 때문에 농담거리가 되다
• **don't like talking about my personal life** 사생활을 말하는 것을 좋아하지 않다

044 자신의 단점 3 (업무 관련)

어떤 단점을 갖고 있나요?

저는 일벌레라서 일을 다 못 끝내고 퇴근하는 데 어려움을
겪고 있습니다.

저는 새로운 분야에 들어가는 데 매우 신중해서 위험을
감수하는 데 약간의 어려움을 겪습니다.

저는 항상 성공해야 한다는 생각에 사로잡혀 있습니다.

저는 실수하는 것을 싫어합니다. 하지만 혁신을 하다 보면
때로는 실수를 하기도 한다는 걸 잘 알고 있습니다.

저는 타고난 리더는 아니라서 리더십이 쉽게 생기지 않습니다.

What are your weaknesses?

반복훈련 ☐ ☐ ☐

필요한 문장에
표시해보세요!

I'm **a workaholic**, / so I **have trouble leaving** my work / ☐
behind at the office.
a workaholic 일벌레 **have trouble -ing** ~하는 데 어려움을 겪다

I have a cautious attitude / about entering a new field, / so ☐
I have a little bit trouble taking risks.
▶ **I'd like to change my tendency to be cautious.** 조심스러운 성격을 바꾸고 싶습니다.

I **am** usually **obsessed with** the idea / that I always have to ☐
succeed.
be obsessed with ~에 사로잡혀 있다

I don't like to make mistakes or failures, / but I know ☐
that when people innovate, / they can make mistakes
sometimes.

I am not a natural leader, / so leadership does not come ☐
easily to me.

045 자신의 단점 4

어떤 단점을 갖고 있나요?

① 저는 감정을 잘 감추지 못하는 사람 같습니다. 특히 제가
싫어하는 사람과 있으면 그렇습니다.

단점과 장점은 종이 한 장 차이라고 반면에 친구들은 제가
감정에 솔직하다고 생각합니다.

그래서 '좋고 싫음'의 문제에 대해 어떤 입장을 취해야 할지
알기 어려울 경우, 친구들은 제 의견을 묻습니다.

TIP 단점을 묻는 질문에는 관점에 따라서는 장점이 될 수 있는 내용으로 답하는 것이 정
석입니다.

② 저는 보수적이라 때때로 새로운 분야에 들어갈 때 위험을
감수하는 데 어려움을 겪습니다.

저는 계산된 위험을 감수하는 편입니다. 이는 단순히 무모한
것과는 완전히 다른 것이죠.

하지만 위대한 업적은 대개 커다란 위험을 감수한 결과라는
것을 알기 때문에 필요할 때는 과감한 결정을 할 수 있을 만큼
강해지려고 합니다.

What are your weaknesses?

반복훈련 ☐ ☐ ☐

필요한 문장에
표시해보세요!

I guess I can't hide my feelings very well, / especially when
I'm with someone I dislike.   ☐

On the other way, / there's a fine line between weaknesses
and strengths, my friends believe / that I'm honest about
my feelings.

So they ask my opinion / when it is hard to know / **where
to stand on the issue of** "good or bad".

where to stand on the issue of ~의 문제에 대해 어떤 입장을 취해야 할지

Sometimes I have trouble taking risks / when I enter a new   ☐
field / because I'm **conservative**.

conservative 보수적인

I prefer taking **calculated risks**, / which is quite different
from being **rash**.

calculated risks 계산된 위험 **rash** 무모한

But because I know that great deeds are usually **wrought
at great risks, / I try to be strong enough to make the**
tough decisions necessary.

wrought 초래하다

046 성격 묘사 1

자신의 성격에 대해 말씀해주시겠습니까?

회사가 원하는 인재상임을 어필하기 위해 지원한 직책이나 업무에 도움이 되는 면을 부각시키세요. 밝고 긍정적인 성격임을 밝히고 특히 대인관계가 원활함을 드러내는 것이 좋습니다.

저는 책임감이 무척 강하고 긍정적인 사고방식을 가지고 있습니다.

저는 다소 조용하고, 조심성 있고, 집중력이 강합니다.

TIP 면접관은 기업 문화에 잘 적응해 조화를 이룰 수 있는 인재를 원합니다. 다소 보수적인 성향일 가능성이 높다는 것을 염두에 두고 답하는 것이 포인트!

저는 정직하고 열심히 일하는 협동적인 사람입니다.

저는 무엇이든 제가 하는 일에 항상 최선의 노력을 기울입니다.

저는 매사에 꼼꼼하고 정리정돈을 잘하는 편이라는 얘기를 많이 들었습니다.

TIP 제 3자의 평가를 전달하여 자신의 성격을 객관화할 수 있는 표현입니다.

Could you tell me about your personality?

반복훈련 ☐ ☐ ☐

필요한 문장에
표시해보세요!

I am very responsible / and have a positive way
of thinking. ☐

I am kind of quiet, cautious, / and focused. ☐

I am an honest / and hard-working team player. ☐

I always put my best efforts into my work, **no matter what
it is**. ☐
no matter what it is 무엇이든지

I've been told / **that** I'm a thorough and well-organized

person. ☐
I've been told that ... ~라는 말을 듣습니다

047 성격 묘사 2

자신의 성격에 대해
말씀해주시겠습니까?

저는 뻔한 일을 하기보다는 좀 더 불확실한 일에 도전하는
것을 즐깁니다.

저는 사교성이 있고 믿을 만한 사람입니다.

저는 외향적이고 활달한 성격이지만 시간이 나면 혼자 있는
것을 좋아합니다.

TIP 두 가지 반전 성격을 한 번에 보여주면 주위를 끌기 좋아요.

저는 친구를 쉽게 사귀고 그들과 어울리기를 좋아합니다.

저는 가능한 한 단순하게 보려고 노력합니다. 제 삶과
일에는 좋을 때도 나쁠 때도 있지만 적어도 일만큼은 상대를
실망시키지 않습니다.

Could you tell me about your personality?

반복훈련 ☐ ☐ ☐

필요한 문장에
표시해보세요!

I don't like to do the obvious / and I like to challenge the less obvious. ☐

⊕ **I love changes and new experiences.** 저는 변화와 새로운 경험을 즐깁니다.

I am very sociable / and reliable. ☐

▶ **I am reliable and hard-working.** 저는 신뢰성이 있고 성실합니다.
I am open-minded and cheerful. 저는 솔직하고 유쾌합니다.
I have a strong sense of initiative. 저는 추진력이 있습니다.
I have a lot of self-confidence. 저는 자신감이 충만합니다.

I am an outgoing and cheerful person, / but I like to spend free time alone. ☐

I can make friends very easily / and enjoy hanging out with them. ☐

I try to keep things as simple as possible; / my life and my job have their ups and downs, / but at least my work doesn't break your heart. ☐

048 성격 묘사 3

자신의 성격에 대해
말씀해주시겠습니까?

1 저는 직선적으로 말하는 경향이 있어서 가끔 제 충고를 듣는
사람들이 쉽게 상처를 받습니다.

하지만 거만하지 않도록 자중하고 솔직하니까 제 진심 어린
충고를 받아들이더라고요.

그게 제가 친구들이나 동료들과 좋은 관계를 유지하는
이유입니다.

TIP 단점인 듯 시작했지만 결국 포장을 잘해서 장점으로 만들었습니다. 솔직하다는 인상
을 동시에 줄 수 있으니 활용해보세요.

2 저는 제가 하는 일에 완전히 몰입하기 때문에 모든 걸
통제하려는 편이에요.

때로는 너무 관여한다는 소리를 듣습니다.

그러나 세세한 것까지 신경을 쓰기 때문에 뭔가 계획을 세웠을
때 잘못되는 경우가 없습니다.

Could you tell me about your personality?

반복훈련 ☐ ☐ ☐

필요한 문장에
표시해보세요!

I tend to **speak straightforward**, / so sometimes those who listen to my advice easily get hurt. ☐

speak straightforward 직선적으로 말하다

But I always try not to be too **overbearing** / and I try to be honest with them, so they finally accept my heartiest advice.

overbearing 오만한

That is why I keep good relationships / with friends and co-workers.

I'm extremely involved in what I do, / so I'm sort of a control **freak**. ☐

freak 광적으로 관심이 많은 사람

Sometimes I'm told / that I'm so **hands-on to a fault** to some point.

hands-on (말만 하지 않고) 직접 실천하는　**to a fault** 지나칠 정도로

However, just / because I'm **detail-oriented**, nothing goes wrong / when I plan something.

detail-oriented 꼼꼼한

049 스트레스 관리 1

보통 스트레스를 어떻게 푸시나요?

스트레스에 어떻게 대처하는지를 설명합니다. 업무를 처리하다 보면 스트레스를 받기 마련입니다. 그런 상황을 잘 관리할 수 있음을 보여 주는 것이 핵심입니다. 스트레스가 긍정적으로 작용한 경험을 얘기할 수도 있습니다.

약간의 긴장감은 일의 효율성 면에서 도움이 된다고 생각하는데, 일이 잘못되어 갈 때는 스트레스를 받지 않으려고 노력합니다.

제게는 스트레스를 해소하는 방법들이 여럿 있는데, 특히 운동을 하면 스트레스를 날려주기도 합니다.

전 스트레스를 받을 때마다 보통 코미디 영화를 봅니다.

스트레스 때문에 산책을 할 때면 전 기분이 좋아지고 일에 집중할 수 있습니다.

스트레스 받는 일을 피하기 위해 프로젝트가 떨어지면 미리 계획을 잘 세웁니다.

How do you usually manage your stress?

반복훈련 ☐ ☐ ☐

필요한 문장에
표시해보세요!

I think a certain amount of pressure helps me to work efficiently, / but I try not to stress out when things go wrong. ☐

I have many ways to relieve stress; / especially exercising helps me ease my stress. ☐

➕ **Fit people are better able to cope with stress.**
건강한 사람들이 스트레스에 더 잘 대처하니까요.

Every time I get stressed out, / I usually **watch comedy movies.** ☐

▶ **go clubbing** 클럽에 가다 **go to the park and take a walk** 공원에 가서 산책을 하다

Whenever I take a walk for stress, / I feel much better / and I'm able to concentrate on my work. ☐

As soon as I am given a project, / I plan it in advance to avoid getting stressed. ☐

050 스트레스 관리 2

보통 스트레스를 어떻게 푸시나요?

1 저는 이전 회사에서 마감에 맞추기 위해 스트레스를 겪는 데
익숙했습니다.

그래서 보통 마지막에 바빠져서 허둥대는 일이 없도록 하려고
계획을 잘 세우고 더 열심히 일합니다.

저는 일이 끝나면 멋진 식사를 하고 휴식으로 제게
보상합니다.

2 저와 함께 일하던 팀원 중에 항상 늦는 팀원이 있어서
스트레스를 받은 적이 있습니다.

그가 제 신경을 건드리면 그냥 신경 쓰지 않고 쉬면서
그에게서 잠시 떨어져 있었어요.

뭔가 스트레스를 주는 일이 발생하려고 할 때, 예전에 그랬던
것처럼 활동적으로 생활하고 스트레스를 멀리하려고 합니다.

How do you usually manage stress?

필요한 문장에
표시해보세요!

At the last company, / I used to suffer from a lot of stress / to meet deadlines. ☐

So I usually try to be more organized and work harder / because I don't want to be rushed for time at the end.

When the task ends, / I always reward myself with good dinner and rest.

There was a team worker who was always late, / which made me get stressed. ☐

When he was getting on my nerves, / I just took a break, and spent some time away from him.

When something stressful is about to happen, I try to stay active and keep stress at bay Just as I did.

051 인생관 1

개인적인 삶의 좌우명이 있나요?

지원자의 인생 철학 및 가치관과 성향을 엿보고자 하는 질문입니다. 면접자는 면접관에게 원만한 회사 생활이 가능하다는 확신을 주어야 합니다. 따라서 미리 지원하는 회사의 비전, 가치, 인재상을 반드시 확인하고 그에 맞춰 답변하는 것이 중요합니다.

"모든 것을 절제하자"라는 저의 좌우명을 항상 되새깁니다.

제 인생 좌우명은 "인생의 모든 순간을 즐겁게 살고자 노력하자"입니다.

제 인생관은 "아는 만큼 보인다"입니다.

"열심히 일하면 대가가 따라온다"라는 것이 제 삶에 있어 가장 소중한 덕목입니다.

반드시 자신의 행동에 책임을 질 줄 알아야 한다고 생각합니다.

Do you have a personal motto you live by?

필요한 문장에
표시해보세요!

I always remind myself of the motto, / "Everything in
moderation." ☐
I always remind myself of ... ~을 항상 되새깁니다.

My motto in my life is / "Try to enjoy every moment of my
life." ☐

The rule of my life is that / "I can see as much as I
know." ☐

"Hard work pays off" **is the most important
virtue / in my life.** ☐
is the most important virtue in my life. ~이 제 삶의 가장 소중한 덕목입니다.
▶ **... is my principle in life.** ~이 제 생활 신조입니다.

I think I must be responsible for my action. ☐

052 인생관 2

개인적인 삶의 좌우명이 있나요?

모든 것은 제 판단과 결정에 달려 있다고 저는 생각합니다.

저는 열정이 인생에 있어서 가장 우선시 되어야 할 것이라고 생각합니다.

제 좌우명은 "내가 하는 대로 하지 말고 내가 말하는 대로 하라"입니다.

저는 가난하게 사는 것은 두렵지 않습니다. 다만 돈에 눈이 머는 것이 두렵습니다.

대대로 전해져 내려오는 가훈은 "겸손하라. 그리고 배워라"입니다.

Do you have a personal motto you live by?

반복훈련 ☐ ☐ ☐

필요한 문장에
표시해보세요!

I think everything / depends on my decision. ☐

I **regard** passion / as the first priority in my life. ☐

자신의 생각/의견을 나타낼 때 **think, consider, believe, regard, be assure**와 같은 동사를 많이 씁니다.

My motto is / "**Do as I say not as I do.**" ☐

▶ **If you can't sing, don't sing.** 노래를 할 수 없으면 하지 마라.
Do not depend upon others. 남에게 기대지 마라.
Deeds but not words. 말보다 행동이다.

I am not afraid of living in poverty, / but I am afraid of ☐
being blind with money.

My family motto handed down / from generation to ☐
generation is / "Be humble and learn."

053 인생관 3

개인적인 삶의 좌우명이 있나요?

저의 좌우명은 "진실을 일찍 알수록 더 나은 결정을 한다"인데 적어두고 되새기려 합니다.

제가 최고가 되기 위해 최선을 다한다면 최상의 성과를 이룰 수 있을 것입니다.

저는 능력을 발전시키기 위해 최선을 다해야 한다고 생각합니다.

저는 융통성을 삶에 있어서 가장 중요한 것이라고 생각합니다.

저의 인생 철학은 성실과 정직입니다. 요즘 같은 때에 우리 모두 더 나은 세상을 만드는 데 필요한 요소이기 때문이죠.

Do you have a personal motto you live by?

반복훈련 ☐ ☐ ☐

필요한 문장에
표시해보세요!

My motto is / "**The sooner I see the truth, the sooner I make a better decision**" / and I wrote it down to remind myself of it. ☐

▶ **Live and let live.** 물 흐르듯이 살아라.
  No one remembers a loser. 아무도 패배자를 기억하지 않는다.

If I strive to be the best, / I will make the greatest accomplishments. ☐

I think I have to try to improve my skills / as much as I can. ☐

I regard flexibility / as the most important thing in life. ☐

My philosophy of life is sincerity and honesty / because I believe, / in this day and age, / we all need them to make a better world. ☐

054 인생관 4

개인적인 삶의 좌우명이 있나요?

① 베푸는 것은 반드시 돌아온다는 것을 압니다.

이건 단지 제 이론이나 관점에서 나온 이론이 아니라 물리학 이론이죠.

삶이란 주고받는 에너지의 교환이기에 원하는 것을 얻고자 한다면 필요로 하는 것을 베풀면 된다는 거예요.

② 제게 감명을 준 경구를 읽었는데 이런 거였습니다. "오늘을 위해 살지만, 내일을 위해 꿈꾸어라."

TIP 유명인사의 명언명구를 활용하는 것도 좋습니다.

저는 그 이후 매일 아침 제 자신에게 질문을 던졌습니다. "오늘이 내 인생 마지막 날이라면 오늘 하려는 일을 하고 싶을 것인가?"

"아니"라는 답을 얻을 때마다 저는 변화가 필요하다는 걸 알게 됩니다.

Do you have a personal motto you live by?

LONG TALKS

반복훈련 ☐ ☐ ☐

필요한 문장에
표시해보세요!

I know for sure / that what you give / comes back to you. ☐

That's not just my theory or point of view – it's physics.

Life is an energy exchange of giving and receiving, and the way to have what you want is to give what you need.

I read a quote that **made an impression on** me, / "Live for today, / but hope for tomorrow." ☐

make an impression on ~에게 감명을 주다

Since then, every morning I have asked myself, / "If today were the last day of my life, / would I want to do / what I'm about to do today?"

And whenever the answer has been "No", / I know I need to change something.

055 인생관 5

개인적인 삶의 좌우명이 있나요?

1 다른 사람들의 생각의 결과물에 불과한 도그마에 빠져 살지 않으려고 노력합니다.

타인의 견해라는 소음이 내면의 목소리를 덮어버리지 못하게 한다는 의미입니다.

그리고 가장 중요한 것은 마음과 직관을 따르는 용기를 가지는 것입니다.

2 때때로 인생에서 벽돌로 머리를 맞은 듯한 느낌이 들 때가 있지만 제 자신에게 이렇게 말합니다. "열정을 잃지 마라."

제 삶이 정말 힘들 때조차도 저를 계속 움직이게 했던 힘은 제가 하는 일에 대한 애정이었습니다.

일에 대한 애정과 열정은 제 자신에 대한 애정만큼 진실합니다.

Do you have a personal motto you live by?

┃ LONG TALKS **┃**

반복훈련 ☐ ☐ ☐

필요한 문장에
표시해보세요!

I try not to be trapped by **dogma** / which is living with the results of other people's thinking.
dogma 정설, 신조

☐

It means not to let the noise of others' opinions / **drown out** my inner voice.
drown out (소음이) ~을 들리지 않게 하다

And it is most important / that I have to **get the courage to follow** my heart and **intuition**.
get the courage to follow ~을 따르는 용기를 가지다　**intuition** 직관

Sometimes I feel / that **life hits me in the head with a brick**, / but I say to myself, / "Don't lose your passion."
life hits me in the head with a brick 인생에서 벽돌로 머리를 맞다

☐

The only thing that kept me going was / that I loved what I did, / even when my life was really tough.

My love and passion is / **as** true for my work **as** it is for myself.
as ~ as ... …만큼 ~하다

056 직업관 1

당신에게 '일'은 어떤 의미인가요?

지원자의 일에 대한 가치관, 신념, 성향을 엿보고자 하는 질문입니다.
자신의 일에 대한 열정과 열심히 일하고자 하는 의지를 보여주세요.

저에게 일은 저의 잠재력을 계발해 성공의 열쇠를 찾는
것입니다.

제가 첫 직장에서 일을 시작했을 때 저는 일에 푹 빠져서 거의
집에 가지 않았습니다.

저는 일을 통해 회사와 함께 자신도 성장할 수 있다고
생각합니다.

저는 일 없이는 살 수 없다고 생각합니다. 살다보면 남자/여자
없이 사는 게 편하다고 느낄 때가 있지만 저는 일 없이는 살 수
없기 때문이죠.

저는 제 일을 좋아하는데 돈도 잘 벌면 금상첨화겠죠.

What does "work" mean to you?

필요한 문장에
표시해보세요!

Work is for me to cultivate my potential / and
find the key to success. ☐
Work is for me to ... 일은 저에게 ~하는 것입니다.

When I got the first job, / I hardly went home / because I
became very driven about my work. ☐

I think I can grow / with the company through the work. ☐
➕ **I work to meet my goals in life.** 저는 인생의 목적을 이루기 위해 일합니다.
  I work for my personal satisfaction. 저는 자기 만족을 위해서 일합니다.

I think I can't live without work / because there are times in
my life / when it's better to be boyless/girless, / but I can't
live without my job. ☐

I love my job / and if it pays well, / that's great, too. ☐

057 직업관 2

일하는 데 있어서 중요한 요소가 뭐라고 생각합니까?

① 저는 회사에 대한 자부심과 긍지가 일하는 데 있어서 대단히 중요하다고 생각합니다.

모든 근로자들은 자신이 다니는 회사에 대해 애착심을 가져야 합니다.

TIP 일반적으로 보수적인 성향인 기업 분위기를 고려해 답변하는 것이 포인트

직장은 이상을 실현하는 방법이며 생계 수단이기 때문입니다.

TIP 돈보다는 일에 가치를 두는 것이 좋은 인상을 주는 데 도움이 되겠죠?

② 저는 성실성을 일에 있어서 가장 중요한 것이라고 생각합니다.

그래서 직장에서 최상의 성과를 이루기 위해 항상 최선을 다합니다.

최선을 다하는 사람을 당할 수 없다고 믿기 때문입니다.

What do you think is the key factor for doing the work?

반복훈련 ☐ ☐ ☐

필요한 문장에
표시해보세요!

I think / confidence and pride for the company are very important for work. ☐

Every employee should **have affection for** the company / he or she **belongs to**.

have affection for ～에 애정을 갖다   **belongs to** ～에 속하다

That's because / a job is the way of making a living / **as well as** realizing your ideals through it.

B as well as A = not only A but also B A뿐만 아니라 B도

I regard **sincerity** as the most important thing / when it comes to a job. ☐

sincerity 성실성

So, I always **strive to** be the best / to make the greatest accomplishment at work.

strive to ～에 매진하다

That's because / I believe that it **is no match** / **for** a person to do his or her best.

be no match for ～의 적수가 안 되다, ～을 당할 수 없다

058 취미 1 (정적인 활동)

당신의 취미에 대해 말해보세요.

특별한 취미가 없더라도 없다고 답하지 마세요. 자기개발을 꾸준히 하는 취미라면 부지런하고 자기관리에 철저하다는 인상을 줄 수 있습니다. 취미 활동을 단순히 즐기는 정도로만 설명하지 말고 발전의 계기로 삼고 있음을 강조해보세요.

저는 소위 말하는 얼리 어답터로 제 삶에서 가장 큰 유혹은
'새로 나온 기계'입니다.

TIP IT 업체나 신기술에 우호적인 기업에 유리한 답변

신기술을 활용한 신제품 수집을 즐길 뿐 아니라 제품들을
비교하고 연구합니다.

TIP 첫 번째 문장과 연결해서 말할 수 있는 문장입니다.

저는 남는 시간을 웹 서핑하면서 주로 보내며 제 블로그에
다양한 글도 올립니다.

저는 TV를 보는 대신 팟캐스트를 통해서 뉴스를 듣습니다.
요즘 대세죠.

저는 시간만 나면 TV를 보면서 어떻게 트렌드를 이끄는지
배우는 걸 좋아합니다.

Tell me about your hobbies.

반복훈련 ☐ ☐ ☐

필요한 문장에
표시해보세요!

I am what they call an early adopter, / and my ultimate seduction in life / is "a brand-new machine." ☐

I am what they call ... 저는 소위 말하는 ~입니다.
an early adopter 얼리 어답터(남들보다 먼저 신제품을 사서 써 보는 사람)

I **not only** love collecting appliances / using new technology / **but also** compare / and study the products. ☐

not only A but also B A뿐만 아니라 B도

I **spend all my free time surfing** the web / and posting various things on my blog. ☐

spend all my free time -ing ~을 하면서 남는 시간을 주로 보내다

I listen to the news on the podcasts, / **the big trend these days**, / instead of watching TV. ☐

the big trend these days 요즘 대세

Whenever I have free time, / I love watching TV and learning / how they are trending. ☐

Whenever I have free time, I love ing 시간만 나면 ~하는 건 좋아합니다

059 취미 2 (운동 관련)

당신의 취미에 대해 말해보세요.

행복한 인생을 살기 위해 우선 건강한 신체를 가꾸어야 한다는 것을 알기 때문에 매일 체육관에 갑니다.

산책은 제가 건강을 유지하는 데 중요한 요소입니다.

제 취미 중 하나는 볼링입니다. 대학교 때 시작했죠.

저는 축구 경기 관람을 즐기며 손흥민의 열렬한 팬입니다.

TIP 면접관이 남자라면 축구를 싫어할 가능성이 적으니 호응을 받기 좋은 소재입니다.

제가 가장 좋아하는 취미는 등산인데 10시간 걸리는 한라산 최단 등반 코스를 7시간 만에 등정했으니 어떤 문제도 해결할 수 있어요.

Tell me about your hobbies.

반복훈련 ☐ ☐ ☐

필요한 문장에
표시해보세요!

I go to a gym every day / because I absolutely know I need
to have a healthy body first / in order to live a happy life.   ☐

Walking is a key factor / for me in staying
healthy.

▶ **badminton** 배드민턴 **swimming** 수영 **hiking** 등산 **riding a bicycle** 자전거 타기

One of my hobbies is **bowling**; / I began it / when I was in   ☐

university.

▶ 운동 종목을 바꿔 말해보세요.
⊕ **How to bowl is pretty simple; just balance, and then aim right down the center,
and then throw it and hope for the best.** 볼링 치는 법은 간단합니다. 그냥 균형을 잡고 가운데
의 바로 아래쪽으로 겨냥하고 나서 그냥 던지고 최상의 결과를 바라면 됩니다.

I enjoy watching football, / and I am a big fan of Son   ☐

Huengmin.

My favorite hobby is mountain hiking, / and I did the 10-   ☐

hour **nose route** to the top of Mt. Halla in 7 hours, / so I

can handle any work.

nose route 최단 등반 코스

060 취미 3 (음악 활동)

당신의 취미에 대해 말해보세요.

저는 스트레스를 풀기 위해 집에서 음악을 크게 틀어놓습니다.

저는 여가로 기타 치는 걸 즐기는데, 음악이 제 힐링입니다.

TIP '와, 이 사람 이런 것도 할 줄 아네'라는 느낌, 사람이 달리 보인다고 하죠. 그런 효과를 줄 수 있는 답변이니 활용해보세요.

제가 휴식이 필요할 땐 언제나 음악을 듣습니다.

저는 교회 성가대 지휘자예요. 그래서 음악 듣는 것을 정말 좋아합니다.

저는 발라드를 정말 좋아합니다. 마음을 차분하게 해주죠.

Tell me about your hobbies.

반복훈련 ☐ ☐ ☐

필요한 문장에
표시해보세요!

To release stress, / I play loud music at home. ☐

I enjoy **playing the guitar** for fun / and music is my healing. ☐
▶ **listening to music** 음악 듣기 **playing the piano** 피아노 치기
  playing the violin 바이올린 켜기

When I need to relax, / I always listen to music. ☐

I am a conductor of a church choir, / so I really like to listen to music. ☐

I really like ❶ **ballads**, / which make me ❷ **calm down**. ☐
▶ ❶ **popular music** 대중음악 **rock music** 락 음악
  classical music 클래식 음악 **hip-hop music** 힙합
  ❷ **cheer up** 기운을 북돋우다 **move my heart** 심금을 두다

061 취미 4 (음악 활동)

당신의 취미에 대해 말해보세요.

저는 피아노를 어떻게 배웠는지 기억도 안나요. 제가 기억하는 시점부터 늘 피아노 치는 법을 알고 있었어요.

저는 동네 아마추어 합창단의 회원입니다. 다른 회원들과 함께 주로 노래 연습을 합니다.

중요한 것은 제가 즐거운가 하는 것이지, 잘 하느냐가 아닌 것 같습니다.

저는 락 밴드 회원인데, 저희 밴드는 내년에 경연대회에 참가하기 위해 연습하고 있습니다.

함께 연주하면서 저는 팀워크에 대해 많은 것을 배웁니다.

Tell me about your hobbies.

반복훈련 ☐ ☐ ☐

필요한 문장에
표시해보세요!

I don't remember ever learning how to play the piano, and
I just remember always knowing how to play.   ☐

> ▶ **I took piano lessons for 4 years when I was in a college.**
> 대학에 다닐 때 4년 동안 피아노를 배웠습니다.

I am a member of an amateur choir / in my neighborhood.
I usually practice singing with other members.   ☐

> ▶ **I sing in the school choir these days.** 요즘 학교 합창단에서 노래를 합니다.
> **I am a soprano in the singing group.** 저는 합창단에서 소프라노입니다.

It seems it's whether I have fun, not whether I'm good,
that's important.   ☐

I am a member of a rock band, / and our band is practicing to
participate / in a competition next year.   ☐

I learn a lot about teamwork / while we are playing
together.   ☐

062 취미 5 (정적인 활동)

당신의 취미에 대해 말해주세요.

1 맨유의 퍼거슨 감독이 말하길 SNS는 시간 낭비라고 했지만 저는 남는 시간에 페이스북에서 다양한 것을 합니다.

다양한 사이트에서 새로운 정보, 신조어, 재미있는 이야기를 알게 되고 유튜브의 인기 동영상도 공유합니다.

제 페이스북에 사진이나 글도 올릴 수 있고 제 친구들 블로그에 들러 요즘 어떻게 지내나 볼 수도 있어요.

2 제가 스트레스를 푸는 가장 좋아하는 활동 중 하나는 차에 타서 운전하는 것입니다.

이런 드라이브 여행을 하면서 저는 머리를 깨끗이 비우며 아무것도 생각하지 않습니다. 운전을 하면서 그냥 저와 길, 그리고 음악만이 있을 뿐입니다.

양수리로 가서 그곳 식당에서 맛있는 식사를 하면서 일상에서 받은 스트레스를 치유합니다.

Tell me about your hobbies.

❚ LONG TALKS **❚**

반복훈련 ☐ ☐ ☐

필요한 문장에
표시해보세요!

Manchester United's supervisor, Ferguson said SNS is a waste of time, but I spend my free time doing many things with my Facebook. ☐

I learn new information, new words, and funny stories from various websites / and share popular videos on YouTube.

I can post my pictures or writings on my Facebook / and check my friends' blogs to see / how they are doing these days.

One of my favorite **stress relieving activities** / is to get in my car and drive. ☐
stress relieving activities 스트레스를 푸는 활동

During the road trips, / I think nothing at all clearing my head / and it is just me, the road, and my music on my drives.

I drive to Yangsu-ri / and **reward** myself **with** a tasty meal at the nice restaurant there, / which heals from the daily stress of life.
reward A with B A에게 B로 보상하다

063 취미 6 (운동)

당신의 취미에 대해 말해주세요.

① 주말에 시간이 나면 볼링을 치러 가곤 했습니다.

스트라이크를 날리는 것보다 스트레스가 확 풀리는 것은 없어요.

TIP 취미 생활을 하는 장점을 덧붙여 설명하세요.

지금은 시간이 없어 많이는 못하지만 꽤 잘하는 편이랍니다.

② 저는 등산을 너무 좋아하지만 집 주변에서 할 수 있는 조깅을 실제로 더 자주 합니다.

조깅은 식욕과 건강을 증진시키는 데 도움을 줍니다.

조깅 덕에 요즘 식욕이 좋아져서 좋지만 왕성해진 식욕이 또한 걱정거리입니다.

Tell me about your hobbies.

필요한 문장에
표시해보세요!

I used to go bowling / when I have free time on the weekend. ☐

There's nothing more relaxing than **knocking down** all the pins.

knock down ... ~을 쓰러뜨리다

Now I don't have much time to do that, / but I'm pretty good at it.

I love to go hiking in the mountain, / but actually I jog more often / because I can jog around my house. ☐

Jogging helps me improve my health / as well as my **appetite**.

appetite 식욕

Thanks to it, it's good / that I have good appetite these days / but the bigger appetite is also **what I'm concerned**.

what I'm concerned 걱정거리

064 독서 1 (실용서/문학 작품)

책 읽는 것을 좋아하세요?
어떤 종류의 책을 주로 읽으세요?

어떻게 답변하느냐에 따라 자신의 지적인 모습을 부각시킬 수 있는 질문입니다. 좋아하는 책의 장르와 인상 깊게 읽었던 책 한 권쯤은 기억해서 답변을 준비하세요.

저는 시간이 나면 독서를 하는데 다양한 것을 읽습니다.

다양한 종류의 독서를 아주 많이 즐기는데, 특히 자기계발서를 즐겨 읽습니다.

독서는 휴식을 취하고 상상력을 키우는 기회를 주기 때문에 책 읽기를 즐깁니다.

TIP 독서를 좋아하는 이유로 이런 표현도 있어요.
Reading has always been an open window to other worlds.
독서는 변함 없이 세상으로 열려 있는 창이에요.

저는 소설을 즐기는데, 소설의 가치를 실용성으로 따져선 안 됩니다. 소설은 그냥 글이 아니라 인간 본성을 표현하는 것이기 때문입니다.

저는 영문학을 원작 형태로 읽는 것을 즐기는데 지금은 〈트와일라잇〉, 〈나니아 연대기〉, 〈영웅과 왕관〉과 같은 판타지 소설에 빠져 있습니다.

Do you like reading?
What kind of books do you
usually read?

▌SHORT TALKS **▌**

반복훈련 ☐ ☐ ☐

필요한 문장에
표시해보세요!

I read books in my leisure time / and my reading covers a
wide range.

☐

I enjoy reading many different kinds of books
very much, / especially **motivational books**.

☐

▶ 다양한 장르를 바꿔 말해보세요.
economic books 경제 서적 **financial books** 금융 서적 **property books** 부동산 서적

I love reading <u>books</u> / because it is a way for me / to relax
and to extend my imagination.

☐

▶ 다양한 장르를 바꿔 말해보세요.
mystery 미스터리 **thriller** 스릴러 **poetry** 시 **historical fiction** 역사 소설
non-fiction 실화 **biography** 전기 **adventure** 모험 소설
detective story 탐정 소설 **science fiction** 공상과학 소설

I enjoy novels, / which is not about utility / because they
are not merely a piece of writing / but express human
nature.

☐

I enjoy reading English literature in its original form, /
and now **I am into** fantasy novels / **such as** *Twilight*, *The
Chronicles of Narnia*, and *The Hero and The Crown*.

☐

I am into ~ such as … …와 같은 ~에 빠져 있습니다.

065 독서 2 (신문/잡지)

책 읽는 것을 좋아하세요?
어떤 종류의 책을 주로 읽으세요?

어떻게 답변하느냐에 따라 자신의 지적인 모습을 부각시킬 수 있는 질문입니다. 독서를 많이 하지 않거나 특별히 좋아하는 장르가 없더라도 독서를 하지 않는다고 답하는 대신 신문이나 잡지를 통해 꾸준히 정보를 얻는다고 답변하세요.

저는 〈코리아 타임즈〉를 구독하고 있는데 사회면을 제일 먼저 봅니다. 온라인판보다 훨씬 좋아요.

저는 패션 잡지를 매달 구독하는데, 잡지의 내용과 정보에 대단히 만족합니다.

저는 〈타임즈〉를 구독하고 있는데 영어 공부를 위해 아침마다 지하철에서 그것을 읽습니다.

저는 매일 아침 눈 뜨자마자 스마트폰으로 인터넷 신문을 읽는데, 그것이 하루의 습관이 되어 있습니다.

다양한 소재들로부터 도움이 될 만한 정보를 얻기 위해 여러 종류의 잡지를 구독하고 있습니다.

Do you like reading?
What kind of books do you usually read?

| SHORT TALKS **|**

반복훈련 ☐ ☐ ☐

필요한 문장에
표시해보세요!

I subscribe to *The Korea Times* / and I read the society section first; it's better than the online edition. ☐
▶ 신문, 잡지명을 바꿔 말해보세요.

I subscribe to a monthly fashion magazine / and I've been very satisfied / with its content and information. ☐

I am taking in *The Times*. I read it on the subway / for English study every morning. ☐

As soon as I get up every morning, / I read an online newspaper / with a smartphone / and it has become my daily habit. ☐

I subscribe to many kinds of magazines / to get helpful tips / on an assorted number of topics. ☐
❶ **ranging from ... to ...** (~에서 ~에 이르는) 표현을 넣어 읽을거리의 종류에 대해 좀 더 자세한 설명을 덧붙일 수 있어요.

066

독서 3 (최근에 읽은 책/책의 특징)

가장 최근에 읽은 책에는 어떤 것이 있으며 그 책의 어떤 점이 가장 좋았나요?

읽는 책의 종류를 통해서도 지원자가 평소 가지고 있는 가치관이나 성향을 파악할 수 있다는 것 명심하세요. 최근 읽은 책의 내용이나 좋았던 이유 등도 곁들여 설명해주면 좋습니다.

제가 가장 좋아하는 헤르만 헤세의 작품 〈데미안〉을 한국어 번역판으로 읽었습니다.

그 책을 읽으면 더 다정한 사람이 될 수 있고 더 행복해질 수 있어요.

그 책 덕분에 전 인생에서 성공할 수 있다는 걸 알게 되었습니다.

제 생각에 미스터리의 가장 흥미로운 요소는 다음에 어떤 일이 생길지에 대한 궁금증입니다.

이것은 미국 개척 시대의 삶에 관한 소설인데 작품의 묘사가 너무 생생해서 도저히 책을 손에서 놓을 수가 없었습니다.

What was the last book you read? What did you like best about it?

필요한 문장에
표시해보세요!

I read my favorite Hermann Hesse's **work**, / *Demian*, in Korean translation. ☐

I read my favorite work, ... 가장 좋아하는 작품인 ~을 읽었습니다.

By reading this book, / we can all be kinder / and be happier. ☐

▶ **I can understand the way of living in the society from the book.**
그 책을 통해 그 사회의 생활상을 이해할 수 있습니다.

I really owe a lot to that book / because after having read it, / I came to know I could succeed in my life. ☐

I really owe a lot to ... ~ 덕을 정말 많이 보다
▶ **that book** 대신 '책 제목'을 넣어서 표현해보세요.

The most exciting element of mystery, / I think, / is the question of what comes next. ☐

the most exciting element of ... ~의 가장 흥미로운 요소

This is a novel about frontier life in the United States, / and its descriptions were so vivid that I just couldn't put it down. ☐

This is a novel about ... 이것은 ~에 관한 소설입니다.

067 독서 4 (실용서/문학 작품)

책 읽는 것을 좋아하세요?
어떤 종류의 책을 주로 읽으세요?

1 네, 독서를 좋아합니다. 하지만 편히 앉아서 느긋하게 좋은 책을 즐길 만한 여유는 없어요.

저는 출퇴근하면서 항상 손에 읽을거리가 들려 있어요.

최근에는 최신 시사 정보에 뒤처지지 않기 위해 일(전공)과 관련된 것을 주로 읽어요.

TIP 외국계 기업의 경우 독서를 취미로 생각하는 경우는 없다는 것도 참고로 알아두세요.

2 저는 여가시간의 대부분을 책을 읽으며 보내는데 특히, 외국 작가들이 쓴 소설을 즐깁니다.

저는 주로 전자책과 영어로 된 책을 골라 읽습니다.

그렇게 하면 두 가지를 동시에 할 수 있습니다. 책도 읽고 영어 능력도 향상시키고요,

Do you like reading? What kind of books do you usually read?

필요한 문장에
표시해보세요!

Yes, I like reading, / but I usually don't have enough time to sit down / and enjoy a good book.   ☐

As I get to and from work, / I always have something to read in my hands.

Recently most of what I read **has to do with** my work / to keep me **up-to-date** on current affairs.

have to do with ～와 관련이 있다   **up-to-date** 최신의

I spend most of my free time reading books, / especially, novels by foreign authors.   ☐

I often choose e-book / and English books to read.

That way I can **chase two hares at once**; / reading a book and improving English skill.

chase two hares at once 두 마리 토끼를 한 번에 잡다

068 독서 5 (잡지/인문)

책 읽는 것을 좋아하세요?
어떤 종류의 책을 주로 읽으세요?

① 저는 디자인과 패션이 훨씬 더 중요해진다고 믿기 때문에 보통

패션 잡지를 읽습니다.

TIP 독서를 잘 하지 않는다고 답하기보다 잡지나 신문을 읽는다고 답할 수도 있어요. 이
를 통해 얻는 정보와 이점에 대해 설득력 있게 설명하세요.

패션은 태도를 표현하고 시대 정신을 상징하는 사회적인

약속이니까요.

올해 트렌드에 대해 제안을 드린다면 올 여름 패션은 온통

꽃무늬 일색일 거예요.

② 가장 최근에는 〈정의란 무엇인가〉라는 책을 읽었는데 너무

재미있어서 단숨에 읽었습니다.

TIP 실제로 읽은 책을 예로 들어 설명하면 신뢰를 얻을 수 있습니다.

저는 오늘날 중요한 도덕과 정치적인 문제들을 다룬 책들을

대단히 좋아합니다.

작가는 훌륭한 사례를 들어 독자로 하여금 이러한 문제들의

도덕적 대안을 생각해보게 하는데 그런 점이 대단히

인상적이었습니다.

Do you like reading? What kind of books do you usually read?

필요한 문장에
표시해보세요!

I mostly read fashion magazines / because I believe that design and fashion become more and more important. ☐

That's because fashion is **a social statement** / that expresses an attitude and **symbolizes the zeitgeist**.

a social statement 사회적 약속 **symbolize the zeitgeist** 시대 정신을 상징하다

If I suggest about this year's trend, / flower prints will **be all the rage** this summer.

be all the rage 엄청나게 유행하다

I recently read *Justice: / What's the Right Thing to Do, /* which was so interesting that I read one sitting. ☐

I really enjoy reading books / about the major moral and political issues of today.

The author uses excellent **cases** to have readers think about **alternatives** to the moral consideration of these issues / and I was really impressed with it.

case 사례 **alternatives** 대안

069 인상 깊은 영화 1

가장 인상 깊었던 영화는 무엇이었나요?

영화를 통해서 지원자가 평소 가지고 있는 가치관이나 성향을 파악하고자 하는 질문이므로 단순한 오락 영화보다는 메시지가 있는 영화를 언급하는 것이 좋습니다. 인상 깊었던 내용과 이유를 덧붙여 설명해주세요.

저는 〈어벤져스 2〉를 봤어요. 미국 슈퍼 영웅들이 전 세계를 구하는 이야기이죠.

저는 판타지 이야기를 좋아하며 〈드래곤 하트 3〉의 열렬한 팬입니다.

지난주에 한국 영화 〈써니〉를 봤는데 해피엔딩이라 기분이 좋았습니다.

저는 〈제임스 본드 007〉과 〈미션 임파서블〉과 같은 모든 액션 시리즈를 좋아해서 보고 또 봅니다.

저는 〈본 시리즈〉를 좋아하는데 각각의 에피소드를 다른 감독들이 감독했다는 것이 흥미롭습니다.

What movie has impressed you the most?

필요한 문장에
표시해보세요!

I saw the movie *Avengers 2*; / **it's story is about** American superheroes who save the whole world. ☐

it's story is about ... ~에 대한 것을 다룬 이야기입니다.

I like **fantasy stories** / and I am a big fan of *Dragon Heart 3*. ☐

▶ 영화 종류
a romantic movie 멜로 영화 **a romantic comedy** 로맨틱 코미디 **a science fiction movie** 공상과학 영화 **a thriller movie** 스릴러물 **a musical movie** 뮤지컬 영화

I watched *Sunny*, a Korean movie, last week, / and I felt happy / **since it had a happy ending**. ☐

▶ 좋아하는 이유
since it made me laugh 웃기기 때문에
since it dealt with philosophical questions 철학적인 질문을 다루었기 때문에
since it dealt with different human figures 다양한 인간의 형상을 다루었기 때문에

I like all kinds of action series / like *James Bond 007* and *Mission Impossible*, / so I watch them over and over again. ☐

I like the *Bourne Series* / and it is interesting / that each episode was directed by a different director. ☐

070 인상 깊은 영화 2

가장 인상 깊었던 영화는
무엇이었나요?

1 저는 영화를 자주 보지는 않지만 가장 인상 깊었던 영화는
〈다빈치코드〉입니다.

이 영화의 주역 톰 행크스는 영화의 주인공역으로
대단했습니다.

지적인 이야기 구성과 어떤 면에서 저는 인물들의 양면성에
끌렸어요.

2 저는 코미디 영화와 액션 영화 보는 것을 즐깁니다. 왜냐하면
저를 즐겁고 행복하게 해주니까요.

지난주에 〈킹스맨: 시크릿 에이전트〉를 봤는데 만화책을
원작으로 한 스파이 액션 코미디 영화입니다.

유능한 비밀요원을 모집해서 비밀 스파이 조직원으로
훈련시키는 이야기 구성이 인상적이었습니다.

What movie has impressed you the most?

❚ **LONG** TALKS ❚

반복훈련 ☐ ☐ ☐

필요한 문장에
표시해보세요!

I don't see a movie very often, / but the most impressive ☐
one was *The Da Vinci Code*.

The **principal**, Tom Hanks, was amazing / as the star of the
movie.
principal 주연

I attracted its intellectual storyline / and the **ambivalence**
of the characters in some ways.
ambivalence 양면성

I really enjoy watching comedies and action movies / ☐
because they make me laugh and feel happy.

Last week, I watched *Kingsman: The Secret Service*, / a spy
action comedy film / based on a comic book.

I was impressed by that the story follows the **recruitment**
and training of a **potential** secret agent into a secret spy
organization.
recruitment 모집 **potential** 가능성이 있는. 잠재적인

영어 면접, 영화와 다르네

오늘 면접을 보기로 한 지원자가 체납 때문에 체포되어 밤새 경찰서에 구금되어 있다가 아침에 풀려났다. 그리고 페인트칠을 해서 엉망이 된 옷차림 그대로 면접장으로 달려간다. 그의 이름이 호명되어 면접장으로 들어가면서 "저 사람 도대체 제정신이야?"라는 면접관들의 따가운 시선을 받는다. 면접에서 첫인상의 중요성을 생각하면 그는 이미 실패한 것이나 다름 없다.

그러나 그는 뚜벅뚜벅 자신감 있게 들어가서 아무도 청하지 않은 악수를 면접관들과 일일이 나누고 설명을 시작한다.

"밖에 앉아서 이런 차림으로 오게 된 것을 어떻게 설명해야 정직함, 근면함이 부각될까, 멋진 스토리를 곰곰이 생각해봤습니다. 그러나 떠오르지 않더군요."

그러고 나서 그는 솔직하게 사정을 설명한다. 그러나 그 설명이 면접관들의 호기심을 자극했고 지원자의 솔직함과 위기 상황에 대처하는 능력, 위트에 반해 인턴 기회를 준다. 영화 '행복을 찾아서'의 주인공, 실존 인물이기도 한 크리스 가드너의 이야기이다.

어떤 외국계 기업에 면접을 보러 갔던 지원자가 영어는 못하는데 면접 내내 열심히 땀을 빼면서 노력했다. 그 노력이 가상하기도 했고 지원자의 다른 능력을 높이 사기도 했던 면접관들은 마지막 지원자였던 그를 저녁식사에 초대한다. 사실 그냥 같이 가겠냐고 슬쩍 던져본 말에 그는 '저녁이나 얻어먹자'는 심산으로 따라 나서고 술자리에서 노래방까지 따라가 넉살 좋게 놀다 온다. 그는 합격했고 영어 때문에 탈모 증세까지 겪으면서 적응을 하게 된다. 실제로 어느 면접자에게서 전해 들은 경험담이다.

그러나 이런 영화나 영화 같은 이야기는 자주 일어나지 않는다. 이 이야기들이
전하는 메시지는 요행이 아니라는 것에 주목해야 한다.

1 이게 아니면 안 된다는 절박함

2 위기의 상황에서도 위축되지 않는 자신감

3 딱딱한 분위기를 화기애애하게 만드는 위트

두 번째 이야기에서는

1 실력이 모자라도 최선을 다하는 모습

2 친화력

영화 같은 일들이 보여주는 것은 실제로 그들에게 작용한 장점이 무엇인지가
중요하다는 것이다. 그것을 알아차리고 취하면 당신도 성공할 수 있을 것이다.

3

학력 관련 질문

학력에 대한 질문은 물론 경력자의 경우 직무 관련 경험에 대한 질문도 필수입니다. 전공 및 수강 과목에 대해 기초적인 설명을 반드시 준비해야 하며 특히 전공과 관련된 전문 용어는 미리미리 영어로 찾아서 익혀두어야 합니다. 경력자의 경우 직무에 대한 설명을 구체적으로 준비해두세요.

국내 기업

면접 종류: 영어 면접

장소: 본사 면접장

참가자: 면접관과 면접자, 다수의 면접자일 수도 있다.

질문의 의도 및 대응 전략: 가벼운 질문이 지나가고 학력에 관련된 질문이 시작된다면 이 제부터 본격적인 면접의 시작이라고 할 수 있다. 가벼운 질문이라고 무시하지 말라고 한 것은 그런 질문만으로 면접이 끝날 경우에 대비하라는 의미인데, 면접이 다음 단계의 질문으로 넘어가 학력과 이력을 묻기 시작한다면 이때부터가 중요하고 핵심적인 질문이라고 할 수 있다. 학력 배경을 묻는다면 전공과 학교생활에 대해 평가를 해보겠다는 의도가 깔려있다고 봐야 한다. 최대한 기업과 어울리는 요소를 어필할 수 있어야 한다. 영어만 잘하면 되는 거라는 생각으로, 또는 학교생활을 열심히 하지 않아 말할 내용이 없다고 해도 성의 없이 답변하는 것은 절대 금물이다. 상대의 호기심을 끌 만한 스토리를 제시할 수 있도록 한다.

외국 기업

면접 종류: 1, 2차 면접

장소: 한국 지사 면접장 또는 1차 면접 이상일 경우 현지일 수 있음

참가자: 면접관과 면접자, 다수의 면접자일 수도 있다.

질문의 의도 및 대응 전략: 외국 기업의 경우 학력 배경에 대해서 미리 알고 있어서 질문할 필요가 없다 해도 직접 묻고 확인하고 싶은 내용은 질문을 할 것이다. 외국 기업의 경우 영어를 평가하는 것이 중요 요소가 아니므로(특정 업무를 제외하고), 또는 영어에 대해서는 이미 평가를 했거나 영어를 못하는 것도 감안을 한 경우이므로 답변하는 태도와 내용이 중요하다. 상대가 정말 궁금하고 알고 싶어서 질문하는 것이라는 것을 명심하고 영어 실력을 뽐내려고 하지 말고 충실히, 시실대로 답변해야 한다.

Educational Background

071

동아리 활동 1 (운동 관련)

대학 동아리 활동에 대해 말해주세요.

적극적이고 활발한 대학 생활을 했음을 전달하는 것이 목표입니다. 아무 활동도 하지 않았다는 답변은 피하세요. 원만한 대인 관계를 맺을 수 있는지, 특히 영업직과 같이 활동성을 요하는 직무일 경우 동아리 활동 언급은 더욱 중요합니다.

저는 등산이나 조깅 같은 야외 활동을 좋아해서 대학교 때 다양한 과외 활동을 했고 동아리 선배들과 친구들을 만날 수 있었습니다.

저는 대학생활 내내 테니스 클럽에 속해 있었습니다.

저는 스포츠 기자가 되고 싶었기 때문에 모든 삶이 온통 스포츠였습니다.

저는 야구를 배우기 위해 야구 동아리에 가입했지만 잘하지는 못했습니다.

저는 농구 동아리 회원이었고 그때 저는 홍보활동을 담당했었죠. 지금껏 가입한 모임 중 최고였습니다.

Tell me about your club activities in university.

필요한 문장에
표시해보세요!

I love outdoor activities such as mountain climbing and jogging, so I did a lot of extracurricular activities / when I was in university and I could meet club seniors and friends. ☐

I had been involved in a **tennis club** / throughout my university years. ☐
▶ **judo club** 유도부 **soccer team** 축구팀 **baseball club** 야구부

My whole life was about sports / because I wanted to be a sports journalist. ☐

I joined a baseball club to learn / to play baseball, / but I didn't do well. ☐
⊕ **Baseball/Basketball is still my number one sport I follow because I really like the atmosphere of the stadiums and it's game.**
야구/농구는 지금도 가장 좋아하는 스포츠입니다. 경기장의 분위기와 경기를 아주 좋아하거든요.

I was a member of a basketball club / and I was in charge of PR then, / which was the best group I've ever been in. ☐

072

동아리 활동 2 (신문/토론/창업)

대학 동아리 활동에 대해 말해주세요.

저는 학교 신문 동아리 회원이었고, 그때 전 편집 업무를
담당했습니다.

저는 벤처 사업 창업 동아리의 회장이었는데 많은 사람들이
들어오고 싶어 했습니다.

저는 토론 클럽 회원이었고 거기서 다양한 사회 문제에 대해
토론했습니다.

저는 창업 동아리와 자원 봉사 동아리 활동을 했습니다.

저는 공부와 아르바이트에 많은 시간을 할애했기 때문에 클럽
활동을 할 시간이 없었습니다.

TIP 동아리 활동 경험이 없다면 왜 없었는지 이유와 더불어 이렇게 말해보세요

Tell me about your club activities in university.

반복훈련 ☐ ☐ ☐

필요한 문장에
표시해보세요!

I was a member of a school newspaper / and **was in charge of** editing then.
be in charge of -ing ~하는 것을 담당하다 ☐

I was the president of **a business venture start-up club** / that many students wanted to join.
a business venture start-up club 벤처 사업 창업 동아리 ☐

I was a member of a discussion club / and we had a debate about several social issues. ☐

I joined a business start-up club and a voluntary service club. ☐

Time did not permit me to enjoy club activities / because I spent so much time / studying and having a part-time job. ☐

073 동아리 활동 3 (토론/산악회)

대학 동아리 활동에 대해 말해주세요.

❶ 영어 토론 동아리 회원이었는데, 미팅 일정을 잡고 장소를
선정하고 예산을 집행하는 일을 담당했습니다.

TIP 자기개발과 관련 있는 내용은 직무 능력을 돋보이게 할 수 있고, 조직 생활을 무난히
해낼 수 있음 보여줄 수 있습니다.

우리는 뉴스나 시사 문제를 하나 골라 두 가지 이상의
관점으로 토론했습니다.

동아리 활동을 통해서 대중 앞에서 논리적으로 말하는 영어
실력을 늘릴 수 있었습니다.

❷ 대학 산악회 회원이었고 지금도 다양한 동아리 활동에
참가하고 있습니다.

산을 걸어 올라갈 때면 걷고 또 걸어서 정상에 닿을 수 있죠.

이 경험을 통해 저는 자신을 돌아보고 성공은 인내와 끊임
없는 노력으로 이루어진다는 것을 깨달았습니다.

Tell me about your club activities in university.

반복훈련 ☐ ☐ ☐

필요한 문장에
표시해보세요!

I was a member of an English discussion club / and I was
in charge of scheduling meetings, selecting sites, and
budgeting. ☐

We took a piece of news or current issues / and discussed
it from two or more points of view.

Through the activity, / I could improve my English ability
of **speaking persuasively in public.**
speak persuasively in public 대중 앞에서 설득력 있게 말하다

I joined a college mountaineering club / and even now I'm
involved in a lot of club activities. ☐

When I walk up the mountain, / I walk and walk, and finally
can make it to the top.

Through the experience, / I **looked back on** myself and
realized / that success is reached through patience and
continuous efforts.
look back on ... ~을 돌아보다

074 동아리 활동 4 (음악/학생회)

대학 농아리 활동에 대해 말해주세요.

1 저는 음악에 흥미를 가지고 있었는데 특히 클래식 음악에 관심이 많았습니다.

그래서 저는 음악 동아리에 들었고 어쿠스틱 기타를 연주했습니다.

공부하는 데 바빴지만 동아리 활동을 열심히 했고 지금도 즐겁게 하고 있습니다.

TIP 정서적인 활동은 인간미를 돋보이게 하는 답변으로 좋습니다.

2 저는 과외 활동에 참여하는 것이 인생의 성공을 위해 대단히 중요하다고 생각합니다.

저는 대학교 1학년 때 학생회 활동을 통해 많은 경험을 했습니다.

이 활동을 통해서 팀워크나 리더십, 그리고 팔로어십을 배양할 수 있었습니다.

Tell me about your club activities in university.

필요한 문장에
표시해보세요!

I was very interested in music, / particularly classical music. ☐

So I joined the music club / and I played acoustic guitar.

Although I was busy with my studies, / I worked hard for
the club activity and I have been still enjoying it.

Although I was busy with ... ~로 바빴지만

Participation in **extracurricular activities** seems to be ☐
essential / for my success in life.

extracurricular activity 과외 활동

I had many experiences through the activities of the student
union / when I was a freshman in college.

I could develop the teamwork, leadership, / and
followership skills through it.

followership 리더를 따르는 방식

075 자원봉사 경험 1

자원봉사 경험에 대해 말해주세요.

사회에 기여하고자 하는 적극성을 보여줄 수 있습니다. 경험이 없더라도 평소에 행하는 작은 실천에 대해 언급하세요. 자원봉사 후의 소감도 함께 기술해주면 좋겠죠?

저는 사회 봉사 단체에 가입해서 자원봉사 통역으로 몇몇 봉사활동에 참여해본 적이 있습니다.

TIP 어떤 자격으로 참여했는지 설명을 덧붙일 때, 'as a 자격/직책'의 형태로 표현합니다.

저는 여러 차례 자원봉사로 비영리 단체에 참여해 아이들의 독서를 도왔습니다.

저는 시간이 날 때마다 동네 병원으로 자원봉사를 가곤 했습니다.

어린이집에서 자원봉사를 할 때 잊지 못할 경험을 했습니다.

한 달에 두 번 고아원에서 자원봉사를 해오고 있는데 거기서 청소, 페인트칠, 아이들 돌보기를 합니다.

TIP 현재까지 계속하고 있다면 현재완료 시제를 써서 표현합니다.

　　소감 표현하기
　• 누구나 도움이 될 가치 있는 무언가를 가지고 있다는 걸 알게 되었습니다.
　• 일하는 데 있어 돈만이 동기가 되지 않는다는 것을 가르쳐주었습니다.

Tell me about volunteer service experience.

반복훈련 ☐ ☐ ☐

필요한 문장에
표시해보세요!

I joined a social service club / and I did several ☐
activities / **as a volunteer interpreter**.

▶ **as an assistant** 보조원으로 **as a community volunteer** 지역사회 자원봉사자로
as a driver 운전기사로

I volunteered several times for the **non-profit** ☐
organizations / to help children to read.

non-profit organizations 비영리 단체

I used to go volunteering to **a local hospital** / whenever I ☐
had free time.

▶ **a community center** 주민 센터 **a nursing home** 양로원
a medical center 의료센터, 의료원 **a fire station** 소방서

I had an unforgettable experience / when I worked as a ☐
volunteer in a day-care center.

I **have volunteered** at an orphanage twice a month / and ☐
helped cleaning, painting, and taking care of children.

· **I realized that everyone has something worthwhile to contribute.**
· **It taught me that just money will never be my motivation for working.**

076 자원봉사 경험 2

자원봉사 경험에 대해 말해주세요.

① 저는 사회 봉사 단체에 가입하여 고아원을 종종 방문했습니다.

그곳에서 저와 같은 자원봉사자들은 아이들을 위한 활동을 계획하고 아이들을 돌봐주었습니다.

그런 활동을 통해 아무 대가 없이 사람들을 돕는 것이 보람 있다는 것을 깨달았습니다.

② 저는 주민 센터에서 자원봉사로 아이들을 돌보고 가르쳤습니다.

이 아이들은 저소득층 가정의 자녀들인데 저는 숙제를 봐주거나 같이 놀아주었습니다.

처음에는 그냥 돕는 정도였는데 그 아이들과 시간을 더 보낼수록 제가 아이들을 얼마나 사랑하게 되었는지 깨닫게 되었습니다.

Tell me about volunteer service experience.

▌LONG TALKS▌

반복훈련 ☐ ☐ ☐

필요한 문장에
표시해보세요!

I joined **a social service club** / and I often visited children's houses. ☐

a social service club 사회 봉사 단체

There volunteers like me planned activities for children / and took care of them.

I came to realize that **it's worthwhile to** help people / without being rewarded through those kinds of activities.

it's worthwhile to ~하는 것은 보람 있다

I volunteered in **a local community center** / taking care of children and teaching them. ☐

a local community center 주민 센터

The children came from **low-income families** / and I help them with their homework or play with them.

low-income families 저소득층 가정

At first, I would just be a helping hand, / but the more time I spent with them, / the more I realized how much I loved them.

077 외국어 능력

다른 외국어를 할 수 있습니까?

지원하는 회사 또는 직무와 관련이 있는 언어라면 금상첨화이겠지만, 영어 이외에 다른 것이 없다면 고등학교 다닐 때 배운 언어라도 언급하면서 회사에서 필요로 하면 금방 습득할 자세와 능력이 된다는 것을 어필하세요.

저는 영어와 중국어에 자신이 있습니다.

중국어를 전공했기 때문에 중국인들과의 의사소통에는 문제가 없습니다.

저는 고등학교 때 일본어를 배웠는데 요즘에도 계속 일본 TV 방송을 보면서 감각을 유지하려고 합니다.

중국에서 1년 정도 살다 왔는데 기억이 잘 나지 않아서 중국어를 다시 배우기 시작했습니다.

TIP 지금은 잘 못해도 실력 향상을 위해 노력 중임을 어필하세요.

올해 목표는 스페인어를 마스터하는 것인데 우선은 스페인어에 능숙해진 후에 일본어를 공부할 예정입니다.

Can you speak any other foreign languages?

❚ **SHORT** TALKS ❚

반복훈련 ☐ ☐ ☐

필요한 문장에
표시해보세요!

I'm confident / in using **English and Chinese**. ☐
▶ **Chinese** 중국어 **French** 프랑스어 **Italian** 이탈리아어 **German** 독일어
▶ **I can speak English and Chinese fluently.** 영어와 중국어를 유창하게 구사할 수 있습니다.

I majored in Chinese, / so I don't have any problems ☐
communicating / with Chinese people.

I learned Japanese in high school / and I have tried to keep ☐
up my fluency / by watching Japanese TV.

I lived in China for a year, / but I don't remember much, / ☐
so I started learning Chinese again.
⊕ **These days, I am learning Chinese and Japanese.** 현재 중국어와 일본어를 배우고 있습니다.

This year I will challenge myself to master Spanish, / and I ☐
will try to learn Japanese / after my Spanish is more fluent
first.

078 업무 능력 1

이 업무에 필요한 어떤 기술이 있습니까?

지원하는 직무에 필요한 업무 능력을 관련지어 설명하는 것이 좋습니다. 특별한 것이 없으면 운전면허를 포함 컴퓨터, 어학 점수 등이라도 설명하세요. 앞으로 취득하기 위해 노력하고 있는 자격증이나 기술이 있다면 언급하세요.

우선 다양한 컴퓨터 소프트웨어 프로그램을 사용할 수 있습니다.

이 자리에 꼭 필요한 사람들의 마음을 읽는 능력을 갖고 있습니다.

이 부서의 직원은 여러 가지 언어를 잘 할수록 유리하다고 생각해서 중국어와 영어를 배우고 있습니다.

전 파워포인트와 엑셀을 포함해 마이크로소프트 오피스에 대한 폭넓은 지식을 가지고 있습니다.

더 나은 교육 전문가가 되기 위해서 교사 자격 인증 석사 과정을 공부했습니다.

What skills can you bring to this job?

반복훈련 ☐ ☐ ☐

필요한 문장에
표시해보세요!

First of all, I have the ability to use a variety of computer software programs. ☐

I possess **the skill to read people's minds**, / which is essential for this position. ☐
▶ **the skill to plan an aggressive marketing campaign** 공격적인 마케팅 캠페인을 기획하는 기술
the understanding of overseas markets 국제 시장에 대한 이해
the understanding of accounting techniques 회계 기술에 대한 이해

I think / the employees in the department should be good at many languages, / so I have learned Chinese and English. ☐

I have extensive knowledge of MS Office Suite, including PowerPoint and Excel. ☐

I studied for a postgraduate certificate of education / to be a better education expert. ☐

079 업무 능력 2

이 업무에 필요한 어떤 기술이 있습니까?

1 저는 고객들에 대한 것들을 잘 기억합니다.

TIP 지원 회사의 핵심 가치나 직무에 필요한 역량을 고려해서 설명해야 합니다. 지원 회사 및 직무에 대한 사전 조사를 하여 답변을 준비하세요.

또한 바이어의 심리를 파악하기 위해 기업이 바이어들을 어떻게 끌어들일 수 있는지에 대한 심리학 책과 자기개발서를 읽고 있습니다.

따라서 저는 고객을 다루는 업무에 특화된 후보자입니다.

2 고등학교 때 제 2 외국어가 중국어였기에 기초 중국어를 할 수 있습니다.

저는 현재 영어를 훨씬 더 잘하는데, 필요하다면 다른 언어도 기꺼이 배우려고 합니다.

TIP 필요한 역량을 모두 갖추고 있을 수는 없습니다. 그럴 때는 합격 후에 직무 수행에 피해가 없도록 노력할 것임을 드러내세요.

귀사가 중국으로 진출할 계획이라고 들었는데 이 자리에 합격하면 꼭 중국어를 다시 배워보고 싶습니다.

What skills can you bring to this job?

‖ LONG TALKS **‖**

반복훈련 ☐ ☐ ☐

필요한 문장에
표시해보세요!

I'm very good at remembering things / about my clients. ☐

Also in order to understand the buyer's mind, / I read psychology books and self-help books / on how the company can be attracting a large group of buyers.

So I can say / that **I'm very well-qualified in** dealing with the clients.
I'm very well-qualified in -ing ~에 잘 맞는 사람이다

I can speak a little Chinese / because it was my second language in high school. ☐

I can speak English much better now, / but **if necessary**, / I will be willing to learn other languages.
if necessary 필요하다면

I heard your company **plans to expand in** China, / so I'd like to learn Chinese again / if I get this position.
plan to expand in ~로 확장할 계획이다

080 공모전 참가 경험 1 (수상 경력)

공모전에 참가한 적이 있나요?

공모전에 적극적으로 참여한 경험이 있다면 직무 능력 판단에 긍정적으로 작용할 것입니다. 특별한 경험이니만큼 경험이 없다면 당황하지 말고 담담하게 답하고 넘어가면 됩니다.

저는 대학교 3학년 때 친환경 주택 설계 공모전에서 2등상을 수상했습니다.

저는 4학년 때 모의 주식 투자 대회에 참가했는데, 제가 투자한 주식이 막대한 이득을 올렸습니다.

저는 대학 4학년 때 명칭 공모전에 참가하여 2등을 했습니다.

학생들이 토론 실력과 지식을 드러낼 수 있는 명망 있는 행사인 토론 대회에서 입상했습니다.

건축 설계 공모전에 참가해서 100만원 정도의 상금을 받았습니다.

Have you ever participated in any competitions?

반복훈련 ☐ ☐ ☐

필요한 문장에
표시해보세요!

I won the second prize / in **an eco-friendly housing design competition** / in my junior year.   ☐

▶ **a naming contest** 명칭 공모전 **a debating competition** 토론 대회
  a literary competition 문학 대회 **an essay contest** 수필 공모전

I participated in **a mock stock investment competition** / in my senior year, / and my investment in stocks resulted in a tremendous profit.   ☐

a mock stock investment competition 모의 주식 투자 대회

I participated in a naming contest / and **won a runner-up prize** / in my senior year.   ☐

▶ **won first prize** 1등으로 당선되었다
  (but) did not receive any prizes at it 공모전에서 낙선했다

I received an award in a debating competition, / a well-known event / where young students can show off their debating skills and knowledge.   ☐

I joined an architectural design competition / where I got around a million won.   ☐

081 공모전 참가 경험 2

공모전에 참가한 적이 있나요?

1

저는 대학교 3학년 때, 친환경 주택 설계 공모전에
참가했습니다.

안타깝게도, 그때 저는 아무 상도 받지는 못했지만 전혀
아쉽진 않습니다.

웹사이트에 게시되었는데 많은 네티즌들로부터 호평을
받았거든요.

2

저는 작년에 멋진 로봇 만들기 공모전에 참가했었습니다.

제 친구들 두 명과 저는 최소 한도의 비용과 노력으로 최선의
결과를 올리기 위해 아이디어를 내고 기획했습니다.

이 경험을 통해서, 이 분야에 대해 자신감을 많이 얻을 수
있었습니다.

Have you ever participated in any competitions?

필요한 문장에
표시해보세요!

I participated in an **eco-friendly** housing competition / in my junior year. ☐

eco-friendly 친환경의

Unfortunately, I didn't win a prize, / but I don't regret it at all.

It was posted on the website / and then **was favorably reviewed by** many netizens.

be favorably reviewed by … ~에게 호평을 받다

I joined Build a Nice Robot Competition / last year. ☐

Two of my friends and I **came up with** the idea for it / and designed it to **yield the best result at a minimum of cost and trouble**.

come up with ~을 제안하다, 내놓다 yield the best result at a minimum of cost and trouble 최소한의 비용과 노력으로 최대의 결과를 얻다

Through the experience, / I could gain lots of confidence in the field.

082 학력 1 (학교/학년)

학력 배경에 대해 얘기해보세요.

학력 사항은 면접 시 필수로 물어보는 질문이므로 철저히 대비해야 합니다. 대학 생활 내내 들은 전공이라도 영어로 설명하려고 하면 적절한 표현 찾기가 어려울 수 있어요. 반드시 전공, 부전공, 과목명, 학점, 평점 등에 대한 영어 표현을 익혀두세요.

저는 2년 전에 고등학교를 졸업했습니다.

저는 현재 한국대학교 4학년입니다.

저는 한국대학교 4학년이며 영어영문학을 전공하고 있습니다.

저는 작년에 한국대학교에서 정치학 학사학위를 취득했습니다.

저는 영어영문학 전공 문학사로 내년에 졸업하는 졸업 예정자입니다.

Tell us about your
educational background.

반복훈련 ☐ ☐ ☐

필요한 문장에
표시해보세요!

I graduated from high school / 2 years ago. ☐
▶ **I'm studying for a master's degree in psychology.** 저는 심리학 석사학위 과정을 밟고 있습니다.
I am a graduate student. 저는 대학원생입니다.

I'm currently in the 4th year / of Hankook University. ☐
▶ **I am a senior in university.** 저는 대학 4학년생입니다.
I am a senior at Hankook University. 저는 한국대학교 4학년에 재학 중입니다.

I am a **senior** at Hankook University, / majoring
in English language and literature. ☐
▶ 학년:
freshman 1학년 **sophomore** 2학년 **junior** 3학년 **senior** 4학년

I received a bachelor's degree in **political science** / from ☐
Hankook University last year.
▶ 전공과 대학명을 바꿔서 활용해보세요.

I'm a candidate for **a bachelor of arts in** English language
and literature, / which I will receive next year. ☐
▶ 학위:
a bachelor of arts (in+전공) (…전공) 문학사
a bachelor of business administration 경영학사
a bachelor of science 이학학사
a bachelor of law 법학사

083 학력 2 (전공)

학력 배경에 대해 얘기해보세요.

저는 한국대학교에서 전자공학을 전공하고 있습니다.

전 기계공학을 전공했고 경영학을 부전공했습니다.

전 수학과 경영학을 복수전공했습니다.

저는 전공으로 영문학을, 부전공으로 철학을 공부하고 있습니다.

전 경영학 학사학위를 받았으며 회계학과 마케팅을 세부전공 하였습니다.

Tell us about your educational background.

필요한 문장에
표시해보세요!

I am majoring in **electronic engineering** /
at Hankook University.   ☐

▶ 전공:
international trade 국제무역 **Chinese** 중국어 **business administration** 경영학
psychology 심리학 **political science** 정치학 **international studies** 국제학
international negotiation 국제협상

I **majored in** mechanical engineering / and **minored in**
business.   ☐

major in ~을 전공하다 **minor in** ~을 부전공하다

I **double majored** / **in** mathematics and business.   ☐

double major in ~을 복수전공하다

I am majoring in English literature / **with a minor in**
philosophy.   ☐

with a minor in ~을 부전공으로

I earned a bachelor's degree in business administration, /
concentrating in accounting and marketing.   ☐

concentrating in ~을 세부전공으로

084 대학/전공 선택 이유

왜 이 대학이나 전공을 선택했습니까?

선택과 책임에 대한 기준, 선택에 앞서 얼마나 신중한지 지원자의 성향을 파악하는 질문입니다. 결정을 했을 당시 적절한 판단 기준을 가지고 검토한 후 신중히 선택했음을 설명하세요.

일본에 대한 모든 것에 매료되어 일본어를 전공으로

선택했습니다.

TIP 가장 좋은 답변은 자신의 의지가 반영된 결정이었음을 어필하는 것입니다.

저는 대학 장학금을 받을 수 있었기 때문에 이 학교를

선택했습니다.

제 전공 분야에서 명성이 자자한 교수진 때문에 이 학교를

선택했습니다.

다른 대학에서는 실질적인 실무 관련 과정이 없었기 때문에

한국 대학에서 컴퓨터 공학을 전공으로 선택했습니다.

고등학교 때 세운 저의 분명한 교육 목표에 맞춰 전공을 기계

공학으로 선택했습니다.

Why did you choose your college or major?

반복훈련 ☐ ☐ ☐

필요한 문장에
표시해보세요!

I was fascinated by everything about Japan, / so I chose Japanese as my major. ☐

I chose this school / because I could get a university scholarship. ☐

I chose this college for its high reputation of professors / in my field of study. ☐

⊕ **Hankook University gets Korean great minds of today teaching Korean great minds of tomorrow.** 한국대학은 오늘의 한국 지성인이 내일의 한국 지성을 가르치는 곳이죠.

I chose computer science as my major at Hankook University / because other schools didn't have the practical and job-related courses. ☐

I chose my major, / mechanical engineering, / according to my own specific **educational goals** / that I set in high school. ☐

▸ **career goals** 경력 목표

085 학교 생활 1

대학 생활이 어땠나요?

선후배나 친구들간의 적극적이고 활발한 인간관계를 강조하세요. 자기 공부에만 집중한 나머지 인간관계를 등한시했다는 인상을 줄 수 있는 이야기는 약점으로 작용합니다. 특이하고 재미있는 경험이 있으면 언급하세요. 또한 보람 있는 성취에 대해 언급하면 돋보일 수 있어요.

저는 많은 분야에 관심이 있었습니다.

TIP 어떤 동아리 활동을 했는지 덧붙여 설명해도 좋아요.

저는 어학원에서 외국어 강좌를 듣는 데 많은 시간을
투자했습니다.

저는 봉사 활동을 통해 새로운 사람들과 잘 어울리는 법,
그리고 팀 멤버들을 잘 이끄는 방법을 배웠어요.

여러 학과에서 컴퓨터 강좌, 불어 회화, 경영학 프로그램 등
다양한 과목을 수강하려고 노력했습니다.

라틴 댄스 동아리 활동과 영어 토론 동아리 활동을 통해서,
저는 좋은 것들을 많이 배웠습니다.

How was your college life?

반복훈련 ☐ ☐ ☐

필요한 문장에
표시해보세요!

I was interested / in many fields. ☐

✚ 참여 동아리를 덧붙일 때,
I joined a snorkeling club. 저는 스노어클링 동아리에 가입했습니다.
I was a member of a school newspaper/school band.
학교 신문 동아리/학교 밴드 회원이었습니다.
I joined a social service club. 사회봉사 단체에 가입했습니다.

I spent a lot of time taking foreign language
classes / at a private language school. ☐

✚ 학년을 덧붙일 때,
during my freshman/sophomore/junior/senior year 1/2/3/4학년일 때

I learned how to **get along with** new people / and how to
lead my team members / through volunteering activities. ☐

get along with ～와 잘 지내다/어울리다

I tried to take various courses from different departments
/ such as computer courses, French conversation, business
administration programs, etc. ☐

I've learned many good things / through the club activities
of a Latin dance club / and English discussion club. ☐

086 학교 생활 2

대학 생활이 어땠나요?

저는 평균 A학점을 받아 장학금을 받았습니다.

저는 성적이 그리 좋지는 않지만 대학 생활을 하면서 다양한
경험을 할 수 있는 기회를 가졌습니다.

처음 대학에 입학하고 모든 것에 눈을 떼지 않아야 했죠. 성적,
친구 관계, 동아리 활동, 아르바이트까지요.

저는 대학에 입학하자마자 패러글라이딩 동아리에 가입했는데
지금도 계속 동아리 활동을 하고 있어요.

저는 대학신문 〈더 데일리〉의 편집장을 지냈고 국내
경시대회에서 대학 기자상도 받았습니다.

TIP 수상 내용을 구체적으로 표현해도 좋겠죠?

How was your college life?

반복훈련 ☐ ☐ ☐

필요한 문장에
표시해보세요!

I made **an A average**, / so I won a scholarship. ☐

▶ **straight A's** 전부 A학점
➕ **I got an A in my major, science.** 제 전공인 과학에서 A학점을 받았어요.

I didn't get very good grades, / but I had an ☐
opportunity / for a wide variety of experiences
during my college.

When I entered university, / I just had to keep my eye ☐
on everything; / my grades, relations with friends, club
activities, and part-time jobs.

I joined a paragliding club / as soon as I entered the ☐
university / and I'm still enjoying the activity.

I was the chief editor of *The Daily* at university / and I won ☐
a national competition / for college journalists.

➕ 수상 내용을 구체적으로 표시하려면,
with my series on the janitors' union 관리인 노조에 대한 기사로

087 학교 생활 3

대학 생활이 어땠나요?

① 4학년이 된 후 관심 없던 필수 과목들을 더 이상 듣지 않고
흥미 있어 보이는 강의를 듣기 시작했습니다.

학과 공부와 준비해야 할 것이 많아 밤 늦게까지 있다가
집까지 걸어가곤 했습니다.

낭만적인 생활은 아니었지만 제가 정말 좋아하는 것들을 많이
공부했습니다.

② 학창 시절 중 가장 좋았던 것은, 좋아하는 것을 공부하고 하고
싶은 것을 할 수 있었던 것입니다.

여행, 동아리 활동과 함께 행복한 시간을 보냈습니다. 물론
공부도 열심히 했습니다.

전체적으로 저의 대학 생활에 매우 만족했습니다.

How was your college life?

❚ LONG TALKS ❚

반복훈련 ☐ ☐ ☐

필요한 문장에
표시해보세요!

The minute I became senior, / I could stop taking the
required classes / that didn't interest me and began
dropping in on the ones / that looked interesting.

☐

drop in ～에 잠깐 들르다. 참가하다

I stayed up late at night studying for the classes and
preparing for a lot of work, / so I used to walk to get home.

It wasn't all romantic, / but I studied many things I really
enjoyed.

The best thing was / that I could study **what I like** and / do
what I like to do.

☐

what I like 내가 좋아하는 것 **what I like to do** 내가 하고 싶은 것

I had a great time together with traveling, doing club
activities, / and studied hard as well.

Overall **I was very satisfied with** my school life.

I'm very satisfied with ... ～에 매우 만족하다

088 대학 성적 1 (학점이 낮은 이유)

왜 이렇게 학점이 낮은 거죠?

성실성에 문제가 있는지 보기 위한 질문입니다. 당황하는 모습은 금물! 성적 대신 얻을 수 있었던 가치가 무엇인지 진지하게 설명하면 됩니다.

대학 생활은 다양한 종류의 경험을 위한 기회라고 생각해서 학업 대신 경험에 많은 신경을 썼습니다.

학비를 조달하기 위해서 대학 재학 내내 상근직 근무를 했습니다.

저는 방과 후 활동과 사회 활동에 주도적으로 참여하기 위해 노력하였습니다.

학점은 낮아도 많은 다양한 분야에 대해 풍부하고 포괄적인 지식을 쌓을 수가 있었습니다.

학업 성적이 저의 모든 역량을 반영하지는 못할 거라고 생각했습니다.

Why is your GPA so low?

필요한 문장에
표시해보세요!

I felt that college was an opportunity for a wide variety of experiences, / so I focused a lot on that instead of my studies. ☐

In order to pay for my education, / I held a full-time job throughout college. ☐
➊ **I could have a number of practical experiences in the industry.**
이 분야에서 실무 경험을 할 수 있었습니다.

I tried to involve myself / in a host of extracurricular and social activities. ☐
➊ **So nothing I'm embarrassed about truthfully.** 그래서 전 진심으로 전혀 부끄럽지는 않습니다.

Although my GPA is low, / I was able to get a lot of comprehensive knowledge / of many different fields. ☐
➊ **Things are so tough in my field right now.** 전공 분야가 요즘 굉장히 힘듭니다.

I thought / that my academic performance / would not reflect my overall competence. ☐
➊ **So I tried to get a wide variety of experiences.** 그래서 다양한 경험을 쌓고자 노력했습니다.

089 대학 성적 2

자신의 평점에 대해 설명해볼 수 있겠습니까?

저는 뛰어난 학업 성적을 유지하기 위해 최선을 다했습니다.

뛰어난 학업 성적을 유지했기 때문에 대학에서 수많은
장학금을 받았습니다.

대학 생활 내내 제 학점은 평균 이상이었습니다.

비록 제 학점이 아주 좋지는 않았지만 제 전공에서는 뛰어난
학업 성적을 유지했습니다.

TIP 성적이 좋지 않더라도 학교 생활에 대한 만족도를 자신 있게 표현하세요.

대학 때 경쟁이 치열했지만 전 우수한 학업 성적을
유지했습니다.

Can you explain your GPA to us?

반복훈련 ☐ ☐ ☐

필요한 문장에
표시해보세요!

I did my best / to maintain **an outstanding academic performance**. ☐

an outstanding academic performance 뛰어난 학업 성적

Since I maintained a good academic performance, / I got a number of university **scholarships**. ☐

scholarship 장학금

My GPA were above the average / throughout my college days. ☐

Although my GPA was not the strongest, / I maintained a strong academic performance / within my major. ☐

I'm very satisfied with my school life. 저의 대학 생활에 매우 만족합니다.

Even though there was stiff competition among students in college, / I maintained a good academic performance. ☐

090 대학 성적 3

자신의 평점에 대해 설명해볼 수 있겠습니까?

① 저는 아주 뛰어난 학생은 아니었지만 장학금을 받기도 했습니다.

학교 생활의 원래 목표는 많은 활동에 참여하면서 평균 학점을 따는 것이었습니다.

대학의 가장 중요한 부분은 시간을 효율적으로 사용해서 다양한 경험을 해보는 거라고 생각했습니다.

② 대학시절 제 주된 목표는 좋은 점수를 따는 것이 아니라 다양한 경험을 쌓는 것이었습니다.

아르바이트, 동아리 활동, 인턴십 등의 경험을 통해 여러 가지로 도움을 받았다고 생각합니다.

TIP 학점이 좋지 않더라도 대학 생활 중에 성적 이외에 중점을 둔 가치 있는 경험이나 활동에 대해 충분히 설명하세요.

다른 지원자들보다 학점은 높지 않지만 업무에 있어서 더 유리한 자격을 갖추지 않았나 생각합니다.

Can you explain your GPA to us?

| LONG TALKS |

반복훈련 ☐ ☐ ☐

필요한 문장에
표시해보세요!

Although I was not an excellent student, / **I was granted academic scholarships from** my college. ☐

I was granted academic scholarships from ... ~에서 장학금을 받았다

My original goal in school life was to involve in many activities / and achieve **decent** grades.

decent 괜찮은, 적절한

I thought the most important part of college is to use my time effectively / so that I can have diverse experiences.

My main objective in college was not to **gain great grades** / but to **gain diverse experiences**. ☐

gain great grades 좋은 점수를 얻다 **gain diverse experiences** 다양한 경험을 얻다

I feel that I **benefited** in many other ways from my experiences / such as part-time jobs, club activities, and internships.

benefit 이득을 얻다

I'm sure that I'**m more qualified to work** / although I don't have better grades / than any other **candidates**.

I'm more qualified to work 업무에 있어서 더 유리한 자격을 갖추다 **candidates** 지원자들

091

전공과 지원 회사 분야가 다를 때 1

이 직무에 대해 회사에서 원하는
전공과 다른 게 좀 우려스럽군요.

지원 업무와 전공이 일치하지 않는 경우가 다반사입니다. 그러니 너무 걱정하지 말고 자신 있는 모습을 보이면 됩니다. 전공보다 능력과 자질이 우선임을 강조하세요.

전 강의실 밖에서 필요한 자격 조건을 쌓았고 이 분야와 관련된 여러 자격증과 수료증을 땄습니다.

또한 이 분야와 관련된 상당수의 과목을 추가로 수강했습니다.

저는 전자 회사에서 인턴 경험이 있는데 이를 통해 이 분야에 관한 매우 실무적인 경험을 얻을 수 있었습니다.

관련 인턴 업무를 많이 해서 마케팅을 이해하고 있고 임무를 수월하게 완수하는 데 충분하다고 생각합니다.

I'm worried that your major is different from the major we normally look for to fill this kind of position.

반복훈련 ☐ ☐ ☐

필요한 문장에
표시해보세요!

I have built up my qualifications outside of the classroom / and I got several licenses / and some certificates related to this field. ☐

I also took a lot of additional courses / that are relevant to this field. ☐

I did an internship at an electronics company / and it gave me very practical experience / in the field. ☐

I did a lot of relevant internships, / so I have an understanding of marketing, / I'm sure that is sufficient for easily fulfilling my duties. ☐

092 전공과 지원 회사 분야가 다를 때 2

이 직무에 대해 회사에서 원하는 전공과 다른 게 좀 우려스럽군요.

① 저는 일을 완료하는 데 있어 정말 중요한 지식과 기술, 그리고 경험을 가지고 있습니다.

전 이것이 경영학 전공 학위의 중요성보다 중요하다고 생각합니다.

TIP 전공이 다르더라도 지원 회사에 필요한 자질을 가지고 있음을 보여주면 됩니다.

저는 ABC 사에서 인턴사원으로 매우 성공적으로 일했고 이러한 경험이 다른 어느 자격 조건보다 훨씬 가치 있을 것이라고 생각합니다.

② 제가 확신하는 것은 현장 지식과 실무 경험이 관련 전공자 누구와도 필적한다는 점입니다.

ABC 사에서 회계원으로서 근무했을 때 많은 실무를 봤습니다.

저는 근무 경험을 통해 생생한 현장 경험과 실무 지식을 갖출 수 있었습니다.

I'm worried that your major is different from the major we normally look for to fill this kind of position.

┃LONG TALKS **┃**

반복훈련 ☐ ☐ ☐

필요한 문장에
표시해보세요!

I have the knowledge, skills, and experience / that will be really important for getting the job done.   ☐

I think that this **outweighs** the importance / of a degree in business.

outweigh ~보다 중요하다

I served successfully as an intern at ABC Company / and I think this experience is **more valuable than any other qualification**.

more valuable than any other qualification 다른 어느 자격 조건보다 훨씬 가치 있는

I'm confident that my knowledge of the field / and my practical experience will rival those of anyone / with the relevant major.   ☐

I got a great deal of practice / when I worked as **an accountant** at ABC Company.

▸ **a personnel manager** 인사 과장 **a software developer** 소프트웨어 개발자
a contents provider 컨텐츠 기획자

I could get the real field experience / and the hands-on knowledge through the work experience.

영어 면접을 준비하는 기본 자세

영어 면접도 종류와 대상이 다양합니다. 정확히 말하면 지원자에게 어떤 능력을 바라는지에 따라 면접의 종류가 달라집니다. 업무 수행에 필요한 기초적인 실력만 갖추면 된다면 국내외 기업을 막론하고 기본 질문만 할 것이고, 외국 현지에서 생활해야 하는 외국 기업이라도 전문 기술이 더 중요한 요소라면 기본 의사소통 정도의 영어실력을 볼 것입니다. 협상이나 프레젠테이션을 밥 먹듯이 하는 회사라면 그런 식의 능력을 테스트하겠죠. 또는 해외 자원개발이나 특수 업무에 필요한 인재를 뽑는다면 해외에서 영어를 쓰면서 생활하고 업무를 보는 데 전혀 지장이 없을 정도의 영어 능력자를 뽑을 테니 좀 더 심층 면접을 보는 것이 당연합니다.

지원자의 입장에서 한번 볼까요? 내가 지원하는 곳이 꽤 괜찮은 곳인데 영어 면접이 전형에 포함되어 있습니다. 내 주변을 둘러봐도 영어 실력은 그만그만 합니다. 한국적인 현실에서 영어를 평상시에 쓰는 사람도 드물거니와 공부로 배운 영어 실력이 월등해 봤자 큰 차이는 아닙니다. 그래서 외워서 본 말하기 시험으로는 점수로 정확한 실력을 가르기 어렵기도 하죠.

특히 국내 영어 면접에서는 순수 영어 실력만 확인한다고도 합니다. 그러나 도토리 키 재기 실력 중에서도 어떻게든 튀어서 점수를 더 받는 것이 면접에 임하는 기본 자세입니다. 영어 면접은 나와 경쟁자들의 상대 평가이기 때문이죠. 그럼 어떻게 하면 나를 돋보이게 할 수 있을지 생각해보면 영어 면접 전략이 나오겠네요. 5가지 전략이 있습니다. 외국 기업이라도 영어보다 기술이 중요한 전문직이라면 미리 영어 때문에 포기하지 말고 도전해보세요. 태도가 (영어) 실력을 압도할 때도 있습니다.

영어를 잘 못하는 나, 상대평가에서 어떻게 살아남을까?

1 자연스럽게, 외운 티 안 나게 답변이 술술 나올 때까지 연습, 또 연습

2 분위기에 주눅드는 것보단 오버가 낫다

3 못해도 당당하게, 끝까지

4 면접관이 나에게 호감을 보인다고 세뇌시키기

5 답변이 생각 안 나거나 멘붕 상태에 대비해 만능 답변 준비 하기

4

경력 관련 질문

경력자의 경우 직무 관련 경험에 대한 질문은 필수입니다. 특히 관련 분야와 관련된 전문 용어는 미리미리 영어로 찾아서 익혀두어야 하고 직무에 대한 설명을 구체적으로 준비해두세요.

국내 기업

면접 종류: 영어 면접

장소: 본사 면접장

참가자: 면접관과 면접자, 다수의 면접자일 수도 있다.

질문의 의도 및 대응 전략: 이 부분까지 넘어왔다면 상당히 심층적으로 영어 면접이 진행되는 경우이다. 또한 이 부분에서 자신의 진면목뿐 아니라 지원한 회사에 대한 관심과 이유에 대해 설명할 좋은 기회가 주어진다. 영어로 이런 내용까지 제대로 설명해낸다면 상당한 실력을 인정받고 깊은 인상을 남길 수 있다. 두려워하기보다 나를 특화할 수 있는 좋은 기회하고 생각하는 자세가 필요하다. 밤이 깊을수록 새벽이 가깝다고, 면접 과정에서 어려운 부분으로 갈수록 합격이 멀지 않았다.

외국 기업

면접 종류: 1, 2차 면접

장소: 한국 지사 면접장 또는 1차 면접 이상일 경우 현지일 수 있음

참가자: 면접관과 면접자, 다수의 면접자일 수도 있다.

질문의 의도 및 대응 전략: 외국 기업의 영어 면접에서는 영어보다 내용에 더 신경 써야 한다는 사실을 항상 명심해야 한다. 그러나 이 부분은 아직 구체적인 내용이라기보다 전반적인 지식의 파악을 위한 질문들이라고 할 수 있다. 주의할 것은 자신을 돋보이게 하려는 의도로 실제보다 부풀려서 설명하는 경우인데 실제 업무를 할 때 실제 실력이 드러나면 큰 곤란을 겪게 되므로 주의한다.

Career & Job

093

아르바이트 경험 1

아르바이트 경험이 있습니까?

지원하는 자리의 직무에 아르바이트 경험이 어떤 측면에서 도움이 되는지 설명하세요. 지원하는 직무를 염두에 두고 아르바이트 경험을 통해서 배운 점을 설명해야 합니다.

저는 우선순위에 맞게 균형을 맞춰 일을 해왔어요. 학업, 아르바이트, 또 자기 계발 사이에서 말이죠.

저는 중고등학생들에게 영어와 수학 과외를 했고 십대 아이들에 대해 인내심을 가지는 법을 배웠습니다.

행정 보조로 시청에서 일했으며 아르바이트를 통해서 많은 것을 배웠습니다.

저는 여러 가지 아르바이트를 했는데 작은 식당에서든 공사장에서든 성실하기만 하면 된다고 생각했습니다.

대학 때 부모님께서 평생 모으신 재산을 제가 다 쓰는 상황이었기 때문에 식당에서 아르바이트를 했습니다.

Have you ever had any part-time jobs?

필요한 문장에
표시해보세요!

I've successfully balanced my **priorities** between studying, / doing part-time jobs, / and pursuing self-improvement. ☐
priorities 우선순위

I tutored middle and high school students in English and math, / and **I was taught to** have patience with teenagers. ☐
I was taught to ~하는 것을 배웠습니다.

I worked at City Hall as an administrative assistant / and **I learned many things** / **through** the part-time job. ☐
I learned many things through ... ~을 통해서 많은 것을 배웠습니다.

I had several part-time jobs / and I didn't care if it was something like a part-time job at a small restaurant or construction site / as long as I did it with **sincerity**. ☐
sincerity 성실함

At college, / I was spending all of the money my parents had saved their entire life, / so I had a part-time job **at a restaurant**. ☐
▶ **at a convenience store at night** 밤에 편의점에서
as a construction assistant worker 공사장 잡부로 **like tutoring** 과외 같은

094 아르바이트 경험 2

아르바이트 경험이 있습니까?

1 무역 회사에서 아르바이트를 했으며, 이 경험은 제가 지원하는
이 자리에 도움이 될 것이라고 믿습니다.

현장 경험을 통해 실무 능력을 얻었고 또한 무역업에 소통
기술이 얼마나 중요한지도 알게 되었습니다.

바이어와의 의사소통에서 작은 실수 하나가 거래와 계약의
승패를 좌우할 수 있으니까요.

2 저는 4학년 때 식당에서 일했습니다.

이 경험을 통해 저는 훌륭한 서비스 마인드를 배울 수 있었고,
사람들과의 문젯거리를 해결하는 법도 배웠습니다.

TIP 아르바이트의 주목적이 돈이었더라도 이 일을 통해 배운 점을 자세히 설명해주세요.

서비스업에서 가장 중요한 것은 친절이라고 생각했지만
갖추어야 할 자질이 많다는 걸 이제 알게 되었습니다.

Have you ever had any part-time jobs?

반복훈련 ☐ ☐ ☐

필요한 문장에
표시해보세요!

I had a part-time job / at **the trading company** / and I
believe it can be helpful / for the position I'm applying for. ☐

▶ 회사명이나 업종을 바꿔서 말해보세요.

I acquired practical business skills / through **hands-on
experience** / and I also came to know / how important the
communication skill is in the field.

hands-on experience 현장 경험

One small mistake of communication with buyers / can
determine the outcome / of the businesses and contracts.

I worked at **a restaurant** / during senior year. ☐

▶ 회사명이나 업종을 바꿔서 말해보세요.

Through the experience, / I could gain a good service mind
and learn / how to deal with troubles with people.

I thought before / that kindness is the most important in **a
service business**, / but now I realized that there are a lot
of qualities I must have more than that.

095 인턴십 경험 1

인턴십에 참여한 경험이 있습니까?

지원하는 자리의 직무에 도움이 되는 인턴 경험을 언급하면 금상첨화!
인턴 경험을 통해 얻게 된 것을 같이 언급하면 좋습니다. 인턴 경험이
없더라도 단답형 답변보다는 다른 직무 경험 또는 아르바이트 경험을
연결해서 설명하면 좋습니다.

3학년 때 STA 텔레콤에서 인턴 과정을 밟았습니다.

인턴으로 일하면서 미래를 보는 시각이 완전히 달라졌고 이
분야에서 일하고 싶어졌습니다.

저는 작년에 이 회사 연구실에서 인턴으로 3개월간
일했습니다.

이를 통해, 저는 제 통계 분석 능력에 대해 많은 자신감을 갖게
되었습니다.

처음 그곳에서 제가 하던 일은 사소한 것들이었는데 새로 일을
받았을 때 정말 흥분이 됐어요.

Have you ever participated in an internship program?

필요한 문장에
표시해보세요!

During my junior year, / I did an internship at **STA Telecom.** ☐

▶ 회사명을 바꿔 말해보세요.
▶ 인턴십 경험이 없는 경우, 이렇게 말해보세요. **I'm afraid I have not participated in an internship yet.** 아쉽게도 아직 인턴십 경험이 없습니다.

Working as an intern / made me see the future differently / and want to work in this field. ☐

I worked in the lab as an intern / at this company / for 3 months last year. ☐

This gave me a lot of confidence / in my **statistical analysis skills.** ☐

▶ **practical experience** 실무적인 경험 **working at a company** 회사 생활 **interpersonal skills** 대인관계 기술

At first all my work there was trivial, / but when a new assignment came up, / I was really excited. ☐

소감을 표현할 때 **It was a very rewarding experience.** 그것은 매우 보람 있는 경험이었어요.

096 인턴십 경험 2

인턴십에 참여한 경험이 있습니까?

1 저는 작년 여름 ABC 전자의 연구 부서에 배치되어 인턴 활동을 했습니다.

TIP 면접을 보는 직무와 관련 있는 분야이면 유리하겠지만 그렇지 않더라도 경험한 업무에 대해 자세히 설명하면 좋습니다.

부장님이 과제로 주신 보고서도 작성하고 미팅에도 참여하는 등의 일을 했습니다.

이를 통해 이 분야에 관한 매우 실무적인 경험을 얻을 수 있었고 제가 기계공학을 얼마나 좋아하는지 알 수 있었던 소중한 경험이었습니다.

2 작년에 2개월간 ABC 사의 마케팅 부서에서 인턴으로 일을 하면서 산전수전을 다 겪었습니다.

처음에는 힘들었지만 나중에는 직원 회의에도 참여할 수 있었기 때문에 보람 있었습니다.

저는 이 분야에 대해 배우기 위해 많은 노력을 해왔기에 이 자리에 딱 맞는 사람이라고 자신합니다.

Have you ever participated in an internship program?

❚ LONG TALKS **❚**

반복훈련 ☐ ☐ ☐

필요한 문장에
표시해보세요!

I participated in an intern / that was placed to **the R&D department** / **at ABC Electronics** last summer. ☐
▶ 부서명과 회사명을 바꿔서 활용해보세요.

I did the following work; / writing some reports as assignments given / by the department manager / and joining some meetings.

It gave me very practical experience on the field / and it was an amazing chance to realize / that I really like **mechanical engineering**.
▶ 전공을 바꿔서 활용해보세요.

Last year, working as a two-month intern / **in the marketing department of ABC company**, I had been through a lot of ups and downs. ☐
▶ 회사명과 부서명을 바꿔서 활용해보세요.

It was challenging at first, / but later I felt rewarded **because I could join staff meetings.**
▶ 그 일이 보람 있었던 이유를 바꿔 말해보세요.

Since I've made a lot of efforts to learn about this field, / I'm sure I'm well prepared for this position.

097 인턴십 경험 3

인턴십에 참여한 경험이 있습니까?

1 작년에 학기가 거의 끝나고 여름 방학 동안 ABC 광고
회사에서 인턴으로 일할 기회가 있었습니다.

하는 일마다 상당한 도전이었습니다. 많은 마케팅 수업을
들었지만 이론과 실제는 다르니까요.

그러나 끝에는 자신감이 생겼고 마케팅 기획을 짜는 것에 대해
많이 배웠습니다.

TIP 어려운 점이 있었음을 솔직히 인정하면서 어떻게 극복했고 무엇을 얻었는지 설명하
면 긍정적인 인상을 줄 수 있습니다.

2 제가 인턴으로 했던 일은 광고 기획 팀의 직원들을 보조하는
것이었습니다.

저희 부서의 모든 직원들은 유명 신발 제조업체의 TV 광고를
준비하느라 바빴습니다.

작년에 마케팅 수업을 들었던 터라 그곳에서 일하는 게 정말
좋았습니다.

Have you ever participated in an internship program?

LONG TALKS

반복훈련 ☐ ☐ ☐

필요한 문장에
표시해보세요!

When the semester was almost done last year, / I got an internship chance for working at ABC Advertising / during summer vacation. ☐

All my duties were quite a challenge / because **theory is one thing, practice is another** / although I took a lot of classes related to marketing.
theory is one thing, practice is another 이론과 실제는 다르다

At the end, however, I got confidence / and learned a lot about producing marketing plans.

What I did as an intern was assisting staff / of the advertising planning team. ☐

All the people in the department were very busy preparing a TV commercial / for a well-known **shoe manufacturer**.
shoe manufacturer 신발 제조업체

As I had taken a marketing class last year, / I really enjoyed working there.

098 관련 실무 경력 1

이 업무와 관련된 실무 경험이 있다면 말해보세요.

경력을 통해 직무 능력 및 적응력을 판단하려는 실문입니다. 이력서의 경력을 설명하면 됩니다. 회사 입장에서는 업무 적응도가 빠른 사람을 선호하기 마련입니다. 관련 이력이 없더라도 지원한 직무를 잘 이해하고 있으며 빠른 적응력을 갖추었음을 어필하세요.

졸업 후에는 ABC 영어 학원에서 영어 강사로 1년 간 일했습니다.

GS 자동차 영업 부서에서 팀장으로 일을 했습니다.

제 역할은 부서 직원들에게 책무 및 업무 등을 할당하는 것이었습니다.

저는 대형 출판사에서 편집자 보조로 일을 했는데 주로 영어를 한국어로 번역하는 일을 했습니다.

제 직무 중 하나는 고객을 위한 포괄적인 마케팅 전략을 세워주는 것이었습니다.

Tell us about your relevant work experience.

반복훈련 ☐ ☐ ☐

필요한 문장에
표시해보세요!

After graduation, / I worked at ABC English Institute / as an English instructor for a year. ☐

I worked as team manager in **the sales department** / at **GS Motors**. ☐

▶ 부서명과 회사명을 바꿔서 말해보세요.

I performed such functions as **allocating** responsibilities / and jobs **to** members of the division. ☐

allocate A to B B에게 A를 할당하다

I worked as an assistant editor at a big publishing company / and my main job was to translate English into Korean. ☐

One of my responsibilities was / **producing comprehensive marketing plans / for our clients**. ☐

▶ 경력자 업무 내용: **offering speedy delivery service** 빠른 배송 서비스를 제공하다
developing high quality electronic goods 좋은 품질의 전자제품을 개발하다
designing excellent websites 훌륭한 웹사이트를 디자인하다
producing commercials to advertise products of our clients 고객의 제품 광고를 제작하다
providing various legal services with clients 고객에게 다양한 법률 서비스를 제공하다

099 관련 실무 경력 2

이 업무와 관련된 실무 경험이 있다면 말해보세요.

저는 업적 지향적이라서 많은 주요 거래처를 확보하는 일을 했습니다.

저는 주로 고객을 응대했습니다.

저는 일일 마감을 소화해냈으며 많은 업무를 조정했습니다.

마케팅 부서의 팀을 관리하는 업무를 담당했습니다.

저는 회의 기획, 박람회 준비, 이벤트 행사 예약 등을 담당했습니다.

Tell us about your relevant work experience.

반복훈련 ☐ ☐ ☐

필요한 문장에
표시해보세요!

I have a result-oriented attitude, so I secured a lot of major accounts. ☐

I usually **attended** / **to** customers. ☐
attend to ~을 응대하다

I handled daily deadlines / and balanced a multitude of tasks. ☐

I **was in charge of supervising** a team / in the marketing department. ☐
be in charge of -ing ~을 담당하다

My responsibilities included / **planning meetings, organizing trade shows, and booking entertainment**. ☐

▶ **doing a year-end audit of our financial records** 재무 기록에 대한 연말 회계 감사
deciding on accounting procedures 회계 절차 결정
billing and accounting 청구서 작성과 회계 업무
supervising assembly lines 조립라인 감독
overseeing inventory 재고 관리
ordering food, equipment or supplies 음식, 장비 및 용품 주문
maintaining the facility 시설 관리
monitoring the supply and demand of goods 제품의 수요 및 공급 모니터링

100 관련 실무 경력 3

이 업무와 관련된 실무 경험이 있다면 말해보세요.

❶ 졸업 직후 엄청난 경쟁을 뚫고 마케팅부에서 계약직 직원으로 일할 기회를 잡았습니다.

전 마케팅 기법과 분석 능력에 대해 많은 것을 배웠습니다.

오로지 호기심과 직감을 믿고 감행한 일들이 지금은 아주 소중한 경험이 됐습니다.

---

❷ 대학에 재학 중일 때 교수님 밑에서 연구원으로 일하면서 연구 프로젝트를 도와드린 적이 있습니다.

연구 과정을 진행하고 자금 조달 제안서를 쓰는 일을 담당했습니다.

저에겐 환상적인 배움의 경험이었습니다.

Tell us about your relevant work experiences.

|LONG TALKS**|**

반복훈련 ☐ ☐ ☐

필요한 문장에
표시해보세요!

Right after graduation, / I got a chance to work as a contract employee / in the marketing department after **intense competition**. ☐

intense competition 치열한 경쟁

I learned a lot / concerning marketing techniques and analytical skills.

And much of what I **stumbled into** / by following my curiosity and intuition **turned out to be priceless** now.

stumbled into ～에 관여하게 되다 **turn out to be priceless** 값진 것으로 드러나다

While I was still being a student, / I assisted a professor for a research project as a researcher. ☐

I was in charge of directing the research process / and writing funding proposals.

It was a fantastic learning experience / for me.

101 해외 근무 의지 1

지금 만약 해외로 나갈 기회가 생긴다면 어느 나라를 더 가고 싶습니까?

역시 가고 싶은 나라를 통해 지원자의 성향을 파악하려는 질문입니다. 가고 싶은 곳의 이름과 이유를 언급하세요. 지원하는 회사나 직무와 관련하여 말하면 배움의 기회로 삼고자 하는 모습을 어필할 수 있습니다.

지금 만약 해외에 나갈 기회가 생긴다면 영국 런던에 꼭 가보고 싶습니다.

TIP 질문의 문장을 이용해서 답할 수 있어요.

저는 패션과 디자인에 관심이 많아서 프랑스에 가고 싶습니다.

이 회사의 해외 지사가 많기 때문에 프랑스를 가보고 싶습니다.

미국 플로리다에 있는 케네디 우주센터에 방문하고 싶습니다.

전 IT 기술에 관심이 많아서 캘리포니아의 첨단 기술 연구 지역인 실리콘 밸리의 애플 사를 방문하고 싶습니다.

If you have a chance to go abroad now, where would you prefer to go?

■ SHORT TALKS ■

반복훈련 ☐ ☐ ☐

필요한 문장에
표시해보세요!

If I had a chance to go abroad now, / I'd love to go to **London, England**.

▶ 방문하고 싶은 나라와 도시를 바꿔보세요.

☐

I would like to go to France / **because I'm very interested in fashion and design.**

▶ 방문하고 싶은 이유: **because I want to see a new landmark there**. 그곳의 새로운 랜드마크를 보고 싶어서요 **in order to see the famous Eiffel Tower in Paris**. 파리에서 유명한 에펠탑을 보기 위해서요

☐

Since there are many overseas branch offices of this company, / I would like to go to France.

☐

I'd like to visit / the John F. Kennedy Space Center in Florida.

☐

I'm interested in **IT technology**, / so I'd like to visit **Apple in Silicon Valley**, / **California's high-tech area**.

I'm interested in ..., so I'd like to visit ... ~에 관심이 있어서 ~을 방문하고 싶습니다.

▶ 지원하는 회사의 산업 및 특징과 관련 있는 장소로 바꿔 말해보세요.

☐

102 해외 근무 의지 2

지금 만약 해외로 나갈 기회가 생긴다면 어느 나라를 더 가고 싶습니까?

1 멕시코는 정말 재미있는 곳이라고 들어서 저는 멕시코에 가보고 싶습니다.

그곳의 문화와 전통은 아시아, 유럽, 아프리카에서 와서 그곳에 정착한 사람들로부터 영향을 받았죠.

TIP 가고자 하는 곳에 대해 설명을 덧붙이세요. 특히 가고 싶은 이유를 언급해야 합니다.

이제 남미 문화에 대한 제 취향을 재발견할 때인 것 같습니다.

2 IT에 관심이 많아서 캘리포니아의 첨단 기술 지역인 실리콘 벨리에 방문하고 싶습니다.

실리콘 밸리는 미국에서 가장 똑똑한 사람들이 일하기 때문에 새로운 기술의 온상으로 알려져 있습니다.

TIP 지원하는 직군과 관련이 있는 특징을 중심으로 설명할 수 있습니다. 패션으로 유명한 파리, 이탈리아, 쇼핑(유통) 및 무역으로 유명한 홍콩, 자동차는 미국 디트로이트 등이 있죠.

새로운 기술은 모두 실리콘 밸리에서 만들어진 것 같아서 그곳에 정말 가보고 싶습니다.

If you have a chance to go abroad now, where would you prefer to go?

필요한 문장에
표시해보세요!

I heard Mexico is a lot of fun, so I'm interested / in going to Mexico. ☐

Their culture and tradition were influenced by those / who settled there from Asia, Europe, and Africa.

I think **it is high time** / I rediscover my taste for South American culture.
it is high time (that/to) ~할 때이다

Since I'm interested in IT, / I'd like to visit the Silicon Valley, California's high-tech area. ☐

It is known as **the breeding ground** for new technology / because some of the smartest people in the U.S. work there.
the breeding ground 온상. 번식지

I think all new approaches are children of the Silicon Valley, / so I'd really like to visit there.

103 지원 동기 1

왜 우리 회사에 지원하고자 합니까?

지원자가 이 면접과 지원한 직책을 얼마나 절실히 원하고 있는지를 보기 위한 질문입니다. 이 질문에 제대로 답하려면 지원 회사에 대해 미리 조사하고 면접에 임해야 합니다.

저는 어느 누구보다 기획력과 추진력이 있는 자격을 갖춘 사람이며 귀사는 제가 찾던 바로 그 회사입니다.

저에겐 참신한 아이디어가 있고 귀사는 그것을 구체화시킬 자금과 힘이 있으니 함께 성장하리라 확신합니다.

우수 고객 서비스에 책임을 다하는 것에 감동을 받았습니다.

저는 회사의 비전에 가장 끌리며 제가 그 비전에 기여하고 싶습니다.

귀사에 대해 알아보면서 근무 환경 때문에 이 회사에 바로 마음이 끌렸습니다.

인상적인 오프닝 멘트로 활용해보세요!
• 무엇을 원하는지 모르면 아무것도 찾을 수 없겠죠. 저는 제가 원하는 걸 알아요.

Why are you applying to this company?

필요한 문장에
표시해보세요!

I am the better qualified person / with initiative and drive than any others / and you are the right company / what I was looking for. ☐

I have fresh ideas / and you have the money and power to make it concrete, / so I'm sure we can grow together. ☐

I was impressed / with your commitment to excellent customer service. ☐

I am most attracted to the company's vision / and I want to contribute to it. ☐

While researching this company, / I **was** immediately **struck by** this company / for its work environment. ☐
be struck by ~에 마음이 끌리다

· You can't find something when you don't know what you're looking for and I know what I want.

104 지원 동기 2

왜 우리 회사에 지원하고자 합니까?

제가 귀사에 지원하는 주된 이유는 무선통신 기술에 관심을
가져왔기 때문입니다.

저는 귀사가 환경 보존에 관심이 많다는 점이 정말 좋습니다.

귀사는 수년간 전자업계에서 선두주자로 세계적인 명성을
가지고 있기 때문에 결국 귀사에서 일하는 것이 오랜
목표였습니다.

전 정말 귀사의 철학과 상품 개발에 대한 전반적인 접근
방식을 높이 평가하고 있기 때문에 귀사의 일원이 되고
싶습니다.

저는 귀사가 세계 최고 수준의 첨단기술 제품을 개발하고
도입하는 데 전념하고 있다는 점이 마음에 듭니다.

Why are you applying to this company?

반복훈련 ☐ ☐ ☐

필요한 문장에
표시해보세요!

The main reason I'm applying to your company   ☐
is / that I've been interested in / **wireless
communication technology**.
▶ 업종에 따라 적절한 표현을 넣어 말해보세요.

I like the fact / that your company is very concerned /   ☐
about preserving the environment.

Since your company has been world-renowned / as a   ☐
leader in **the electronics industry** for many years, / it has
long been my goal to end up working for you.
▶ 산업 분야를 바꿔 말해보세요.

I really admire the company philosophy / and its general   ☐
approach to product development, / so I want to be a part
of it all.

I'm attracted to the fact / that your company has dedicated ☐
itself / to developing and introducing world class high
technology products.

105 지원 동기 3

왜 우리 회사에 지원하고자 합니까?

저는 자기 발전과 세계관을 넓힐 수 있는 좋은 여건을
제공하는 직장을 얻고 싶습니다.

이 일이야말로 제가 정말로 늘 하고 싶어하는 일이라는 것을
깨달았고 지금 이 자리까지 올 수 있게 되어 매우 기쁩니다.

이 분야에 대한 제 경험과 애착을 통해 제 열정이 분명해졌기
때문에 이 회사에 지원하고자 합니다.

저는 귀사가 윤리경영에 무척 관심을 많이 가지고 있다는 점이
좋습니다.

지난 2년간 귀사의 발전에 관심을 가져왔고, 귀사의 성과에
깊은 인상을 받았습니다.

Why are you applying to this company?

반복훈련 ☐ ☐ ☐

필요한 문장에
표시해보세요!

I'd like to get a job / where I can get a good
opportunity / to develop myself and broaden
my view of the world. ☐

I realized this is really the job / I've always wanted to do, /
and it's just a great feeling / I could come so far. ☐

I'm applying to your company / **because my passion
manifested itself / through my experiences and my
love for this field.** ☐

▶ **because your company is one of the best in this industry**
귀사가 이 업계 최고 기업이기 때문에

I like the fact / that your company is very concerned /
about **ethical management.** ☐

▶ **eco-friendly products** 친환경 상품

I've been following the progress of your company for the
last couple of years / and I've been very impressed by your
record. ☐

106 지원 동기 4

저희 회사의 어떤 점 때문에 관심을 갖게 됐습니까?

지원 동기 및 회사에 대한 관심도를 판단하고자 하는 질문입니다. 지원 동기와 연결해 회사의 긍정적인 면, 인상 깊은 점 등을 설명하세요.

큰 직원 휴게실을 포함한 회사 시설들이 매우 인상적이었습니다.

많은 복지 혜택이 귀사를 더욱 빛나게 합니다.

귀사에서는 특정 상황을 제외하고는 대부분의 직원들이 초과 근무 수당을 받습니다.

귀사는 직원들이 근로 환경에 만족하게끔 노력해왔습니다.

모든 직원들이 정시에 퇴근합니다.

What interests you about our company?

필요한 문장에
표시해보세요!

Company facilities including the large employee lounge were very impressive. ☐

A generous benefits package is / frosting on the cake at this firm. ☐

In the company, / except for certain circumstances, / most employees are entitled to overtime pay. ☐

Your company has tried to keep employees / satisfied with their working conditions. ☐

All employees leave the office / at the regular time. ☐

107 지원 동기 5

왜 우리 회사에 지원하고자 합니까?

❶ 한때는 미국을 황금 기회의 땅으로 여겼는데 지금은 중국을
기회의 땅이라고 생각합니다.

귀사는 중국으로 시장을 확장시켜나가고 있는데 저는 그것에
무척 관심이 많습니다.

제가 가진 중국어 실력을 발휘하고 중국 문화에 대한 지식을
사용할 수 있는 기회를 귀사가 제공할 것이라고 믿습니다.

❷ 이 분야에 대한 저의 지식과 비전을 가지고 일할 수 있는 좀 더
도전적인 일자리를 원합니다.

귀사가 성장력 있는 큰 잠재력을 지니고 있다고 알고
있습니다.

따라서 새로운 분야로 진출하는 귀사에 기여하고 싶습니다.

이런 표현도! 저는 자기발전과 세계관을 넓힐 수 있는 좋은 여건을 귀사가 제공할 것이라고
믿습니다.

Why are you applying to this company?

필요한 문장에
표시해보세요!

Once we believed United States was a land of golden opportunity, / but now China is considered as a land of opportunity. ☐

Your company is expanding its market into China, / which I'm very interested in.

I believe / you will give me a good opportunity / to use my Chinese language ability and knowledge of Chinese culture.

I want more **challengeable work** / with my vision and knowledge of this area. ☐
challengeable work 도전적인 일자리

I heard / that your company has a large potential for growth.

So I'd like to contribute to opening up the new field / in this company.

I believe your company will give me a good opportunity to develop myself and broaden my view of the world.

108 지원 동기 6

왜 우리 회사에 지원하고자 합니까?

① 다섯 살 때 저는 실험실의 엔지니어인 척하곤 했어요. 어렸을 때는 곧잘 그러잖아요.

저는 주변에 있는 기계는 무엇이든 분해했다 다시 조립했어요. 라디오, 스테레오 같은 것들이요.

그런데 성인이 되어 그런 일들이 실제로 벌어진 거예요. 제가 엔지니어 자리를 위해 여기 있으니 꿈을 이룬 셈입니다.

② 귀사가 차세대 성장 동력으로 삼고 있는 주안점은 '에너지 사업'입니다.

저는 그 분야에 관심이 무척 많아서 이 분야의 지식을 향상시키려고 노력했습니다.

따라서 이 분야로의 사업 확장 계획에 제가 도움이 될 수 있을 것이라 확신합니다.

Why are you applying to this company?

반복훈련 ☐ ☐ ☐

필요한 문장에
표시해보세요!

When I was 5 years old, / I'd pretend that I was an engineer in a lab; / as a kid you do those things. ☐

I took any machine apart and put it together again; / a radio, stereos, and so on.

Now I'm an adult and finally they happen: / Here I'm for the engineer position, / so I'm **living out a dream** to some extent.

live out something ~을 실행하다

The essential point / that your company regards as the next generation growth engine is "**energy industry**." ☐

▶ 업종을 바꿔서 말해보세요.

Since I've been really interested in the field, / I've tried to enhance my knowledge of it.

So, I believe I can contribute to your plans for expanding its market into the field.

109 회사 정보 1

저희 회사에 대해 무엇을 알고 있나요?

지원 회사의 연혁, 성장 배경, CEO 이름, 매출 및 규모, 주요 상품과 시장에 대한 정보를 미리 알아둬야 합니다. 이러한 기본 정보를 알고 있어야 지원 회사에서 원하는 인재상에 맞춰 다른 답변도 준비할 수 있습니다.

이 회사는 1970년 서울에서 가족이 운영하는 회사로 출발했습니다.

ABC 사와 저는 많은 공통점을 공유하고 있습니다. 바로 일류를 향해 노력해왔다는 점이 가장 돋보이죠.

지난 10년간 이 회사의 주식은 3배가 올랐습니다.

TIP 회사의 긍정적인 성과에 대해 언급하면 좋아요.

지난 10년 동안 〈스타일지〉는 잡지 그 이상이었습니다. 우아함과 세련됨을 표상하는 등불이었습니다.

ABC 사는 20년간 작은 지역 기업에서 한국에서 가장 큰 기업의 하나로 탈바꿈했습니다.

What do you know about this company?

필요한 문장에
표시해보세요!

The company was started / as a family run business / in
Seoul in 1970. ☐

ABC Company and I share many things in
common: / the chief among them, /
a commitment to excellence. ☐

▶ 회사 이름을 바꿔서 말해보세요.
a commitment to excellence 일류를 향한 노력

The stock price of this company has gone up 3 times / over
the last 10 years. ☐

➊ 긍정적인 성과에 대해 말할 때, **The company moved ahead of its rivals in first quarter
earnings.** 회사는 1사분기 수익에서 경쟁사들을 앞섰습니다.

For 10 years, **Style Magazine** has been more than a
magazine; / it has been a **beacon** of elegance and grace. ☐

beacon 등불, 불빛

Over 2 decades, **ABC Company** has transformed itself from
a small local company / to one of the biggest companies
in the country. ☐

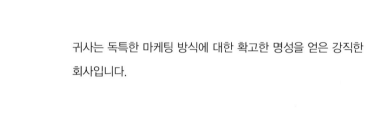

110 회사 정보 2

저희 회사에 대해 무엇을 알고 있나요?

귀사는 독특한 마케팅 방식에 대한 확고한 명성을 얻은 강직한 회사입니다.

귀사는 지난해 코스닥에 상장되었으며 현재 한국에서 5개의 지점을 가지고 있습니다.

작년 귀사의 총 거래액은 10억 달러였습니다.

귀사는 15개 이상의 제품을 제조하며 지난 10년간 급속도로 성장해온 회사라 들었습니다.

귀사는 경영 다각화 노력이 성과를 거두기 시작하여 수익이 급속히 증가하고 있습니다.

What do you know about this company?

필요한 문장에
표시해보세요!

This is an **upstanding** organization / that has gained a solid reputation / for its unique marketing approaches. ☐

upstanding 강직한, 정직한

Your company was listed on KOSDAQ last year / and currently you have 5 branches / in the country. ☐

The company had **an aggregate turnover** / of $1 billion last year. ☐

an aggregate turnover 총 거래액

I heard that you have manufactured over 15 different products / and you have rapidly grown up / over the past 10 years. ☐

➓ **I heard that you have the prospect of going with …** ~와 제휴할 전망이라고 들었습니다.
I admire this company for … 전 ~때문에 귀사를 높이 평가합니다.

The company is increasing its earnings rapidly / with diversification efforts beginning to **pay off**. ☐

pay off 성공하다, 성과를 올리다

111 회사 정보 3

저희 회사에 대해 무엇을 알고 있나요?

HAN은 한국 내 모든 유통 채널을 통해 HAN-pad를 판매하고 있다고 들었습니다.

귀사는 HAN-pad라는 제품을 가지고 있습니다. 세계 최고의 노트북이죠.

귀사의 상품은 세계 최고이며 큰 수익을 거둔 가장 인기 있는 제품이 되었습니다.

60억 달러 이상의 판매를 기록함으로써 올해 상품 판매 실적은 정말 대단했습니다.

현재 귀사는 온라인상에서 제품을 판매하고 있습니다. 이렇게 팔린 제품을 모두 합산해보면 귀사는 다섯 번째로 큰 유통 업체입니다.

What do you know about this company?

필요한 문장에
표시해보세요!

I heard that HAN is selling a HAN-pad / through all **distribution channels** in Korea.   ☐

distribution channels 유통 채널

You've got the HAN-pad, / the best notebook in the world.   ☐

➕ **Also you have the HAN-pad 6, a brand new model.** 새 모델인 HAN-pad 6도 있습니다.

The product has become the world's best / and the most popular one **by a large margin**.   ☐

by a large margin 큰 수익을 거둔

The product sales were really up this year / growing by over 6 billion dollars.   ☐

➕ **You had doubled it last year.** 지난해에는 매출이 두 배로 늘어났습니다.

Now you sell your products online, / and if you add up all the products that were sold, / you are the fifth-largest **reseller**   ☐

reseller 유통업체

112 회사 정보 4

저희 회사에 대해 무엇을 알고 있나요?

1 제가 알기로 귀사는 1930년 가족이 운영하는 회사로 부산에서 시작했습니다.

최근 공격적인 광고로 제품에 대한 고객의 인지도가 높아져서 이 회사의 제품들이 미국의 대형 슈퍼마켓에 납품되고 있습니다.

이제 "좋은 기업에서 위대한 기업으로" 넘어갈 시기입니다. 장기적인 성장을 유지는 데 목표를 두고 성장에 도움이 될 지속적인 기업 문화를 만들어야 합니다.

2 ABC 사는 20년간 한국 최대 규모의 전자제품 제조사 중 하나가 되었습니다.

현재 ABC 사는 전국에 30개 지점을 가지고 있습니다.

내수 시장의 실적 분석을 바탕으로 볼 때 해외 경쟁사들에 대한 도전이 필요한 때입니다.

What do you know about this company?

반복훈련 ☐ ☐ ☐

필요한 문장에
표시해보세요!

To my knowledge, / this company was started / as a family run business in Busan in 1930. ☐

Recently, **aggressive advertising campaigns** have increased customers' **awareness** of your products, / so its products are being exported to the American wholesale market.

aggressive advertising campaigns 공격적인 광고 행사 **awareness** 인지도

It is time for "good to great"; to target for sustained long-term growth and build a lasting corporate culture to support the growth.

Over 2 decades, / ABC Company has become one of the biggest electronic manufacturers in Korea. ☐

Currently ABC Company has 30 branches / throughout the country.

From the analysis of your performance **in the domestic market**, / it is time for you to challenge your competitors abroad.

in the domestic market 내수 시장에서

답변에 정답은 없어도 정석은 있다

1 지원하는 직무에 대해서만큼은 척척박사가 되라

지원자가 졸업을 앞둔 학생이든, 경력자이든 마찬가지입니다. 이전에 종사하던 직무를 바꿔서 지원하는 경우도 있을 것이고 전공과 관련이 없는 직무를 택하려는 졸업자도 있을 것입니다. 영어 면접에서만큼은 이런 것들이 걸림돌이라기보다 잘 활용할 수 있는 재료입니다. 지원하는 직무에 대해 영어로 완벽하게 설명할 수 있다면 그것으로 충분합니다. 오히려 좋은 점수를 얻을 수 있습니다. 직무의 특성, 업무 내용, 매력적인 이유, 앞으로 어떻게 일을 할지에 대한 전략 등을 철저히 정리해 영어로 익혀두세요.

2 결론이 확 드러나는 답변을 하라

많은 것을 말했는데 기억이 안 나는 답변은 좋은 답변이 아닙니다. 결론이 없는 말로 들리는 것을 경계해야 합니다. 그래서 영어는 두괄식 답변이 좋습니다. 결론을 먼저 말하면 가장 먼저 각인되고 뒤이어 설명을 장황하게 했다 하더라도 면접관이 결론만은 확실히 기억할 테니까요. 우리말은 끝까지 들어봐야 결론을 알 수 있다고 하죠. 말하는 습관이 하루 이틀 만에 바뀌는 건 아니니 반드시 두괄식으로 말해야 한다는 부담감을 갖기보다는 결론을 부각시키고 답변을 마무리하는 방식을 취해도 좋습니다.

3 분석하다 시간을 보내지 말고 실천적이고 구체적인 제안을 하라

이 문제는 어떻고 왜 이렇게 된 것이고 열심히 분석하면 똑똑하고 학구적으로 보입니다. 소위 요즘 말하는 '뇌가 섹시해' 보이는 답변이 될 수 있겠죠. 그러나 이 자리에서 보다 중요한 것은 지원자가 빠른 판단을 내리고 바로바로 조치를 취할 수 있는 행동형 인간임을 보여주는 것입니다. 물론 질문의 의도와 직종에 따라 냉철하고 정확한 분석력이 필요한 답변이 있습니다. 그런 정도는 지원자의 판단에 따라 답변을 하면 되겠죠?

5

업무 적성 파악 질문

업무 적성을 파악하는 질문입니다. 어떤 일을 했고, 어떤 일이 어렵고, 어떤 점을 배웠는지 등을 포함해, 동료와의 관계가 어땠는지, 상사와 문제는 없었는지 등 대인관계에 대해 묻는 질문도 나옵니다. 과거에 어려웠던 점을 어떻게 헤쳐나갔는지 문제해결 능력을 묻는 질문도 단골 질문입니다.

국내 기업

면접 종류: 영어 면접

장소: 본사 면접장

참가자: 면접관과 면접자, 다수의 면접자일 수도 있다.

질문의 의도 및 대응 전략: 학력 배경 관련 질문과 마찬가지로 이 부분까지 넘어왔다면 상당히 심층적인 영어 면접이다. 역시 자신의 진면목뿐 아니라 지원한 회사에 대한 관심과 이유에 대해 설명할 좋은 기회가 주어진다. 영어로 이런 내용까지 제대로 설명해낸다면 상당한 실력을 인정받고 깊은 인상을 남길 수 있다.

외국 기업

면접 종류: 2차 면접 이상

장소: 한국 지사 면접장 또는 1차 면접 이상일 경우 현지일 수 있음

참가자: 면접관과 면접자, 다수의 면접자일 수도 있다.

질문의 의도 및 대응 전략: 직무 능력에 대해 아주 구체적인 내용을 묻는 것이다. 직무 관련 질문은 1차 면접 이상에서 나온다고 할 수 있다. 따라서 질문별로 내 자신에 대해 무엇을 어떻게 보여줄 것인지, 내 전문가다운 실력을 어떻게 드러내야 하는지에 대해 진지하게 고민하고 준비해두어야 한다. 기본 질문, 개인 성향에 대한 질문, 학력 배경 질문을 생략하고 바로 이런 업무 관련성을 알아보기 위한 질문을 할 수도 있다. 어떤 면접이든 이런 질문들이 핵심이라고 할 수 있다.

Vocational Ability

113 작업 스타일 1

다른 사람과 같이 일하는 것을 좋아합니까, 혼자 일하는 것을 좋아합니까?

조직 내에서 대인 관계를 원만히 이루고 지낼 수 있고 갈등을 일으킬 소지가 없는지 파악하고자 하는 질문입니다. 회사는 조직이므로 당연히 조화를 중시하는 사람을 선호한다는 것을 명심하세요.

저는 다른 사람들과 함께 일하는 것을 더 좋아하며 적응을 잘합니다.

프로젝트가 무엇이냐에 따라 다르겠지만, 좋은 사람들과 일하면서 서로 돕는 것이 중요하다고 생각합니다.

저는 사람들이 협동하면 어려운 일을 거뜬히 해낼 수 있고 매우 놀라운 일을 할 수 있다고 생각합니다.

"백지장도 맞들면 낫다"는 옛말처럼, 저는 함께 일할 때 일을 가장 잘합니다.

이전 회사에서 가족 같은 분위기에서 일을 했기 때문에 동료와의 불필요한 대립이 거의 없었습니다.

Do you prefer working with others or by yourself?

❚ SHORT TALKS ❚

반복훈련 ☐ ☐ ☐

필요한 문장에
표시해보세요!

I prefer working with other people / and adapt ☐
pretty well.

It depends on what the project is, / but I think it is valuable ☐
to work with good people / and help each other.

I believe when people work together, / they can overcome ☐
difficulties easily / and do amazing things.

I do best when I work together, / like the saying / "Two ☐
heads are better than one."

At my previous company, / there were very few ☐
unnecessary conflicts / between co-workers since our
team was like a family.

114 작업 스타일 2

다른 사람과 같이 일하는 것을 좋아합니까, 혼자 일하는 것을 좋아합니까?

① 제 직업의 특성상 저는 혼자 일하는 것이 더 효율적입니다.

그렇지만 프로젝트 작업을 할 때에는 부서간에 의견 교환을 잘하는 것이 중요하다고 생각합니다.

일의 흐름을 유지하고 다른 사람의 도움을 시의 적절하게 받는 것이 중요하다고 생각됩니다.

② 함께 일하는 것을 즐기는 것이 팀으로서 일할 때 중요하다고 생각합니다.

그래서 저는 열정적이고 헌신적인 팀원들과 함께 일하는 것을 좋아합니다.

저는 다른 팀원들과 유쾌한 분위기에서 일할 때 능률이 잘 오릅니다.

Do you prefer working with others or by yourself?

❚ LONG TALKS ❚

반복훈련 ☐ ☐ ☐

필요한 문장에
표시해보세요!

I'm efficient when working alone / due to the characteristics of this job.　☐

But I believe that when working on a project, / **it is important to communicate between** departments well.
it is important to communicate between ... ~사이에 의사소통을 하는 것이 중요하다

I think it is important to get into a flow of the work / and also get help from others in a timely manner.
in a timely manner 시의 적절하게

I believe that it is essential to enjoy working together / when I work with others as a team.　☐

So I like working / with **enthusiastic and committed** team members.
enthusiastic and committed 열정적이고 헌신적인

I'm very efficient / when I'm working with team members in a pleasant environment.
I'm very efficient when ... ~할 때 능률이 잘 오른다

115
대인관계 및 팀워크 관련 경험

다른 사람과 함께 일해서 좋은 결과를 얻은 경험에 대해 말해주세요.

① 이전 회사에서 저희 하드웨어 팀은 ISB 프로세서를 장착한 새로운 상품의 생산을 위해 매달 작업에 박차를 가했습니다.

ISB 팀의 새 동료들의 도움이 있었기 때문에 불과 일곱 달 만에 이 작업을 끝마쳤습니다.

훌륭한 팀워크 덕분에 저희는 매우 성공적인 한 해를 보냈습니다.

② 대량 해고 후에 우리 팀은 안정화와 개선이 필요했기 때문에 함께 팀원들이 힘을 합쳐야 했습니다.

우리는 새 프로젝트를 기획하고 그것을 실행에 옮기기 시작했습니다.

우리는 그것을 이루기 위해 열심히 노력했고 괄목할 만한 성과를 냈습니다.

Tell me about the experience that you worked with others and had a great result.

반복훈련 ☐ ☐ ☐

필요한 문장에
표시해보세요!

At the previous company, / our hardware team got to **crank out** new products with ISB processers every month. ☐

crank out 빠르게 만들어내다

We completed this transition in just 7 months / because of the help of our new colleagues at the ISB team.

Thanks to the great teamwork, / we had an extremely successful year.

Our team members had to come together / because our team needed to be stabilized / and turned around after **a large layoff**. ☐

a large layoff 대량 해고

We planed a new project / and then started to **execute** it.

execute 실행에 옮기다

We worked very hard to succeed in that / and we **made out remarkable success**.

make out remarkable success 괄목할 만한 성과를 이루다

116 대인관계 1

이전 직장 동료와의 관계가 어땠는지 얘기해주세요.

대인관계를 원만히 유지할 수 있는지를 보려는 질문입니다. 과거에 문제가 있었다 하더라도 부정적인 내용은 피하세요. 원만히 관계를 유지했고 조화를 이룰 수 있는 조직원임을 강조하세요.

그 회사는 가족적인 분위기였습니다.

저는 대인관계 능력이 아주 좋은데, 그런 면이 팀워크에 유리하게 작용했다고 생각합니다.

사교적으로 다른 사람들과 좋은 대인관계를 유지하는 것이 중요하다고 생각해서 저는 동료들과 일주일에 한두 번 술을 마시러 가곤 했습니다.

동료들과 저는 이전 회사에서 아마추어 야구팀에 소속되어 있어서 그 활동으로 인해 관계가 돈독했습니다.

많은 다른 사람들과 일했었는데 성공적인 사람들, 건전한 사람들, 부정적인 사람들도 있었죠. 그렇지만 잘 보면 부정적인 사람들에게도 좋은 면이 있다는 걸 알게 되죠.

Describe your relationship with your co-workers at the previous company.

┃ SHORT TALKS **┃**

반복훈련 ☐ ☐ ☐

필요한 문장에
표시해보세요!

The company had / a homelike atmosphere. ☐

➕ 동료와 했던 일을 덧붙여보세요!
After work, I got together with my co-workers. 퇴근 후 직장 동료들과 모임을 가졌습니다.
I often had a pleasant drink with my co-workers. 자주 직장 동료들과 함께 즐거운 술자리를
가졌습니다.

I have good interpersonal skills, / which I believe ☐
were effective in teamwork.

I think it is important to socialize and maintain a good ☐
interpersonal relationship with others, / so I used to go for
a drink with co-workers / one or two times a week.

My colleagues and I belonged to the amateur baseball ☐
team of the previous company, / so we were strongly
linked by the activities.

➕ '돈독한 관계를 만들다'라는 의미의 다른 표현 **build a solid relationship**

There were many different people working with me, / such ☐
as successful, healthy, and negative people, / but if you look
hard enough, / you can always find the bright side even in
the negative people.

117 대인관계 2

이전 직장 상사와의 관계가 어땠는지 얘기해주세요.

상사나 회사에 대해 감정이 실린 험담을 하는 것은 좋지 않은 인상을 주니 삼가야 합니다. 되도록 좋은 관계임을 알리는 것이 좋습니다. 관계에 문제가 있었다면 그게 무엇이었고 개선을 위해 노력했음을 보여 줘야 합니다.

부서 직원들 모두 저희 상사를 절대적으로 신뢰했기 때문에 그분과 전혀 문제가 없었습니다.

저희 상사는 마치 직장인 조련사 같았는데 사소한 모든 결정까지도 자세히 설명해주셨습니다.

TIP 간단히 좋은 분이었다고 말하기보다 간단하지만 구체적인 예를 들어주면 좋습니다.

저희 상사는 자신이 모범이 되어 앞장서서 이끄셨던 분인데, 그런 점 때문에 그분을 존경했습니다.

제가 처음 일을 시작했을 때는 상사를 좀 어렵게 생각했지만 그분을 많이 존경했습니다.

함께 일했던 팀원들에게 저희 상사는 안전망 혹은 업무 지도자처럼 생각되었습니다.

Describe your relationship with your boss at the previous company.

반복훈련 ☐ ☐ ☐

필요한 문장에
표시해보세요!

Because all the team members trusted our boss implicitly, / we didn't have any trouble with him. ☐

The boss seemed like an office worker trainer, / who always explained every detail of decision-making. ☐

My boss tried to be a good example by leading from the front, / and I admired him for that reason. ☐

When I first began to work there, / I felt a bit distant from my boss, / but I respected him a lot. ☐

✪ **I think I could learn a lot from my superiors and I was uplifted by what they said.**
직장 상사들에게 많은 걸 배울 수 있었고 상사들이 해준 말에 사기가 올라갔다고 생각합니다.

My boss was believed / to be the safety net or the minder of our job performances for the team members / that worked at the company. ☐

118 대인관계 3

이전 직장 상사와의 관계가 어땠는지 얘기해주세요.

1 김 부장님은 이전 회사에서 제 상사였는데 멋진 사람이라는 생각이 듭니다.

그분은 회사가 국제 감각을 키우는 데 크게 일조하였으며 특히 높은 시장 잠재력을 지닌 회사의 중요한 시장인 아시아에 대한 경험을 선사했습니다.

그분은 회사가 위기에 처했을 때 결정적인 리더십을 발휘하는 모습을 보여줘 저의 영웅이었습니다.

2 제 전 상사는 저에게 정신적 지주 같은 분이셨고 많이 존경했던 분입니다.

그분께서는 제가 쉽게 일을 배울 수 있도록 차근차근 가르쳐주셨습니다.

한번 스승은 영원한 스승이므로 지금도 계속 연락하며 조언을 받고 있습니다.

Describe your relationship with your boss at the previous company.

LONG TALKS

반복훈련 ☐ ☐ ☐

필요한 문장에
표시해보세요!

Mr. Kim was my boss at the previous company / and I think
he was terrific. ☐

He brought a tremendous international experience to
the company, / in particular in Asia, / which was a very
important high growth market for the company.

He was my hero / because he **provided a great amount of
leadership** / during the very critical time for the company.
provide a great amount of leadership 결정적인 리더십을 발휘하다

My ex-boss was my mentor / and I respected him a lot. ☐

He helped me to learn my work easily / by explaining
things step by step.

Once a mentor, always a mentor, so I still **keep in touch
with** him / and sometimes seek his advice.
keep in touch with ～와 연락을 유지하다

119

이직 이유 1

이전 직장을 그만 둔 이유는 무엇입니까?

면접은 새로운 시작입니다. 취지에 맞춰 새로운 도전, 발전된 모습을 위한 것임을 어필하는 것이 좋습니다. 지원 동기와 연결해 긍정적인 인상을 줄 수 있도록 일에 대한 열정과 기다려온 타이밍을 강조해주세요.

마케팅 분야에서 일하고 싶어서 이전 직장을 떠나게 되었습니다.

마케팅에 관심이 있어서 새로운 도전을 시도하려고 합니다.

대학 때 마케팅이 전공이었기 때문에 항상 영업 분야에서 일하고 싶었습니다.

회사 사정이 어려워 많은 직원들이 한꺼번에 해직되었습니다.

지난 직장에서는 컴퓨터 프로그래밍을 했었지만 제가 사람들과 일하는 것을 즐겨 영업에 소질이 있다는 것을 알게 되었습니다.

Why did you leave your last job?

반복훈련 ☐ ☐ ☐

필요한 문장에
표시해보세요!

I left my previous place to start working / in the **marketing industry**. ☐

⊕ **I believe that to succeed, I have to step out of my comfort zone and take on a challenge.** 성공하기 위해서는 자신이 익숙한 영역에서 벗어나 도전해야 한다고 믿습니다.

I look at this as a new challenge / because I am very interested in **marketing**. ☐

▶ 지원하려는 분야를 넣어 말해보세요.

I always wanted to work in a sales department / because marketing was my major in college. ☐

Because the company wasn't doing well, / many employees were laid off all at once. ☐

I used to work in computer programming, / but I realized that I enjoy working with people / and I am also good at sales. ☐

120 이직 이유 2

이전 직장을 그만 둔 이유는 무엇입니까?

제게 맞지 않는 일이었어요. 그래서 이직하기로 결정했습니다.

저는 항상 이 산업에 관심이 있었고 더 늦기 전에 뭔가 해야 할 때라는 걸 깨달았습니다.

일을 그만두는 것은 힘든 결정이었지만 이전 회사는 오로지 수익률에만 신경을 썼어요.

회사 사정이 좋지 않아 월급이 제때 나오지 않았고 몇몇 직원들이 조기 퇴직을 권고받는 상황이었습니다.

저는 커피를 사오고 심부름을 했는데 진짜 비서의 일을 하고 싶었습니다.

Why did you leave your last job?

반복훈련 ☐ ☐ ☐

필요한 문장에
표시해보세요!

I didn't really fit in the job, / so I decided to make a career change. ☐

I've always been interested in this industry / and I realized / it's time to do something / before it's too late. ☐

It was a tough call to quit the job, / but the previous company only cared about profit ratios. ☐

I hadn't been getting paid on time / and some employees were asked to accept early retirement / because the company wasn't doing well. ☐

➕ **So I wanted a steady job.** 그래서 안정적인 직장을 원했습니다.

I got coffee and I ran errands, / but I wanted to work a real secretary's job. ☐

➕ **such as being in charge of my boss's schedule, appointments, and expense**
상사의 일정, 약속, 경비를 다루는 것과 같은

121 이직 이유 3

이전 직장을 그만둔 이유는 무엇입니까?

1 지난 회사에서 5년간 열심히 일을 해왔고 제가 하던 일에 익숙해졌습니다.

항상 자신을 발전시켜야 이 경쟁적인 시장 구조에서 살아 남을 수 있다고 생각합니다.

제 스스로 도전을 해보고 싶다는 생각이 들었고 그것이 이 직책에 지원하게 된 이유입니다.

2 잘못된 결정으로 인해 이전 회사가 곤경에 빠지게 되었습니다.

그곳에는 대단한 사람들이 많았는데 그들은 일을 그르치고 있었습니다. 왜냐하면 계획을 잘못 세웠기 때문입니다.

일에 대해 열정이 있고 헌신적인 사람으로서 그만둘 시기라고 그때 결단을 내렸습니다.

Why did you leave your last job?

반복훈련 ☐ ☐ ☐

필요한 문장에
표시해보세요!

I worked very hard for the last 5 years at my previous
workplace / and I got used to what I was doing. ☐

I believe that I need to improve myself constantly / to
survive this competitive market area.

I wanted a challenge for myself / and **that's why I'm
applying for** this position.
that's why I'm applying for 그것이 ~에 지원하게 된 이유이다

The previous company got into difficulties / because of the ☐
executives' wrong decisions.

There were a lot of great people there / but they were
doing some of the wrong things / because the plan has
been wrong.

As a passionate and committed person to the work, /
I decided to quit then.

122 이직 이유 4

이전 직장을 그만둔 이유는 무엇입니까?

1 저는 제가 정말 하고 싶은 것을 더 이상 미루고 싶지 않았습니다.

지난 직장을 그만둔 후 석사 학위를 땄고 이제 한 걸음 더 나아가고 싶었습니다.

일에 대한 간절함과 그 목적의식이 제 삶을 정말로 바꿔놨고 새로운 일을 시작하기로 마음 먹었습니다.

2 저는 매일 스스로에게 이런 질문을 던졌습니다. "지금이 아니라면 그럼 언제 하지?"

도전하고 싶었고 무엇보다도 제가 진짜 원하는 일을 하고 싶어서 지원하게 된 것입니다.

기회를 모색하며 외국어 능력과 컴퓨터 프로그래밍 언어 능력도 향상시켜왔습니다.

Why did you leave your last job?

필요한 문장에
표시해보세요!

I no longer wanted to postpone / what I really wanted to do. ☐

I no longer wanted to postpone … ~을 더 이상 미루고 싶지 않았다

After leaving the previous company, / I successfully finished my master's course / and now **I would like to move on to the next step**.

I would like to move on to the next step. 한 걸음 더 나아가고 싶습니다.

My eagerness and purpose to my work had really changed my life / and I decided to start a new career.

This is the question / I asked myself every single day; / "If not now, then when?" ☐

I've wanted a challenge and most of all I've wanted to do / what I really want to do; / that's the reason for my application.

While looking for an opportunity, / I've improved foreign language ability and computer programming languages as well.

123 시간 외 근무 1 (적극 동의)

필요하다면 초과 근무나 주말 근무를 할 수 있습니까?

답변 내용이 입사에 영향을 미칠 수 있으므로 자신이 감당할 수 없는 조건이라면 솔직하게 답변하는 것이 좋습니다. 회사 사정에 따라 초과 근무나 주말 근무가 필요한 일임을 이해하는 자세를 먼저 보여주세요.

저는 야근이나 주말 근무에 이의가 없습니다.

집중력과 생산력을 해치지 않을 정도의 일이라면 기꺼이 하겠습니다.

필요하다면 저는 기꺼이 주말 근무를 하겠습니다.

이 직책은 필요한 경우 주말에도 근무할 수 있어야 한다는 것을 이미 알고 있습니다.

상황에 따라서요. 소비자의 수요나 마감일을 맞추기 위해 필요하다면 초과 근무를 하겠습니다.

TIP 무조건 회사 정책에 따른다는 식보다는 조건을 언급하는 것도 오히려 명확한 사람이라는 인상을 줄 수 있습니다.

Are you willing to work overtime or on weekends if required?

SHORT TALKS

반복훈련 ☐ ☐ ☐

필요한 문장에
표시해보세요!

I do not have any objection / to night work or weekend work. ☐

I would be happy to do it / as long as my concentration and productivity do not suffer. ☐

If it is required, / I am definitely willing to work weekends. ☐

I already know / the position requires employees to be available on weekends / if needed. ☐

It depends; / if it is necessary to meet consumer demands or deadlines, / I am willing to work overtime. ☐

124 시간 외 근무 2 (반대 의견)

필요하다면 초과 근무나 주말 근무를 할 수 있습니까?

회사 사정에 따라 초과 근무나 주말 근무가 필요한 일임을 이해하는 자세를 먼저 보여주세요. 초과 근무나 주말 근무를 할 수 없다면 솔직하게 답하되, 합당한 이유를 덧붙여 면접관의 공감을 이끌어내는 것이 중요합니다.

저는 주어진 시간에 효율적이고 생산적으로 일하고 싶습니다.

직원들은 초과 근무에 대해서 투덜대는 경우가 많아 대부분 비효율적이라고 생각합니다.

TIP 반박할 때는 정확한 이유를 덧붙여야 합니다.

충분히 쉬지 않고는 생산적으로 일하는 것이 어렵다고 생각합니다.

경비 관리의 측면에서 보자면, 꼭 필요한 초과 근무만 승인되어야 한다고 합니다.

오로지 상사에게 잘 보이기 위해서 초과 근무를 해야만 하는 건 스트레스일 뿐입니다.

Are you willing to work overtime or on weekends if required?

반복훈련 ☐ ☐ ☐

필요한 문장에
표시해보세요!

I would prefer to work / between designated times effectively and productively. ☐

I am sure that in many cases, / it is ineffective because employees **worry aloud** about overwork. ☐

worry aloud 불평하다. 투덜대다

I think / it's difficult to be productive at work / without **getting enough rest**. ☐

get enough rest 충분한 휴식을 취하다

When it comes to managing expenses, / only essential overtime should be approved. ☐

Having to work overtime just to try to please the boss / is stressful. ☐

125 시간 외 근무 3 (반대 의견)

필요하다면 초과 근무나 주말 근무를 할 수 있습니까?

주말에는 가급적 가족과 함께 보내고 싶습니다.

일 이외의 다른 것을 할 수 있는 단 이틀이 필요합니다.

주말에는 가족, 아이들과 함께 시간을 보내기 때문에 주말에

일하기는 쉽지 않겠습니다.

TIP 무작정 회사 정책에 반대하는 것이 아니라는 것을 보여줘야 합니다. 감성에 호소하거
나 설득력 있는 이유가 필요합니다.

주말은 더 활동적으로 일하기 위한 이틀 간의 재충전 시간이라

제게 소중합니다.

회사 업무 능력 향상을 위해 현재 주말에 중국어를 배우고

있기 때문에 가급적이면 수업에 참여하고 싶습니다.

Are you willing to work overtime or on weekends if required?

반복훈련 ☐ ☐ ☐

필요한 문장에
표시해보세요!

I'd like to have some quality time / with my family during weekends. ☐

I want just a couple of days / that I can do something other / than my job. ☐

It is not easy for me / because I usually spend time with my family and children on the weekend. ☐

The weekend is valuable to me / because it means 2 days of refueling to be more active. ☐

Because I am learning Chinese to improve my work performance on weekends, / if it's possible, / I'd like to avoid missing the class. ☐

126 시간 외 근무 4

필요하다면 초과 근무나 주말 근무를 할 수 있습니까?

1 저는 현재 미혼이므로 초과 근무나 주말 근무에 아무런 문제가 되지 않습니다.

그런데 한 가지 문제가 있을 것 같습니다. 저는 현재 야간 대학원에 다니고 있거든요.

그래서 매일 저녁에 밤 늦게까지 일하기는 쉽지 않을 것 같지만 주말 근무는 문제가 없습니다. 장기적으로 보면 능력을 키우는 것이 회사에 기여할 수 있으리라 봅니다.

2 물론 필요하다면 기꺼이 초과 근무를 하겠습니다. 하지만 휴식은 열심히 일한 자신에게 보상해줄 수 있는 최선이자 가장 쉬운 방법 중의 하나라고 생각합니다.

저는 주당 40시간 이상 일을 하곤 했는데 생산성이 떨어지기 시작했어요.

그때 저는 재충전을 하는 것이 열심히 일하는 것만큼이나 중요한 일이라는 것을 깨달았습니다.

Are you willing to work overtime or on weekends if required?

| LONG TALKS |

반복훈련 ☐ ☐ ☐

필요한 문장에
표시해보세요!

I'm single now, / so I have no problem **working overtime** or on weekends. ☐

working overtime 초과 근무

But there might be a problem; / I'm currently attending evening school for my master's degree.

That's why working late is not easy for me during all the weekday, / but I have no problem working on weekends. / I'm sure, in the long run, improving my skill / will contribute to the company.

I'm absolutely willing to work overtime if required, but I think resting is one of the best and easiest ways / to reward myself for my hard work. ☐

I used to work more than forty hours a week, / and as a result, productivity was starting to **slip**.

slip 떨어지다

At that time, / I realized / that **recharging my batteries** is as important as working hard.

recharge one's batteries ~의 에너지를 재충전하다

127 현재와 미래의 내 모습

① 당신은 어떤 사원인가요?
② 5년 후에는 어떤 사원일지
말해보세요.

① 저는 항상 제 자신에 대해 높은 기준을 세웁니다.

저는 절대 지각하는 일이 없고 거의 결근하지 않으며 일에
있어서는 오직 일만 생각합니다.

저의 작업 스타일은 제 엄격한 신념에 기인합니다.

② 저는 도전적인 일을 할 수 있는 기회가 오면 흥분이 됩니다.

그것이 제가 최상의 업무 성과를 해내면서 폭넓은 경영 기술을
습득하고 싶어하는 이유입니다.

5년 안에 저는 더 큰 책임을 지는 직책에 올라 이러한 기술로
회사에 기여하고 싶습니다.

① **What kind of employee are you?**

② **Describe yourself within 5 years as an employee.**

반복훈련 ☐ ☐ ☐

필요한 문장에
표시해보세요!

I have always **set very high standards** / **for** myself.　☐
set very high standards for ... ~에 대해 아주 높은 기준을 세우다

I'm never late, seldom absent, / and once I'm on the job, I'm all business.

I attribute my work style / to my strict personal beliefs.

I'm excited about the opportunity / to do challenging work.　☐

That's why I'd like to accomplish **first-rate** work / and master a wide range of management skills.
first-rate 최상의, 1등급의

Within 5 years, / **I'd like to advance to the position of** greater responsibility / and contribute to the company with my skills.
I'd like to advance to the position of ... ~ 직책에 오르고 싶습니다.

128 이상적인 직장 1

이상적인 직장을 뭐라고 생각합니까?

지원 회사의 기업 문화나 비전이 지원자가 가진 이상과 얼마나 일치하는지를 보는 질문입니다. 회사 입장에서는 당연히 그런 사람을 채용해야 오래 근무할 수 있고 기여할 수 있다고 보기 때문이죠. 회사에 대한 정보를 숙지하고 그에 맞춰 답변을 준비하는 것이 좋습니다.

저는 새로운 도전을 접하면서 계속 자극을 받는 게 정말 중요하다고 생각합니다.

고용 안정은 제게 너무나 중요하며 이상적인 직장을 위한 가장 중요한 점이라고 생각합니다.

전 약간의 건전한 경쟁을 중요하게 생각해서, 건전한 경쟁이 조직의 핵심이라 믿습니다.

전 승진의 가능성이 사람들에게 계속 동기부여가 되는 곳에서 일하기를 바라고 있습니다.

전 사람이야말로 조직의 핵심이라고 믿습니다. 따라서 저처럼 적극적이고 호기심 많은 동료들과 함께 일하고 싶습니다.

> 마무리 표현으로 활용하세요!
> • 그것은 제게 대단히 중요합니다.
> • 그것이 효율적으로 일하고 긍정적인 태도를 유지하는 최선책이라고 생각합니다.

What do you look for in an employer?

반복훈련 ☐ ☐ ☐

필요한 문장에
표시해보세요!

I think it's really important to **remain stimulated** / by facing new challenges. ☐
remain stimulated 계속 자극을 받다

Job security is extremely important to me / and it is my belief / that this is the most important value / for the ideal company. ☐
Job security 고용 안정

I value a little bit of healthy competition, / so I believe / that it is at the heart of any organization. ☐

I hope to be in a place / where the possibility of promotion keeps people motivated. ☐

I believe / that people are at the heart of any organization, / so I hope to work with active and curious members like myself. ☐

• **It matters a lot to me.**
• **I think it is the best way to work efficiently and maintain a positive attitude.**

129 이상적인 직장 2

이상적인 직장을 뭐라고 생각합니까?

① 축구에서 개인기보다 팀워크가 더 필요하듯이 팀원들이야말로
조직의 핵심이라고 생각합니다.

저는 팀워크가 좋은 곳에서 일할 때 의욕이 넘칩니다.

그리고 성공은 팀원들이 일을 즐기면서 할 때 당연히 따라오는
것입니다.

② 고용의 측면에서 고용 안정이 중요하다고 생각합니다.

최근 여론조사에서 근로자들의 **47%**가 요즘 고용 보장에 대해
걱정하고 있다고 합니다.

직장인들의 긍정적인 태도를 유지하고 입무를 효율적으로
하는 데 고용 안정 보장이 최선책이라고 생각합니다.

What do you look for in an employer?

필요한 문장에
표시해보세요!

As if soccer requires teamwork more than individual
skills, / I think, the team members **are at the heart of any
organization**. ☐

be at the heart of any organization 조직의 핵심이다

I'm full of drive / when I work in a good teamwork.

I'm full of drive 의욕이 넘치다

And success at work will follow / when the team members
enjoy their work.

When it comes to an employment, / job security is
extremely important to me. ☐

Recent polls say that 47 percent of workers **feel anxious
about** / job security these days.

feel anxious about ~에 대해 걱정하다

I think **guaranteeing job security** is the best way to work
efficiently / and maintain employees' positive attitude.

guaranteeing job security 고용 안정 보장

130 리더십 1

당신에게 리더십이란 무엇입니까?

회사 입장에서 기업을 이끌어갈 미래의 리더를 뽑는 순간이기도 하기 때문에 당장 리더가 되는 것은 아니지만 그런 자질을 가지고 있고 기업의 인재로 클 수 있음을 보여주는 것이 답변의 핵심입니다.

리더는 이성과 판단력의 자질을 갖추어야 한다고 생각합니다.

리더는 팀원들이 공통 목표를 향해 일할 수 있도록 해야 한다고 생각합니다.

리더는 예지력이 있어야 하며 장기적인 계획을 세우는 것을 좋아해야 합니다.

이상적인 리더는 복잡한 업무를 체계화할 수 있는 능력을 갖추어야 합니다.

리더는 팀원들간의 차이를 구분하여 의견을 모으기 위해 노력해야 한다고 생각합니다.

How do you define leadership?

반복훈련 ☐ ☐ ☐

필요한 문장에
표시해보세요!

I think that a leader should have / the qualities of reason and judgement. ☐

I think / that a leader should enable all the team members to work toward common goals. ☐

A leader should be a **visionary** / and love to plan for long-term goals. ☐

visionary 예지력이 있는 사람

An ideal leader should have **the ability / to organize complicated tasks**. ☐

▶ **flexibility** 융통성 **the motivating ability** 동기부여 능력

I think that a leader has to try to unify the members' opinions / by recognizing the differences between them. ☐

131 리더십 2

당신에게 리더십이란 무엇입니까?

1 좋은 리더의 조건으로 4가지가 있다고 생각합니다.

열정이 있어야 하며, 목표를 설명할 수 있는 능력, 약간의
호전적인 기질, 그리고 유머 감각이 있어야 하는데, 이왕이면
카리스마도 있어야 합니다.

열정과 이러한 특징을 발휘해 직원들에게 원하는 바를 설명할
수 있다면 그가 바로 최고의 리더죠.

2 사람들은 상사나 리더에 대해 이렇게들 많이 얘기합니다.
"환경을 조성하는 것이 그들의 일이다."

"상사마다 그 사람만의 독특한 성향과 재능을 가지고
있다. 그리고 상사들이 조성하고자 하는 분위기가 곧
생산성이다"라고도 이야기합니다.

무엇보다도 리너는 직원들이 지닌 기량 중에서 자신과 조화를
잘 이룰 수 있는 부분을 찾을 수 있도록 돕는 것이 중요하죠.

How do you define leadership?

반복훈련 ☐ ☐ ☐

필요한 문장에
표시해보세요!

I believe there are 4 factors / what make a good leader. ☐

You want a passion, an ability to explain your aim, / a little bit of **a chip on your shoulder**, / and **a sense of humor**, hopefully with charisma.

a chip on one's shoulder 적대적인/호전적인 태도 **a sense of humor** 유머 감각

If you can explain what you want your people to do / with your passion and those characters, / you're a great leader.

People often say about a boss or a leader, / "It's his or her job to **create an environment**."

create an environment 환경을 조성하다

They also say / that "Each boss only has their own nature and talent, / and what kind of an environment they want to create that's productive."

Most of all, it is important / for the leader to help the staff find the part of their own **craft** that **functions well with** him.

craft 기량, 재능 **function well with** ~와 조화를 잘 이루다

132 리더의 모습

리더는 어떤 사람이어야 된다고 생각합니까?

1 제 첫 번째 멘토는 믿음직한 팀장님이었지만 그날 필요한 것에만 몰두하는 경향이 있었고 실행 변화에 느렸습니다.

TIP 자신의 경우를 예로 들어 설명하면 설득력을 높일 수 있어요.

그래서 저는 이상형을 바꿔서 진정한 리더의 모습을 갖춘 한 사람을 찾았습니다.

강하고 효과적인 팀을 구축하셨던 김 부장님은 리더의 표본이었습니다.

2 어떤 조직들은 좋은 매니저가 많이 있지만 리더는 적습니다.

거의 모든 조직들에서 리더십은 더 큰 성장 동력을 위한 중요한 열쇠입니다.

생각이 긍정적이고 열정적이라면 직원들에게서 훌륭한 업무 성과를 성취할 수 있습니다.

How do you think a leader should be?

필요한 문장에
표시해보세요!

My first mentor was a **solid** team manager, / but he tended to focus on each day's needs / and was slow to implement changes.

solid 믿음직한

So I switched my role model / and I discovered a certain person with **authentic leader's traits**.

authentic leader's traits 진정한 리더의 모습

Mr. Kim, who had built a strong and effective team, / was the model of a leader.

Some organizations develop many good managers / but few leaders.

In almost all organizations, / leadership is the key to the greater **upward mobility**.

upward mobility 성장 동력

If your viewpoint is positive and **enthusiastic**, / you can obtain excellent performance through your staff.

enthusiastic 열정적인

133 리더십 자질

리더십 기술을 길러왔다고 생각하나요?

❶ 저는 주장을 내세우기보다 다른 사람들의 의견을 수렴해서 더 좋은 결론을 내는 것을 최우선으로 합니다.

역량은 조화에서 나온다고 보기 때문입니다.

지난 수년간 전 제가 이렇게 할 수 있도록 도움이 될 우수한 리더십과 조직기술을 발전시켰습니다.

❷ 좋은 관리자는 위에서 내려오는 지시대로 움직이려 하는 반면 리더는 조직의 큰 그림을 이해하려고 노력합니다.

효율적인 관리자는 직원들과 필요에 따라 의사소통하는 반면 리더는 비전에 대한 지속적인 의사소통이 중요하다는 것을 잘 압니다.

그래서 저는 어떤 활동에 참여하든지 항상 조직 내 의사소통과 화합을 개선하기 위해 노력해왔습니다.

Have you developed a leadership skill?

필요한 문장에
표시해보세요!

I have a **priority** for listening to others and getting a better result / instead of being **self-assertive**. ☐

priority 우선순위 **self-assertive** 자기 주장이 강한

That's because / I think strength **is derived from** harmony.

be derived from ~에서 기인하다

Over the past years, / I have developed strong leadership and organizational skills / that will help me to do this.

A good manager tends to follow directions and suggestions from above, / while a leader is willing to strive to understand the big picture of the organization. ☐

An effective manager will communicate with employees as necessary, / while a leader realizes the importance of continual communication about the vision.

So I've always tried to improve **interoffice communication** and **cohesion** / whatever activities I participated in.

interoffice communication 조직 내 의사소통 **cohesion** 화합

134 리더십 경험 1

자신이 가지고 있는 리더십 경험에 대해 말해보세요.

실제 상황에서 지원자가 리더로서 자질이 있는가를 판단할 수 있는 기준이 됩니다. 리더십에 대한 자신의 생각을 적용해 리더십을 어떻게 발휘했는지와 리더로서 목표 제시, 역할 분배, 동기 부여 등의 역할을 했던 경험을 설명하세요.

저는 대학 신문사 팀장으로서 저희 팀원들의 의견을
통합하려고 노력하여 결국 일을 제대로 끝낼 수 있었습니다.

저의 좋은 판단력과 효율적인 관리로 저희 팀이 급한 업무를
제시간에 끝낼 수 있었다는 평을 들었습니다.

제 리더십 아래 저희는 프로젝트를 오히려 일찍 끝낼 수가
있었고 성과도 가장 좋았습니다.

팀 리더로서 팀원들의 업무를 조율하여 마감일을 맞추는 데
일조하였습니다.

저의 신속한 사고와 리더십이 그 프로젝트 성공에 중요한
원인이 되었던 것 같습니다.

Tell us about a leadership experience you have had.

반복훈련 ☐ ☐ ☐

필요한 문장에
표시해보세요!

As the team captain of a school newspaper, / I tried to **unify** our members' **opinions** / and finally we were able to complete the project well.   ☐

unify opinions 의견을 통합하다

I was told / that thanks to my good judgement and efficient management, / my team was able to complete the urgent task on time.   ☐

Under my leadership, / we were even able to finish the work early / and get the greatest achievement.   ☐

As a group leader, / I helped to coordinate the work of the group members / and to meet the deadline.   ☐

I believe / that my quick thinking and my leadership skills were important **contributors** / to the success of that project   ☐

contributor 원인 제공자

135 리더십 경험 2

자신이 가지고 있는 리너십 경험에 대해 말해보세요.

1 마지막 학기에 경제학 수업의 그룹 프로젝트를 맡은 적이 있습니다.

마감 시한이 다가오고 있었지만 다양한 의견들을 취합하는 데 어려움을 겪고 있었습니다.

그룹 리더로서 저는 멤버들과 일대일 면담을 해서 의견을 모을 수 있었고 제시간에 프로젝트를 끝낼 수 있었습니다.

2 유감스럽게도 팀원들 중 두 명이 서로 잘 어울리지 못했습니다.

팀 프로젝트 리더로서 저는 그들 사이에 무슨 일이 생긴 건지 들었더니 작업 분담에서 사소한 오해가 생긴 것임을 알게 되었습니다.

그 문제를 해결하고 나서 우리는 프로젝트를 싱공적으로 끝낼 수 있었습니다.

Tell us about a leadership experience you have had.

▌LONG TALKS **▌**

반복훈련 ☐ ☐ ☐

필요한 문장에
표시해보세요!

In the last semester, / I **was assigned to** work on a group project for economics class. ☐

be assigned to ~하는 것을 맡다

Although the deadline approached, / I was having a difficulty in putting together different opinions.

As a group leader, / I had **one-on-one talks** with members / and we can unify our opinions and finally finish it on time.

one-on-one talks 일대일 면담

Unfortunately, / two of the team members did not **get along well** together at all. ☐

get along well 잘 지내다

As a team project leader, / I tried to listen to them what was going on between them / and I figured out that had started with **a trivial misunderstanding** / while sharing the work.

a trivial misunderstanding 사소한 오해

After resolving the problem, / we could finish the project successfully.

136 관리자의 모습

관리자가 된다는 것은 어떤 것일까요?

1 저는 관리자가 되는 기회에 대해 설레이지만 그 역할은 항상 쉽지만은 않습니다. 제 직원들과 제가 보고해야 하는 사람들 사이에 있으니까요.

저는 제 상사를 만족시키는 동시에 제 부하직원들을 만족시켜 높은 업무 성과를 유지해야 합니다.

가끔은 위로부터의 압박을 직원들에게 넘기지 않고 흡수해야 합니다.

2 제가 만약 상사가 되는 기회를 얻게 된다면, 저는 사람들에게 최상의 작업을 하도록 독려하는 법을 배우고 싶습니다.

상대하기 힘든 직원과 일하게 된다고 하더라도 그것조차 저는 흥미로운 도전이라고 생각할 것입니다.

일이 제대로 되도록 감독하는 것이 관리자의 책임이기 때문입니다.

How do you feel about becoming a supervisor?

필요한 문장에
표시해보세요!

I'm excited about getting the opportunity to become a supervisor, / but the role of a supervisor isn't always easy because putting myself in a position / between my own staff and people I report to. ☐

I must satisfy my supervisor / and, at the same time, / keep my staff happy / so that they will maintain high standards of performance.

At times, this may mean / it is better for me to absorb pressure from above / than to pass it on to my staff.

If I get a chance to be a supervisor, / I want to learn how people become motivated to do first-rate work. ☐

Even though I get to work with a difficult employee, / I would feel that it is an interesting challenge.

That's because / a supervisor should take responsibility for supervising / that **a job is done right**.

a job is done right 일이 제대로 처리되다

137

도전과 극복 1

자신에게 어려웠던 점이 무엇이고
어떻게 극복했는지 말해보세요.

육체적으로나 정신적으로 힘들었던 경험 모두 언급할 수 있습니다. 그러한 힘든 상황을 어떻게 돌파했고 그 경험으로부터 배운 것이 무엇인지를 조리 있게 설명하는 것이 핵심입니다.

그 당시 저는 수업에 상당히 어려움을 겪고 있었는데 그 학기를 낙제할 위험에 처해 있었습니다.

당시에는 몰랐지만 ABC에서 해고 당한 것은 인생 최악의 사건이었습니다.

사업에 실패하고 난 뒤에 재기하기까지 1년이 걸렸습니다. 그러나 지난 일이고 그것을 오히려 영광의 표시쯤으로 여기고 있습니다.

전 프로젝트의 성공이 위험에 처해 있고 분쟁을 해결하기 위해 뭔가 해야 한다는 걸 인식했습니다.

만약 인생에서 실수를 하지 않았다면 실수를 어떻게 바로잡을지 배울 수 없었을 겁니다.

어려움 극복
* '불운을 극복하는 유일한 것은 열심히 노력하는 것이다.'라는 말이 있죠.
* 세상살이를 할 때에는 어려움을 극복할 용기가 필요하다는 것을 깨달았습니다.
* 그 끔찍한 상황을 극복할 수 있도록 난국을 헤쳐나갔습니다.
* 그 당시의 중압감은 다시 초심자의 가벼움으로 대체되었습니다.

Tell us about a challenge you faced and how you overcame it.

필요한 문장에
표시해보세요!

I was **having enormous difficulty with my classes** / and was in danger of failing **the semester**. ☐

▸ **sweating my contract** 제 계약에 온 신경을 다 쏟고 있었습니다 / **the contract** 계약

I didn't see it then, but it turned out that getting fired from ABC was the worst thing that could have every happened to me. ☐

After my own business went bankrupt, / it took me one year to get back on my feet, / but it's my past and I wear it with a badge of honor. ☐

I recognized that the success of the project was at stake / and that something had to be done / to resolve the conflict. ☐

If I hadn't made a mistake in my life, / I wouldn't have learned / how to make things right. ☐

- **There is a saying, "The only thing that overcomes hard luck is hard work."**
- **I learned when I walk through life, I need courage to overcome difficulties.**
- **I rose to the challenge so that I can overcome the terrible situation.**
- **The heaviness of that time was replaced by the lightness of being a beginner again.**

138 도전과 극복 2

이제까지 자신에게 어려웠던 점이 무엇이고 어떻게 극복했는지 말해보세요.

① 3년 전 새로운 사업을 시작했다가 얼마 후 실패했습니다.

그 당시 저는 사업 자금을 마련하는 데 상당히 어려움을 겪고 있었고 부도 위험에 처해 있었습니다.

TIP 고통을 강조할 수 있어요. **There is too much work for me to handle alone.** 혼자서 감당하기엔 너무 버거웠습니다.

그 경험에서 배운 교훈들을 되새기며 도전을 했던 제 자신을 후회하지 않습니다.

② 저희 팀은 마지막 프로젝트를 성공적으로 끝냈는데 회사 사정이 어려워 해고당했습니다.

저는 경력을 위한 목표를 상실해버렸고 그것은 정말 쓰라린 아픔이었습니다.

저는 직업을 잃었지만 일에 대한 사랑은 식지 않았고 그래서 다시 시작하기로 결심하고 즉시 계획을 실행에 옮겼습니다.

Tell us about a challenge you faced and how you overcame it.

필요한 문장에
표시해보세요!

I started a new business 3 years ago / and before long, I failed it. □

I was having enormous difficulty in raising the money for a business / and I **was in danger of bankruptcy** at the moment.
be in danger of bankruptcy 부도 위험에 처하다

I often remind myself of the lessons I learned from the experience / and **I've never regretted challenging myself**.
I've never regretted challenging myself. 도전을 했던 제 자신을 후회해본 적이 없습니다.

My team had just finished the last project successfully, / but we were laid off because **the company wasn't doing well**. □
the company wasn't doing well 회사 사정이 어려웠다

What had been the focus of my career was gone / and it was **devastating**.
devastating 대단히 파괴적인, 엄청난 손상을 가하는

I was still in love for work although I had lost my job, / so I decided to start over and put my plan into practice immediately.

139
판단의 중요한 요소/성공과 실패

① 결정을 내릴 때 무엇을 가장 중요하게 생각하나요?
② '성공과 실패'에 대해 어떻게 생각하세요?

① 값비싼 실수를 피하기 위해서 저는 결정을 검토해봐야 합니다.

저는 잠정적인 결정에 따르면 어떤 일이 일어날 것인지 상상해봅니다.

"그러면 어떤 일이 일어날까?"라는 질문은 각 선택지를 따져보고 검토해볼 수 있도록 해줍니다.

TIP 질문으로 시작하면 면접관의 이목을 집중시킬 수 있어요.

② 성공한 사람들은 절대 주저하거나 포기하려 하지 않고 실패를 마주합니다.

우리는 실패하면 세상이 끝나버릴 거라고 생각하지만 사실 전혀 그렇지 않거든요.

우리는 성공뿐 아니라 실패를 통해서도 성장해가기 때문에 실패 위기에 대처하면 언젠가 성공할 것입니다.

① **When you make a decision, what do you think is most important?**

② **What do you think about "success and failure?"**

필요한 문장에
표시해보세요!

To avoid making a costly mistake, / I have to think my decision through.
☐

To avoid making a costly mistake 값비싼 실수를 피하기 위해

I imagine what would eventually happen / if I acted upon my **tentative** decision.

tentative 잠정적인

"Then what would happen?"; / the question really helps me to take each of my options / and think things through.

Every successful person **confronts** the failure / without **wavering** or giving up.
☐

confront 정면으로 맞서다 **waver** 망설이다. 주저하다

We think if we fail, / it's going to be the end of the world, / but it's really not.

If we **rise to** the failure, / we will succeed one day / because **we're shaped by failures** / at least as much as we're shaped by our successes.

rise to ... ~에 잘 대처하다. 능력을 발휘하다 **we're shaped by failures** 우리는 실패를 통해서 성장한다

140 성공의 의미 1

당신에게 성공이란 무엇인가요?

추상적인 의미가 아닌 업무 성과에 초점을 맞춘 성공의 의미에 대해서도 기술해보세요.

1 저에게 성공이란 어떤 특정한 목표를 성취하는 것 그 이상의 것을 의미합니다.

삶의 질을 향상시킬 수 있고, 스스로가 만족할 수 있는 것이죠.

저도 성공할 수 있는 기회가 올 거라고 확신합니다.

TIP 지원자의 직업관과 경력 관리에 대해 어떤 기준을 가지고 있는지 판단하는 질문입니다. 맹목적으로 성공, 돈, 부에 집착한다는 인상을 주지 않도록 하세요. 확실한 자기 가치와 신념을 가지고 그것을 추구하고 있음을 보여주세요.

2 저에게 있어 성공이란 돈이나 봉급이 아니고 분석가로 성공하는 것입니다.

삶의 중요성은 지위에서 오는 것이 아니라는 것을 잘 압니다. 항상 자신보다 더 많은 것을 가진 사람을 찾을 수 있기 때문이죠.

이것이 바로 제가 지위나 봉급이 아니라 커리어의 목직을 달성하기 위해서 열심히 일하는 이유입니다.

What does "success" mean to you?

필요한 문장에
표시해보세요!

Success means to me / more than just accomplishing a certain goal. ☐

It means that I improve my quality of life / and **make myself satisfied**.

make myself satisfied 스스로 만족하다

I'm confident / **that** I will have a chance to become successful.

I'm confident that … ~을 확신하다

Success doesn't mean money or salary for me, / but it ☐ means to be a successful market analyst.

I know significance in life doesn't come from **status** / because you can always find somebody who has got more than you.

status 지위

That's why / I work hard to achieve my career goals not a position or salary.

141 성공의 의미 2

당신에게 성공이란 무엇인가요?

1 성공이란 자신의 생각을 따라 행동하는 것이며 자신이 되어야
한다고 믿는 사람이 되는 것이라 생각합니다.

더 구체적으로 제게 성공은 자신의 분야에서 전문가가 되는
것이며, 또한 제 가족과 제가 사랑하는 사람들의 행복을
포함하는 것입니다.

추구하던 것을 얻으면 성공이지만 추구하는 동안 그것을
즐기는 것, 그건 더 큰 성공이죠.

2 성공은 제 목표를 이루는 것이라 말할 수 있습니다. 시간에
맞춰 프로젝트를 완료하는 것이 제 목표일 수 있고요.

혹은 더 효율적으로 함께 일할 수 있도록 팀원들과의 관계를
좋게 하는 것도 목표가 될 수 있겠지요.

근무하면서 제가 성취하는 어떤 것이든, 회사의 비전에 더
근접하게 만드는 데 도움이 되는 것이 진짜 성공입니다.

What does "success" mean to you?

필요한 문장에
표시해보세요!

Success is to me all about following through / and taking action on my ideas / and being the person I believe I was meant to be. ☐

More specifically it is being an expert / in my own field and also it includes the happiness of my family and my loved ones.

Getting what you go after is success, / but enjoying it while you are getting it is bigger success.

I define success / as reaching my goals. It can be my goal / to finish a project on time. ☐

Or it can be my goal / to improve relationships with teammates / so we work together more effectively.

Anything I accomplish at work / that helps me bring the company closer to its vision statement / is truly successful.

142 성공의 비결

성공하려면 어떻게 해야 한다고 생각하나요?

① 항상 조금이라도 알고 있는 일에 뛰어들어야 합니다.

가장 중요한 성공의 비결은 자신이 사랑하는 일에 뛰어드는 것입니다. 그래야 그 일을 훨씬 더 빨리 배울 수 있기 때문이죠.

좋아하지 않는 일을 할 때보다 좋아하는 일에 대해 더 빨리 배울 수 있거든요.

② 고도의 자격 요건을 갖추기 위해 노력했다면, 그런 다음 중요한 건 자신감이라고 생각합니다.

자신의 능력에 대해 의구심을 갖기 시작하는 순간, 패배하게 될 것입니다.

처음엔 저도 그것이 힘들었지만 항상 자신감을 가지고자 노력해왔습니다.

What do you think you should do to succeed?

▮ LONG TALKS **▮**

반복훈련 ☐ ☐ ☐

필요한 문장에
표시해보세요!

Always **go into** something / that you know something about.   ☐

go into ... ~에 뛰어들다

The most important tip for success / is that you should go into something / that you love because you'll learn it much quicker.

You're going to learn about a job you like more quickly / **than if** you just don't like the subject matter.

than if ... ~때보다

If you work hard to be highly qualified, then I think / it's important to be confident.   ☐

The moment you start to doubt yourself, / you're probably going to lose.

It was hard for me to do that in the beginning, / but I've tried to be continuously confident.

143 의사소통 능력

대면 의사소통을 왜 향상시켜야 한다고 생각하나요?

1 의사소통은 여러 가지 측면에서 아주 중요하므로 대면 소통에 관심을 기울여야 합니다.

사람들에게 동기부여를 하고 자극을 주기 위해선 훌륭한 대인관계 능력이 필요합니다. 따라서 소통 능력은 모든 성공의 열쇠라고도 할 수 있습니다.

의사소통 능력을 향상시키기 위해 저는 간혹 이런 질문을 합니다. "나는 의사소통을 얼마나 잘 하고 있는가?"

2 직장인들은 하루에도 동료, 상사, 고객들과 많은 대인관계를 가집니다.

많은 경우에 문제와 다툼이 종종 의사소통의 실패에 기인합니다.

따라서 정보를 나누거나 서로 소통하는 데 실패하는 것을 막기 위해서는 대면 소통 기술이 중요합니다.

Why do you think you should improve your in-person communication?

반복훈련 ☐ ☐ ☐

필요한 문장에
표시해보세요!

Since communication is so important on many levels, / we should pay attention to / **face-to-face communication**.
face-to-face communication 대면 소통

☐

We need excellent interpersonal skills / to motivate and inspire people, so we can say that / it is a major key to every success.

Sometimes, I ask the question / to improve my communication skill, / "How am I communicating pretty well?"

Workers in the office do many separate **interactions** / with colleagues, **superiors**, and clients during the working day.
interaction 상호작용 **superior** 상사

☐

In many cases, problems and conflicts often occur / because of communication failures.

Therefore, face-to-face communication skills are important to prevent failure / in sharing information or communicating each other.

144 미래 비전 1

5년 후 자신의 모습이 어떨까요?

지원자의 중장기 목표를 묻는 질문입니다. 이에 대한 답변을 통해 지원 회사의 목표와 비전이 일치하는지 알아볼 수 있습니다. 자신의 경력 관리에 대한 목표와 기준을 정리해서 답변하세요.

이 자리에서 제가 할 수 있는 최선의 것은 '가능한 최고의 사람이 되는 것'입니다. 그렇게 해서 마침내 이 분야에서 최고 전문가의 지위에 이르렀으면 좋겠습니다.

전 이 회사에서 존경 받는 중역의 자리에 오르기 위해 노력할 것입니다.

앞으로 5년 후에 국내 마케팅 분야의 최고 전문가가 되기를 희망합니다.

계속 경력을 쌓으면서 제 상사가 해왔던 만큼 해낼 수 있기를 바랄 뿐입니다.

이 회사에서 5년 동안 근무한 후에 팀장으로 승진하고 싶습니다.

Where do you see yourself in 5 years?

반복훈련 ☐ ☐ ☐

필요한 문장에
표시해보세요!

All I can do in this position is / "to be the best person that I can" and then, / finally I hope to become **a top expert** in this field.
☐

a top expert 최고 전문가

I will try to become / a respected executive of this organization.
☐

I hope to become one of the top experts / in **the marketing field** in Korea / over the next 5 years.
☐

▶ 관련 분야를 바꿔 말해보세요.

As I continue to build my career, / I only hope to have a career that **spans** / as long as my boss did.
☐

span (기간이) 걸쳐 이어지다

I want to be promoted to manager / after 5 years of working in this company.
☐

145 미래 비전 2

10년 후엔 자신이 어디에 있을 거라 생각합니까?

❶ 향후 10년 내에 IT 부서에서 과장 정도는 되어 있을 것 같습니다.

이런 목표를 이루기 위해 저는 전공 분야인 컴퓨터 공학을 심도 있게 공부했고 최신 경향을 따라가는 데 공을 들였습니다.

장기적으로 저는 회사에서 존경 받는 중역의 자리에 올라 회사의 발전에 기여할 것이라 확신합니다.

❷ 10년 후에 전 귀사에서 스스로 발전하고 최고 직책까지 승진하는 제 모습을 상상하고 있습니다.

만약 제가 이 분야와 관련된 기술이 있다면 이 분야에서 그 누구보다 더 경쟁력이 있을 것입니다.

그래서 보다 경쟁력 있는 사원이 되기 위해서 외국어 능력을 기르고 중요한 자격증을 더 따고 싶습니다.

Where do you see yourself in 10 years?

필요한 문장에
표시해보세요!

Within the next 10 years, / I think I could be a manager within IT division. ☐

To meet this goal, I pursued an **in-depth** study in my major, computer science, / and I tried to **keep track of the latest trend** in the field.

in-depth 면밀한. 심도 있는 **keep track of the latest trend** 최신 경향을 따라가다

In the long run, I'm convinced / that I will promote to a respected executive of the company and contribute to the growth of the company.

In 10 years, I envision myself / growing and promoting to a top position in your company. ☐

If I get some skills related to this field, I can be more competitive than anyone else in this field.

So to be a more competitive worker, / I want to improve foreign language abilities and get the essential licenses more.

➕ **such as a stock investment consulting license, fund investment consulting license, and finance planning license** 증권투자 상담사. 펀드투자 상담사. 재무설계 자격증 등

146 기대 연봉 수준 1

기대하고 있는 연봉 수준은 얼마입니까?

우리나라 기업 면접일 경우 금액을 먼저 제시하기보다 업계 평균에 대해 언급하거나 회사의 내규에 따르겠다고 답하는 것이 무난합니다. 혹은 간접적으로 금액을 물어보거나 지난번 회사에서 받았던 연봉을 말하는 방법도 있습니다.

귀사가 동종 업계에서 연봉이 가장 세다는 말을 들었습니다.

귀사의 급여 내규에 만족할 것입니다.

TIP 자신의 주장이 없다는 인상을 주지 않도록 주의하세요.

실례가 안 된다면 이 직위에 얼마를 받게 되는지 알고 싶습니다.

연봉 문제라면 업계 평균 연봉 정도를 기대하고 있습니다.

이 분야에 대한 제 경험이 부족하기 때문에 많은 연봉을 기대하진 않습니다.

How much salary do you expect from us?

필요한 문장에
표시해보세요!

I've told that your company pays better than any other in its field. ☐

I'll be satisfied / with **the pay policy of this company**. ☐
the pay policy of this company 귀사의 급여 내규

If you don't mind, / I'd like to know / how much you offer for this position. ☐
If you don't mind 실례가 안 된다면

When it comes to salary, / I expect my salary to be the industry average. ☐
When it comes to salary 연봉에 관해서라면

I can't say / **that I expect much** / considering my lack of experience in this field. ☐
I can't say that I expect much... 많이 기대하지는 않습니다.

147 기대 연봉 수준 2

기대하고 있는 연봉 수준은 얼마입니까?

① 업계 평균 3천5백에서 4천만 원 사이로 생각하고 있습니다.

그러나 사실, 전 귀사에서 얼마나 많이 받는지에 그다지
관심이 없습니다.

제가 회사에 기여하면 몇 년 후 훨씬 더 많은 연봉을
제공해주실 거라는 건 의심의 여지가 없으니까요.

② 올해까지 업계 평균이기만 하면 괜찮습니다.

직장생활을 막 시작한 최근에 졸업한 학생으로서 많은 연봉을
기대할 수는 없겠지요.

제가 몇 년 후 귀사에서 인재가 된다면 공정한 결정을
해주시리라 믿습니다.

How much salary do you expect from us?

반복훈련 ☐ ☐ ☐

필요한 문장에
표시해보세요!

I just expect my salary to be the industry average, / between 35~40 million won. ☐

As a matter of fact, however, / I'm not that interested in / how much I get paid by this company.

Because there is no doubt / that you can pay me much more after a few years / if I contribute to the company.

I will be fine as long as / it is the industry average by this year. ☐

As a recent graduate who is just starting off on a career path, / I can't say that I expect much salary.

I believe you will make a fair decision / if I become an asset after a few years.

스피킹 3문장 프레임 분석

1 근거를 대는 것이 중요. 핵심 문장과 근거 문장의 구성 예시를 살펴봅시다.

▼ 질문 What do you look for in an employer? 이상적인 직장을 뭐라고 생각합니까?

▼ 문장1 핵심 문장

When it comes to an employment, job security is extremely important to me. 고용의 측면에서 고용 안정이 중요하다고 생각합니다.

▼ 문장2 근거 문장

Recent polls say that 47 percent of workers feel anxious about job security these days.
최근 여론 조사에서 근로자들의 47%가 요즘 고용 보장에 대해 걱정하고 있다고 합니다.

▼ 문장3 근거를 토대로 한 결론

I think guaranteeing job security is the best way to work efficiently and maintain employees' positive attitude. 직장인들의 긍정적인 태도를 유지하고 업무를 효율적으로 하는 데 고용 안정 보장이 최선책이라고 생각합니다.

2 기준 맞추기

▼ 질문 How do you define leadership? 당신에게 리더십이란 무엇입니까?

▼ 문장1 밑밥 깔아주는 문장

I believe there are four factors what make a good leader.
좋은 리더의 조건으로 4가지가 있다고 생각합니다.

▼ 문장2 기준 제시

You want a passion, an ability to explain your aim, a little bit of a chip on their shoulder, and a sense of humor, hopefully with charisma.
열정이 있어야 하며, 목표를 설명할 수 있는 능력, 약간의 호전적인 기질, 그리고 유머 감각이 있어야 하는데, 이왕이면 카리스마도 있어야 하고요.

▼ 문장3 이유 설명

If you can explain what you want your people do with your passion and those characters, you're a great leader.
열정과 이러한 특징을 발휘해 직원들에게 원하는 비를 설명할 수 있다면 그가 바로 최고의 리더죠.

3 공감 문장을 최대한 활용하기

▼ 질문 Whom do you admire the most? 가장 존경하는 사람은 누구입니까?

▼ 문장1 핵심

I much admire Gandhi, the most respected leader of the 1900's.
1900년대에 가장 존경 받는 지도자인 간디를 존경합니다.

▼ 문장2 공감 문장 활용

He said that we must be the change we wish to see in the world,
which always motivates me.
우리는 세상에 일어나길 소망하는 변화 그 자체가 되어야 한다고 말했는데 저에게 동기부여를
해주는 말입니다.

▼ 문장3 공감 문장 활용

It emphasizes the importance of stirring and changing in ourselves.
우리 자신의 내면에서 일어나는 변화의 중요성을 강조하는 것입니다.

4 스토리라인 따라가기

▼ 질문 How did you get here today? 오늘 여기 어떻게 오셨나요?

▼ 문장1 사건 시작

I had to run to catch the bus. If I had missed my bus, I would have to
wait twenty minutes for the next one.
버스를 잡기 위해 달려야만 했습니다. 버스를 놓치면 다음 버스를 20분이나 기다려야 했을
거예요.

▼ 문장2 사건 진행

Nothing for all my running, traffic was terrible today because of rush
hour.
달린 보람도 없이 출퇴근 시간이어서 교통이 꽉 막혔습니다.

▼ 문장3 결말

Fortunately, I left home 30 minutes earlier than usual so that I got
here on time.
다행히도 평상시보다 30분 일찍 집을 나와서 제시간에 도착할 수 있었습니다.

6

롤플레이 & 문제 상황 해결

사례를 주고 시연해보는 식의 프레젠테이션 질문이나 구체적인 문제 상황을 제시하고 어떻게 해결하겠냐고 묻는 질문 등 난이도가 높은 질문이 나옵니다. 우리말로 답한다고 해도 생각을 깊이 해서 답해야 할 정도로 어려운 질문일 수 있으나 가장 중요한 것은 당황해서 답변 자체를 망치지 않고 의연하게 대처하는 모습입니다. 문장이 잘 생각나지 않을 수도 있는데 그럴 때는 멈춰 있지 말고 생각을 유도할 수 있는 말이라도 하는 것이 좋습니다. 영어 면접에서는 어려운 문제조차도 첫 번째로 측정하고자 하는 것은 역시 영어 말하기 능력임을 잊지 마세요.

국내 기업

면접 종류: 영어 면접

장소: 본사 면접장

참가자: 면접관과 면접자. 다수의 면접자일 수도 있다.

질문의 의도 및 대응 전략: 이 부분까지 진행되는 경우가 드물기는 하지만 굉장한 실력자를 뽑기 위한 면접이라면 이런 류의 면접이 진행될 수 있다. 지원 기업의 영어 면접 심층 진행 정도를 미리 확인해두고 포함되어 있다면 철저히 준비해야 한다. 이제부터는 영어 실력보다 순발력과 재치, 준비, 평소 실력이 중요할 수 있다.

외국 기업

면접 종류: 2차 면접 이상

장소: 한국 지사 면접장 또는 1차 면접 이상일 경우 현지일 수 있음

참가자: 면접관과 면접자. 다수의 면접자일 수도 있다.

질문의 의도 및 대응 전략: 업무 내용이나 직무 특성에 따라 묻거나 요구하는 롤플레이 지침이 달라지겠지만 이런 류의 질문이나 시연 요구도 많이 할 수 있다는 사실을 명심하고 반드시 대비해야 한다. 물론 직무 내용에 따라 롤플레이 또는 시연하는 내용을 미리 조사하고 대본을 만들어 실제로 연습해두기를 권한다.

**Role-playing &
Problem Solving Skill**

148
영업 상황 시연 1 (여행가방/카메라)

당신이 우리 회사의 영업사원이라고 가정하고 고객에게 우리 제품을 팔아보세요.

1 저희의 가벼운 여행가방은 여러분이 여행을 보다 쉽게 다녀오실 수 있게 해드립니다.

저희 최신 여행가방은 시중 제품 중에 가장 가볍고 내구성이 좋고 튼튼합니다.

게다가 온라인으로 신제품 여행가방을 구매하시는 선착순 100분께 가죽 서류 가방을 무료로 드립니다.

2 페이스북에 올리고 트윗할 최상의 사진을 원하신다면 새로운 ABC 카메라를 장만하세요.

ABC의 고화질 카메라로 찍은 사진들은 무척이나 선명하고 아름다워서 전문 사진가가 된 듯한 기분이 드실 겁니다.

내구성이 강해 다시는 사진기가 망가질까 걱정하실 필요가 없을 것입니다.

Pretend you are a sales person of our company and sell our products to the client.

▌LONG TALKS **▌**

반복훈련 ☐ ☐ ☐

필요한 문장에
표시해보세요!

Let us make your trip easier / with our new lightweight suitcases.   ☐
Let us make your trip easier with ... ~로 여행을 보다 쉽게 해드립니다.

Our newest suitcases are the lightest on the market, / and they're **durable** and strong.
durable 내구성이 좋은

As a bonus, the first 100 people to purchase our new suitcases online will receive a leather briefcase for free.

For the best photos to upload on your Facebook or tweet, / get the new ABC camera.   ☐

Photos taken using the ABC's **high definition camera** are so clear and beautiful / that you'll feel just like a professional photographer.
high definition camera 고화질 카메라

Since it is durable, / you will never have to worry about damaging our camera again.

149 영업 상황 시연 2 (진공청소기/소프트웨어)

당신이 우리 회사의 영업사원이라고 가정하고 고객에게 우리 제품을 팔아보세요.

❶ ABC사의 신제품 ABC-1 소형 진공청소기를 소개하겠습니다.

시장의 여타 진공청소기보다 가벼운데다 가격도 매우 적절합니다.

게다가 이 청소기는 먼지의 양과 바닥 유형까지 탐지할 수 있는 센서가 장착되어 있습니다.

❷ 안녕하세요. 소프트웨어 K-1 런칭쇼에 오신 것을 환영합니다.

이 프로그램은 녹음 효과를 쉽게 조절할 수 있는 여러 중요한 기능들을 갖추고 있습니다.

그러나 사용법을 익히는 데 그리 오래 걸리지는 않을 것입니다.

Pretend you are a sales person of our company and sell our products to the client.

▌LONG TALKS ▌

반복훈련 ☐ ☐ ☐

필요한 문장에
표시해보세요!

I will introduce ABC's latest product, / the ABC-1 **hand-held** vacuum cleaner. ☐

hand-held 소형의

It's **lightweight** and very **affordable** / compared to most other vacuum cleaners in the market.

lightweight 무게가 가벼운 **affordable** 가격이 알맞은

In addition, this vacuum cleaner contains sensors / that detect the amount of dust and type of floor.

Good afternoon and welcome to the launching show / for the Software K-1. ☐

This program **has many important features** / that will give us better control over the effects in our recordings.

have many important features 여러 중요한 기능을 갖추고 있다

But **it shouldn't take you too long** / **to** get used to.

It shouldn't take you too long to ... ~하는 데 그리 오래 걸리지 않다

150

영업 상황 시연 3 (사무용품/종이 타월)

당신이 우리 회사의 영업사원이라고 가정하고 고객에게 우리 제품을 팔아보세요.

① 사무용품을 판매하는 새로운 웹사이트를 보십시오.

저희 웹사이트는 정말 좋은 가격을 제공하고 앞으로 두 달간 모든 제품들에 대해서 10% 할인을 제공할 것입니다.

대량으로 구입하시면 그 가격에서 추가로 5% 할인해드립니다.

② 고객님 식당에 ABC 종이 제품을 사용하고 싶으실 겁니다.

저희 제품은 환경 친화성이 떨어지는 타 브랜드보다 비쌉니다만 다른 방면에서 비용을 절감해줄 것입니다.

예를 들면 저희 종이 타월은 흡수력이 엄청나서 경쟁 업체 제품보다 소모량이 적습니다.

Pretend you are a sales person of our company and sell our products to the client.

필요한 문장에
표시해보세요!

Please find a new website / that sells **office supplies**. ☐

office supplies 사무용품

Our website offer pretty good prices, / and for the next 2 months, / we are offering a 10% discount on all products.

If you **buy in bulk**, / we will give you **an additional 5% off the price**.

buy in bulk 대량 구매하다 **an additional 5% off the price** 추가 5% 할인

You will be interested / in ABC's paper products for your restaurants. ☐

Our products are more expensive than less **environmentally friendly** brands, / but it will help you **cut costs** in other ways.

environmentally friendly 환경 친화적인 **cut costs** 비용을 절감하다

For example, our paper towels are extra **absorbent**, / which means you will go through fewer ABC paper towels / than competitors' products.

absorbent 흡수력 있는

151 영업 상황 시연 4 (경영 컨설팅/쇼핑몰)

당신이 우리 매장이나 사무실 중 한 곳에서 일하고 있다고 가정하고 우리 서비스에 대해 고객들에게 설명해보세요.

1 ABC는 세계적으로 유명한 경영 컨설턴트 회사입니다.

저희는 사내 생산성 향상과 직원 만족도 고양을 전문으로 합니다.

오늘 전화 주시면 성공적인 직원 보상 시스템을 개발할 때 고려해야 할 세 가지 기본 분야에 대해 설명해드립니다.

2 1번가는 좋은 가격뿐 아니라 훌륭한 고객 서비스로 유명합니다.

20년 동안 뛰어난 서비스 때문에 많은 분들이 쇼핑하러 찾아주셨습니다.

도심 한복판 쇼핑 거리에 최근 새로 단장한 매장에 들르셔서 1번가에서 기대하시는 보다 훌륭한 서비스를 받아보시길 바랍니다.

Pretend you are working in one of our stores or offices and describe our services to the client.

필요한 문장에
표시해보세요!

ABC is / the internationally-renowned / management consultant agency. ☐

We **specialize in improving** workplace productivity / and employee job satisfaction.

specialize in -ing ~을 전문으로 하다

If you call us today, / we will outline the three basic areas to address / when developing a successful reward system.

1-Street's is known not only for great deals / but also for its excellent customer service. ☐

For 20 years, many of you have been coming back to shop with us / because of that commitment to great service.

Come see our recently remodeled store in the heart of the city's shopping district / and get more of the great service you've come to expect from 1-Street's.

152 광고 시언 (사농자/자동차 시트)

당신이 우리 회사의 마케팅 직원이라고 생각하고 우리 제품을 위한 광고를 만들어보세요.

1 MC는 멋져 보이거나 운전자를 압도하기 위해 만들어지지 않았지만 그렇습니다.

MC는 자동차 역사의 일부분이 되기 위해 만들어진 것이 아니지만 그렇습니다.

고급스러움은 도처에 있지만 이 차의 성능은 도로에서 필적할 것이 없습니다.

2 자동차 시트에 오토 ABC의 새 자동차 시트와 프레임으로 색깔과 특색을 더해보세요.

저희는 전 세계 최고 품질의 자동차 시트만 취급합니다.

이 시트는 조작이 쉽고 가격도 적절합니다.

Pretend you are a marketing staff of our company and make an ad for our products.

MC wasn't built to look good or overwhelm drivers, / but it did. ☐

MC wasn't built to become part of automotive history, / but it did.

Luxury is everywhere, / but this car's performance is unmatched by anything else on the street.

Add some color and character to your car seat / with a new seat cushion / and seat frame from Auto ABC. ☐

We stock only the finest quality car seat / from around the world.

Operating this seat is very easy / and its price is pretty **reasonable**.

reasonable 가격이 적당한

153 프레젠테이션 시언 1 (회사 소개)

낭신이 프레젠데이션에 참석해 있다고 가정하고 우리 회사에 대해 청중들에게 설명해보세요.

1 ABC 모터스가 신형 전기 자동차 엔진을 제조하게 되었음을 알려드리게 되어 기쁩니다.

새로운 엔진 공장이 베트남에 건설될 것이며 약 넉 달 후에 생산이 시작될 것입니다.

이 시설에서 엔진을 제조함으로써 ABC는 아시아 시장 점유율을 더 높이게 될 것입니다.

2 저희 회사, ABC 스타일은 뉴욕 시내에 최근 새로 쇼핑몰을 열었습니다.

서울에서 재택 사업으로 시작해 세계 제일의 번화가에 쇼핑몰 개장에까지 이른 성장은 대단한 과업입니다.

ABC 스타일은 세계에 무수한 지점을 둔 것으로 유명합니다.

Pretend you are at a presentation and describe our company to the audience.

필요한 문장에
표시해보세요!

I'm pleased to announce that / we, ABC Motors, will be manufacturing the engines / for our new electric automobile.

I'm pleased to announce that ... ~을 알려드리게 되어 기쁩니다

☐

A new engine plant will be constructed in Vietnam, / and production will commence in approximately 4 months.

By manufacturing the engines in this facility, / ABC will **have a bigger share of the Asian market**.

have a bigger share of the ... market ~시장 점유율을 더 높이다

Recently, our company, ABC Style, / opened a shopping mall in downtown New York.

☐

Growing from a home business in Seoul **to** opening a shopping mall / in one of the busiest cities in the world **is a great feat**.

Growing from ... to ... is a great feat. ~로 시작해 ~에 이른 성장은 대단한 과업입니다.

ABC Style is best known for its numerous store locations / throughout the world.

154 프레젠테이션 시연 2 (회사 소개)

당신이 프레젠테이션에 참석해 있다고 가정하고 우리 회사에 대해 청중들에게 설명해보세요.

1 저희 회사는 독립적인 사업에 특별히 맞춰진 광고 서비스를 제공합니다.

저희 회사는 신문, 잡지, 버스 광고판 등 다양한 매체를 다룹니다.

또한 온라인 마케팅 전략으로 엄청난 성공을 얻었습니다.

---

2 ABC 마켓은 서울에서 유례 없는 최대 쇼핑 센터를 열었습니다.

한국의 유통 시스템을 세계에 소개한 이래 얻은 성장 동력을 계속 이어가고 있습니다.

또한 다양한 영역의 고품질 제품을 판매하는 데 전념해왔습니다.

Pretend you are at a presentation and describe our company to the audience.

필요한 문장에
표시해보세요!

We are designed for advertising specifically / with the independent business in mind. ☐

Our company works with a variety of media including newspaper, magazine, / and bus advertisement space.

Also, **we've had an overwhelming amount of success / with** our online marketing strategies.

We've had an overwhelming amount of success with ... ~로 엄청난 성공을 얻었습니다.

ABC Market opened the largest shopping center / ever to be built in Seoul. ☐

We continue the **momentum** we have gained / since introducing Korean distribution system to the world.

momentum 동력, 가속도

We also have been dedicated to selling **quality retail products** / in various categories.

quality retail products 고품질 소매용품

155 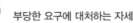 부당한 요구에 대처하는 자세

상사가 부당한 것을 하도록 요구한다면 어떻게 하겠습니까?

1 저는 상사가 그런 일을 하도록 하는 데는 이유가 있다고 생각하고 그것을 알아보려고 할 것입니다.

상사를 단념시키는 것이 어렵다면 일단 그 일을 아무런 불평 없이 받겠습니다.

그리고 나서 상사에게 제 입장을 설명하고 조언을 구하거나 그가 정확히 원하는 것이 무엇인지를 물어볼 겁니다.

2 저는 왜 그러는지 이유를 모르면 오해가 생기고 상황이 더 나빠진다고 생각합니다.

먼저 상사에게 가서 왜 그것이 부당하거나 불가능한지를 설명하고 이해를 구하겠습니다.

그런 다음 서로의 입장에 대해서 알 기회를 갖도록 노력하고 그와 가까워지려고 할 것입니다.

If your future boss urged you to do something unfair, what would you do?

반복훈련 ☐ ☐ ☐

필요한 문장에
표시해보세요!

I believe he wanted it that way for some reasons, / so I'd try to figure it out. ☐

If it is difficult to persuade him to give up, / I would take the work without any complaints first.

And then, I'd explain my situation to him / and ask for him some advice or what exactly he wants.

I think not knowing why he's doing, / this makes misunderstanding / and **makes** things **worse**. ☐

make ... worse ~을 더 악화시키다

First, I'd go to him and explain / why it is unfair or impossible / and ask him for his understanding.

After that, I'd try to have a chance to get to know each other's situation / and become close to him.

156 협상 경험

합의를 도출하기 위해 당신이 조직에서 다른 사람들과 협상을 했던 상황에 대해 설명해보세요.

1 저희 상사가 제게 프로젝트를 터무니없는 마감일에 맞춰 끝내라고 요구했습니다.

저는 필요한 모든 과정을 검토해서 프로젝트를 끝내는 데 얼마나 걸릴지를 알아봤습니다.

그리고 나서 보다 현실적인 마감 시간에 대해 상사와 상의했고 상사는 받아들여줬습니다.

2 영업팀이 상품 가격을 정했는데 가격이 너무 높게 책정된 것 같았습니다.

우리는 가격을 줄일 방안을 의논했고 저는 공정을 어떻게 하면 더 능률적으로 만들지를 제안했습니다.

저희는 양 팀에 효용이 있는 달성 가능한 기안을 도출할 수 있었습니다.

Describe a situation when you negotiated with others in your organization to reach agreement.

필요한 문장에
표시해보세요!

My boss asked me to meet an **unreasonable** deadline / to complete a project.   ☐

unreasonable 불합리한

I **went through** every step that needed to be taken / and **figured out** / how long to take to complete the project.

go through 검토하다 **figure out** 알아내다

Then, I talked to my boss for a more realistic time line / and he accepted it.

The sales team members had determined the price of products, / but I was afraid the products might have been priced too high.   ☐

We discussed the possible ways of reducing these prices / and I suggested making the producing process more efficient.

We were able to settle on an achievable plan / that worked for both of us.

157 동기 부여 방법

상사로서 팀원들의 협조를 얻어내는 가장 좋은 방법이 뭐라고 생각하나요?

1 상사로서 제가 하는 모든 것은 직원들의 태도에 그대로
반영됩니다.

다른 사람으로 하여금 최상의 성과를 얻어내는 능력이야 말로
어떤 능력보다 중요합니다.

직원들에게 제가 준비가 되었고 의지가 있고 자신감이 있음을
보여주면 완전한 지지와 협조를 얻을 수 있습니다.

2 효율적인 상사가 되는 것은 야구 경기와 같습니다.

상사로서 저의 태도는 직원들에게 대단히 중요하므로,
지속적으로 선수가 아니라 코치나 매니저임을 인식할
것입니다.

권위를 세워야 하고 관리 직원들에 대해 타당한 기준과 한계를
세워야 합니다.

As a supervisor, what do you think the best way to receive cooperation from your team members?

❚ LONG TALKS **❚**

반복훈련 ☐ ☐ ☐

필요한 문장에
표시해보세요!

As a supervisor, / everything I do will be reflected in the attitude of my staff. ☐

The ability to obtain **first-rate performance** through others is far more important / than any other abilities.
first-rate performance 최상의 성과

If I'll communicate to the staff that I'm ready, willing, and confident, / then I can receive their full support and cooperation.

Becoming an effective supervisor is / like playing baseball. ☐

As a supervisor, my attitude is critically important to my team members, / so I would constantly remind myself / that I'm more like a coach or a manager than a player.

I should establish my **authority** / and set reasonable standards and limits / for the people I supervise.
authority 권위

158 팀워크 도출 방법

상사로서 당신의 직원들이 한 팀으로 일할 수 있도록 하기 위해 어떻게 하겠습니까?

① 사람들이 한 팀으로서 함께 일을 하고 목표를 달성하도록 몇 가지 중요한 방법을 취해야겠지요.

먼저 팀원들간에 높은 신뢰를 이끌어내고 상호 이해와 유머로 갈등을 해결하도록 하겠습니다.

마지막으로 팀원들의 역할과 책임이 명확해지도록 초점을 맞추겠습니다.

② 저는 팀원들이 목표와 목적, 우선순위의 일에 대해 이해하고 동의하도록 만들어야 한다고 생각합니다.

리더로서 팀이 진짜 중요한 것과 달성 가능한 것에 초점을 맞추도록 유지하겠습니다.

그것은 바로 팀에서 인간적인 면을 발전시키고, 생산적으로 갈등을 해결하고 팀원들간에 신뢰를 높이는 것입니다.

As a supervisor, what would you do to make your staff work as a team?

필요한 문장에
표시해보세요!

I'd take some critical factors / for enabling people to work well together and get it done. ☐

First, I would make sure to draw a high degree of trust among team members / and resolve conflicts with **compassion** and humor.

compassion 연민, 상호 이해

Finally, I would focus on / the **clarity** of team members' job roles and responsibilities.

clarity 명료성, 명확성

I think / I should make team members understand / and agree on **goals**, **objectives**, and priorities. ☐

goal 목표(일의 성취 기준) **objective** 목적(일을 하는 이유)

As a leader, I'd keep the team focusing on / what is truly important and what can be accomplished.

That includes developing the human side of teams, / resolving conflict productively, and increasing trust among team members.

159 팀 내 갈등 조정 1

직원이 다른 사람에 대해 불평을 한다면 리더로서 어떻게 하겠습니까?

① 팀원들이 뒤에서 다른 직원의 얘기를 한다면 팀원들이 서로 믿고 단합할 수 없을 것입니다.

리더로서 이런 일이 생기지 않게 할 책임이 있습니다.

저는 각자 문제를 가진 사람과 직접적으로 말해보라고 요청하겠습니다.

② 개인적으로 만나 직접적으로 대화를 해보라고 그 사람에게 단호하게 얘기할 것입니다.

제 반응은 이럴 것입니다. "그 사람과 먼저 얘기해보지 않았다면 나한테 얘기하지 말아요."

팀원들이 서로 다른 직원에 대해 부정적인 얘기를 하고 다니는 것만큼 팀의 응집과 신뢰를 부정적으로 저해하는 것은 없습니다.

If an employee complains to you about another team member, what would you do as a team leader?

반복훈련 ☐ ☐ ☐

필요한 문장에
표시해보세요!

If my team members are talking about another team member behind his or her back, / it would be hard to trust each other and to obtain the **cohesion** in a team.

cohesion 화합, 응집력

As a leader, it is my responsibility / to ensure this does not happen.

I will ask each of them to talk directly to the person / with whom they are having a difficulty.

I will confront the person stating my expectation / that they should communicate directly with individuals.

My response should be, / "If you haven't talked to him first, then don't tell me."

Few things can **erode the cohesiveness and trust of a team** as **adversely** as team members / talking negatively to each other about another team member.

erode the cohesiveness and trust of a team 팀의 응집과 신뢰를 저해하다 **adversely** 부정적
으로, 불리하게

160

팀 내 갈등 조정 2

팀원들 사이에 갈등이 생긴다면
팀 리더로서 어떻게 하겠습니까?

1 먼저 실제로 문제를 일으키고 있는 사람들을 찾아낼 것입니다.

다음으로 갈등의 원인을 찾아내서 상황에 맞는 해결책을
실행합니다.

해결책이 효과가 있는지 확인했는데 그렇지 않다면 이 과정을
다시 밟을 것입니다.

2 갈등에 관련된 모든 사람들의 입장을 존중해주는 것이
중요하다고 생각합니다.

한쪽 말만 듣고 공정하게 판단할 수 없으니 양쪽의 의견을
모두 들어볼 겁니다.

그리고 나서 갈등의 당사자들에게 동의를 끌어내어 해결책을
실행할 것입니다.

If there is a conflict between team members, what would you do as a team leader?

필요한 문장에
표시해보세요!

First of all, I will **identify** the people / who have a real **stake** in the matter.   ☐

identify 찾아내다 **stake** 이해관계

Next, I will figure out the source of the conflict / and **implement** the solution to each situation.

implement 실행하다

After checking the solution works properly, / if not, I'll go through these steps again.

I think / it is important to be respectful of the **self-respect** of everyone / involved in the conflict.   ☐

self-respect 자존심, 자기 존중

I can't judge fairly by hearing only one side of the story, / so I will listen to all the arguments for both sides.

And then, I will implement the solution / by getting acceptance from the persons involved.

161 해결책 제안

동료 중 한 명이 대인 관계 기술이 부족해서 상사로부터 대화 기술을 향상시키라는 말을 들었습니다. 어떤 해결책이 있을까요?

① 그는 동료들에게 도움을 요청할 수 있습니다.

그는 특히 대인관계 기술이 좋다고 여기는 동료들에게 어떻게 다른 사람들과 편하게 지낼 수 있는지를 물어볼 수 있습니다.

아니면 직장 이외의 모임에 들어서 대인 의사소통 기술을 연습할 수도 있습니다.

② 그는 대인 의사소통 기술을 향상시켜주는 세미나에 참석할 수 있습니다.

이렇게 함으로써 대인 의사소통 기술을 향상시킬 수 있고 그의 상사에게 자신의 의지를 보여줄 수도 있습니다.

다음 번 업무 평가에서는 아마도 그의 의지가 반영될 것입니다.

One of your co-workers feels the lack of interpersonal skills, and his boss told him to improve communication skills. What would be his solution?

반복훈련 ☐ ☐ ☐

필요한 문장에
표시해보세요!

He could **turn to** / his co-workers for help. ☐

turn to ~에게 의지하다

He could ask co-workers especially, / who he admires their interpersonal skills / how they are comfortable with other people.

In another way, he could join groups outside the company / and practice his face-to-face communication skills.

He could attend seminars / to improve his face-to-face communication skills. ☐

By doing so, he could improve interpersonal communication skills / and demonstrate his resolve to his manager as well.

Probably his willingness is going to be reflected / on the next **performance review**.

performance review 업무 평가

162 업무 추진력

당신이 팀의 상사라고 합시다.
부서에 급한 일이 있는데 새 인원이
다음 주 월요일에 합류하기로 되어
있습니다. 미리 회의를 앞당기겠습니까,
아니면 월요일까지 기다리겠습니까?

① 직장 생활에서 시간은 금이기 때문에 저는 월요일까지
기다리지 않겠습니다.

처리해야 할 일이 먼저이므로 미팅 일정을 앞당기겠습니다.

그런 다음 우리 팀이 끝내야 할 급한 일이 있음을 알리고 당일
업무를 지시할 것입니다.

② 계획을 앞당겨 수요일 아침에 제일 먼저 신입 직원을
만나겠습니다.

오리엔테이션을 통해 정해진 업무 규정과 팀의 기준 내용을
전달할 수 있습니다.

그렇게 하면 신입 직원이 급한 일에 참여하여 팀의 성공에
기여하도록 만들 수 있습니다.

Pretend you are a supervisor. There's an urgent thing in your department but a new employee is supposed to join next Monday. Would you meet with him in advance or wait until Monday?

필요한 문장에
표시해보세요!

I won't wait until Monday / because time is money / when I work in the office. ☐

I will **shift back** the schedule of the meeting / because the work to be done is first.

shift back 앞당기다

Then, I will let him or her know that my team has an urgent thing to be completed / and assign him or her tasks for the day.

I will advance the schedule / and meet with the new employee first thing / on Wednesday morning. ☐

Through the orientation, / I will make him know the defined work rule and the standards of the team.

That way / I can make him join the urgent work / and contribute to the team's success.

163 업무 실수를 줄이는 법

일할 때 실수를 피하기 위해 어떻게 했는지 설명해주세요.

1 지난번 직책에서 저는 매니저들을 위한 모든 회의를 조직하는 책임을 맡았습니다.

매니저들과 개인적으로 연락해서 그들이 원하는 것이 무엇인지를 주의 깊게 듣고 확인했습니다.

마지막으로 돌다리도 두드려봐야겠죠. 세부사항들을 이메일로 그들에게 보내 제가 한 것이 맞는지 확인했습니다.

2 저는 항상 세심한 주의를 기울이고 신중하게 실수를 관리해서 제 업무를 정확하게 끝내기를 원했습니다.

그래서 저는 어떤 일이든 일단 잡히면 팀원들에게 피드백을 주고 필요한 것들이 되어 있는지 점검할 시간을 잡았습니다.

그리고 나서 바로 확정된 세부사항을 팀원들에게 이메일로 보냈습니다.

Describe what you did to avoid making mistakes in your work.

반복훈련 ☐ ☐ ☐

필요한 문장에
표시해보세요!

In my last position, / I was responsibility for organizing all the meetings for managers. ☐

I contacted them personally, listened carefully, / and checked what they needed.

Finally, looking before I leap, I followed up with detailed e-mails to them to confirm / that I had it right.

I always wanted to complete my tasks accurately with close attention / and carefully control errors. ☐

So once I had made the arrangements on something, / I set up a time to give other team members feedback and check / if I had everything we needed.

I then followed this up with e-mails to them / with all the confirmed details.

164 업무 평가 관련 1

업무 고가에 만족하지 못했던 때를 설명해주세요. 그래서 무엇을 하셨나요?

1 제 업무 고가가 생각보다 낮았을 때 처음에는 많이 실망했습니다.

저는 계획이 필요하다고 생각해 매달 달성해야 할 아주 구체적인 목표를 세웠습니다.

그 이후로 저는 제 스스로 높은 기준을 세워 이러한 기준들을 맞추기 위해 노력했습니다.

---

2 제 상사가 업무 평가를 했는데 등급을 예상보다 낮게 매겼습니다.

저는 상사에게 정기적으로 업무에 대한 의견을 들었고 그러한 기준에 맞추기 위해 열심히 일했습니다.

6개월 후에 제 업무 고가는 훨씬 높아졌습니다.

Tell me about a time that you were not satisfied with your work performance. What did you do about it?

필요한 문장에
표시해보세요!

When my performance review rating was lower / than I
had wanted, at first, I was very disappointed. ☐

I thought to need a plan / and set very specific targets to
be met **on a monthly basis**.
on a monthly basis 매달

Since then, I set high standards for myself / and **strived to
meet these standards**.
strive to meet these standards 이러한 기준을 맞추기 위해 노력하다

My boss conducted performance reviews / and my rating
was lower / than I had expected. ☐

I asked him for regular feedback about my performance /
and I worked hard to meet the work standards.

After 6 months, / my performance rating was much higher.

165 업무 평가 관련 2

업무 평가에서 가장 많이 듣는 비판은 어떤 것인가요?

1 저는 좀 더 자주 제 의견을 말할 필요가 있다는 얘기를 들었습니다.

저는 보통은 제안하기를 좋아하지만 여러 사람 앞에서 말해야 할 때는 수줍음을 탔습니다.

그 후로 저는 단체 회의에서 말하는 연습을 해왔고 지금은 자신감이 생겼습니다.

2 제 상사는 제가 더 효율적으로 일을 해야 한다고 말했습니다.

저는 프로젝트를 잘 해냈지만 프로젝트에 시간과 노력을 너무 많이 들여서 스트레스를 받곤 했습니다.

저는 그 비판을 기쁘게 받아들이며 좀 더 똑똑하게 일하기 위해 노력하고 있습니다.

During your performance reviews, what criticism do you hear the most?

반복훈련 ☐ ☐ ☐

필요한 문장에
표시해보세요!

I heard / that I need to **voice my opinions** more frequently.　☐

voice my opinions 자신의 의견을 말하다

I usually liked to make suggestions, / but I felt shy when I had to say **in front of public**.

in front of public 대중 앞에서

Since then, / I have practiced speaking in group meeting / and now I feel more confident.

My manager told me / that I should work more efficiently.　☐

I did my projects well, / but I spent so much time and effort on the project that I got stressed.

I'm glad that I received this criticism / and now I try to work smarter.

인용구를 이용하면 공감 두 배

유명 인사의 잘 알려진 말을 인용하면 말에 권위도 생기고 설득력을 배가시키는 효과가 있습니다. 컴퓨터에 대해 스티브 잡스가 한 말이다 하면 사람들은 저절로 고개를 끄덕입니다. 인생의 온갖 고난이나 정의에 대해 간디의 말을 인용해 설명한다면 누구나 공감할 것입니다.

I read a quote that made an impression on me: "If you live each day as if it was your last, someday you'll most certainly be right."

제게 감명을 준 경구를 읽었는데 이런 것이었습니다. "매일을 인생의 마지막 날처럼 산다면 언젠가는 꼭 성공할 것이다."

인용구가 반드시 다른 사람이 한 말일 필요는 없습니다. 내가 한 말이어도 인용하면 듣는 사람의 호기심을 자극할 수 있고 지루한 면접에 살짝 재미를 더해주는 답변이 됩니다.

Since then, every morning I have asked myself: "If today were the last day of my life, would I want to do what I'm about to do today?"

저는 그 이후 매일 아침 제 자신에게 질문을 던졌습니다. "오늘이 내 인생 마지막 날이라면 오늘 하려는 일을 하고 있을 것인가?"

요즘 세태를 설명하거나 누구나 아는 일을 설명함으로써 공감을 불러올 수도 있습니다. "요즘 애들은 버릇이 없어. 옛날 우리 같지 않다니까."라고 하면 "맞아, 맞아!"라고 절대 공감을 표시하잖아요. 마찬가지로 요즘 이슈가 되고 있는 사건이나 현상에 대해 관심을 가지고 영어로 표현해보는 연습을 하세요. 면접관의 이목을 집중시키는 데 많은 도움이 됩니다.

It seems like autumn/spring has almost disappeared because of global warming.

지구 온난화 때문에 가을/봄이 거의 사라지는 것 같습니다.

7

까다로운 질문 &
브레인스토밍이 필요한 질문

한마디로 표현하자면 '당황스러운 질문들'입니다. 함정이 있는 질문이나 어떤 태도를 취해 답하든 문제의 소지가 있는 질문들이죠. 그러나 답변 내용에 너무 걱정하지 마세요. 너무 오래 생각하지 않고 답을 하는 것이 '옳은 답'을 찾는 것보다 훨씬 중요합니다. 질문을 듣고 대응해야 하는 시간 2~3초 안에 정답 또는 옳은 답변을 하기란 어렵다는 것을 면접관도 잘 압니다. 그러한 위기 상황에 어떻게 대응하고 영어로 논리적으로 답변하는가가 포인트입니다. 답변 안에 논리만 완성되면 만족스럽다 할 수 있으니 당황하는 모습을 보이지 말고 끝까지 당당한 태도를 유지하세요.

국내 기업

면접 종류: 영어 면접

장소: 본사 면접장

참가자: 면접관과 면접자, 다수의 면접자일 수도 있다.

질문의 의도 및 대응 전략: 이런 질문을 한다면 영어 실력을 더 심층적으로 알아보려고 하거나 순발력이나 재치, 갑작스러운 상황에 대한 대응 태도를 보고 싶어서일 수 있다.

외국 기업

면접 종류: 1, 2차 면접

장소: 한국 지사 면접장 또는 1차 면접 이상일 경우 현지일 수 있음

참가자: 면접관과 면접자, 다수의 면접자일 수도 있다.

질문의 의도 및 대응 전략: 과거 구글에서 이와 유사하지만 훨씬 까다롭고 정답을 알 수 없는 수수께끼 같은 질문을 많이 해서 논란이 되기도 하고 조롱의 대상이 되기도 했다. 현재는 그런 질문을 하지 않는데, 여기서는 좀 까다로운 질문, 당황스러운 질문을 정리한 것이다. 자신이 직접 설명하는 자신에 대한 장단점 이외에 이런 상황을 만들어 알아보고 싶은 것이 있을 때 하는 질문일 수 있다. 질문의 의도를 파악했다면 그에 맞춰 답변하는 것이 좋다. 정답을 모르거나 답변을 못하겠다고 하더라도 답변을 아예 피하지 말고 답변을 할 수 없는 이유를 진정성 있게 설명해준다.

Tricky Questions &
Brainstorming

166 우정의 의미/경험

① '우정'이란 어떤 의미인가요?
② 우정에 금이 간 경험에 대해
   설명해주세요.

❶ 우정이란 힘든 시간을 보내고 있을 때 잘 지내고 있느냐고
묻는 것입니다.

그것이 바로 아리스토텔레스가 "친구는 두 번째 자아이다"라고
한 이유입니다.

함께 일하고 항상 서로 끈끈한 관계를 맺으며 서로를 아껴주는
것이죠.

❷ 저는 최근에 출장을 갔다가 제 고객과 중요한 회의에 참석하기
위해 중간에 돌아와야 했습니다.

그런데 예약을 해준 제 동료가 제게 날짜를 잘못 알려줘서
원래 출장이 일정대로 진행되었다면 마무리 지을 수 있었던
이로운 사업을 놓쳤습니다.

그때는 그에게 화가 났지만 그는 여전히 가장 친한 친구이고
그게 바로 우정이라고 생각합니다.

① **What does "friendship" mean to you?**
② **Tell me a situation you had when your friendship with your friend at risk.**

필요한 문장에
표시해보세요!

Friendship is that people care about / how you're doing when the doings aren't so good. ☐

That's why Aristotle said, / "A friend is a second self."

It means that I work with them, **have a strong bond with** daily, / and take care of each other.
have a strong bond with ... ~와 밀접한 관계를 맺다

I recently had to **cut short a business trip** / to attend an important meeting with my client. ☐
cut short a business trip 출장을 서둘러 끝내다

But my colleague who made a reservation informed me of wrong date, / so I missed a profitable business I would have closed / if I had kept my original trip schedule.

At that time, I was upset at him, / but he's still my best friend / and I think that's what friendship is.

167 가족의 의미/경험

① '가족'이란 어떤 의미인가요?
② 가족이 힘든 일을 겪었던 경험에 대해
 설명해주세요.

1 가족의 일원이 된다는 것은 세상에서 가장 고된 일일지
몰라요. 그리고 동시에 가장 고귀한 일 중 하나죠.

우리는 가족이라는 선물을 받아요. 하지만 가족은 매우 소중한
식물과도 같아요.

계속 물도 줘야 하고 세심히 신경 쓰며 보살피고 키워야 하죠.

2 제가 10살 때 할머니께서 말기 암으로 죽음을 앞두고
계셨습니다.

저희 가족들은 슬픔에 가슴이 미어졌지만 할머니 옆에 모여
기도했습니다.

할머니가 돌아가신 후로 할머니를 몹시 그리워 하며 해마다
제사를 지냅니다.

① **What does "family" mean to you?**

② **Tell me a situation you had when your family had a hard time.**

필요한 문장에
표시해보세요!

Being a member of a family may be the hardest job on earth, / and at the same time it is one of the most precious things.   ☐

We've got this gift of a family, / but it is like a precious plant.

You've got to keep watering it / and got to really look after and nurture it.

When I was 10 years old, / my grandmother was dying of terminal cancer.   ☐

With our hearts filled with sadness, / my family gathered around her and prayed.

Since she passed away, we've missed her so much, / and **held a memorial service for** her every year.

hold a memorial service for ... ∼의 제사를 지내다

168 직업 마인드

① 일을 즐기는 편인가요?
② '일'은 당신에게 어떤 의미인가요?

① 매일 일하는 시간이 파이처럼 달콤하지는 않습니다.

그러나 저는 그것을 즐거운 책임으로 받아들여요. 저는 무슨 일을 하든 그 일에서 기쁨을 얻기를 원하니까요.

저는 삶이 즐기는 것이지 견뎌내는 것이 아니라고 믿기 때문에 일할 때는 열심히 하고 놀 때는 제대로 놀아요.

② 제 친구들은 제가 첫 직장이 생겼을 때 다른 도시로 옮겨 갔던 사실에 관해 아직까지도 놀라움을 금치 못해요.

저는 지금 하려는 행동이 진정 내가 원하는 목표에 더 가까이 다가가도록 해줄지 스스로 물었습니다.

그저 기회가 왔다는 생각이었죠. 일이란 제게 의미가 큽니다. 제가 진정 원하는 것이기 때문이죠.

① **Are you enjoying working?**
② **What does "work or job" mean to you?**

필요한 문장에
표시해보세요!

It's not / that I'm sweet as pie every day at work. ☐

But I take work as a joyous responsibility / because I want to take pleasure from everything I do.

I work hard while I work / and I have fun while I play / because I believe that **life is to be enjoyed, not endured.**
life is to be enjoyed, not endured 삶은 즐기는 것이지 견뎌내는 것이 아니다

Most of my friends are still amazed / that I moved across the city / when I took the first job. ☐

I asked myself a question: / what I do right now is going to get me closer to what I want.

I knew I had a chance; / my job means a lot to me / because it is what I really want.

169 휴식/삶의 의미

① '휴식'은 당신에게 어떤 의미인가요?
② 당신이 죽음을 앞두고 있다고
  가정한다면 자식들의 삶을 위해
  남기는 한 마디 말은 무엇인가요?

① 삶에서 후퇴란 있을 수 없어요. 어쨌든 살아가야 합니다.
그래서 휴식은 제가 일과 삶 사이에서 균형을 유지하게
해줍니다.

그렇지만 시간이 없어서 저는 하루에 한 번, 주로 아침에 30분
정도 명상을 해요.

심호흡을 깊이 하고 내면 깊숙한 곳과 주위를 바라보면서
스스로의 완벽한 균형을 이해하게 되고 명상하는 동안에
잠깐은 모든 것을 놓아버릴 수 있어요.

② 제가 특히 좋아하는 격언, 마야 안젤루가 한 말을 해주고
싶습니다. "배운 것은 가르쳐라, 얻은 것은 베풀어라."

베푸는 것에서 위안을 찾는 동안 얻는 것은 다름 아닌
스스로에게 주는 위안이죠.

그것은 인생이라는 여정에서 친구를 얻는 것과 같습니다.

① **What does "taking a rest" mean to you?**

② **Pretend you are in the presence of your impending death, what is one thing you want to tell your children for their lives?**

반복훈련 ☐ ☐ ☐

필요한 문장에
표시해보세요!

We can't **take a recess** from life. / It keeps going on, / so taking a rest allows me maintain a balance between my job and life.
take a recess 후퇴하다

☐

But I don't have enough time, / so I meditate once a day for half an hour, / usually in the morning.

While I **take a deep breath** and look deeply within and around, / I understand my perfect balance and in meditation, I can **let go of everything** for a moment.
take a deep breath 심호흡을 하다 **let go of everything** 모든 것을 놓아버리다

I would say my favorite quotes from Maya Angelou to them; / "When you learn, teach. When you get, give."

☐

You can find comfort for yourself / when you seek the comfort to give.

It's like they get a friend / on their journey of life.

170 성공의 핵심 요소

① 업무 수행에서 가장 중점을 두는 것이 무엇인가요?
② 이 분야에서 성공하기 위한 핵심 요소가 무엇이라고 생각하나요?

1 저는 조직력이 좋은 팀워크가 있어야 최상의 업무 성과를 낼 수 있다고 생각합니다.

제가 정한 목표가 팀의 목표와 상응하는지 반드시 살펴봅니다.

그런 다음 제가 동료들을 위해 세운 목표를 조정하여 생산적이고 효율적으로 일할 수 있도록 합니다.

2 세 정신적 스승의 충고가 떠오릅니다. "이 업종에서 성공하려면 인간관계가 핵심이다."

해답은 더 관심을 가지고 그들을 돌보고 우리 자신과 제품을 돌보는 것이죠.

이것이 바로 이 분야에서 성공하는 방법입니다.

① **What is the key factor that you focus on doing the work?**

② **What do you think the key factors for succeeding in this industry?**

반복훈련 ☐ ☐ ☐

필요한 문장에
표시해보세요!

I think well-organized teamwork is needed to ensure first-rate performance. ☐

I make sure that every goal I set is consistent with the goals of the team.

Then, I will adjust the goals I have set for my co-workers / so that I can keep myself productive and efficient.

I'm remembering even the words of my mentor, / "The key to this business is personal relationships." ☐

The answer is more attention, / caring for them, / caring for ourselves and the products, too.

That's how / we succeed in this industry.

171 결혼/성별 차이 극복

① 결혼하셨나요?

② 우리 회사는 여직원을 뽑고 싶습니다만 저희 고객들 대부분이 아시아인과 중동 지역 사람들이라 남자 직원과 일하는 것을 선호합니다. 그래서 이 자리에 남자를 뽑을까 합니다.

❶ 그렇습니다. 그리고 저를 항상 응원해주는 아이들도 있습니다.

그렇지만 저는 근무 시간에 개인 문제를 염려하면서 보내지 않을 것입니다.

그리고 저는 시간을 잘 지키는 것에 대해 자부심을 느끼고 있으며 필요하다면 지금도 초과 근무를 할 수 있습니다.

❷ 그 점을 이해하지만 이 문제를 다른 측면으로 봐주시기 바랍니다.

저는 다양한 배경을 가진 외국인 친구가 많아 다양한 아시아 문화에 대해 많은 것을 배웠습니다.

또한 저는 다른 누구보다도 이 직책에 근무할 충분한 자격을 갖춘 사람이라고 생각합니다.

① **Are you married?**
② **We love women at this company, but most our clients are Asians and Middle East Asians who prefer to work with men, so we are considering hiring a man for this position.**

반복훈련 ☐ ☐ ☐

필요한 문장에
표시해보세요!

Yes and I also have children / who always cheer me up. ☐

But I assure you / that I don't take company time to **concern my personal problems**.
concern my personal problems 개인적인 문제를 염려하다

And I want to say that I pride myself on **punctuality**, / and I'm still free to do overtime if required.
punctuality 시간 엄수, 정확함

I understand that, / but I'd like you to take another look at this matter. ☐

I have many foreign friends from different background, / so I have learned a lot about different Asian culture.

Also I'm sure / that I'm well-qualified to handle this position than anyone.

172 도전과 이상

① 당신이 40대라고 가정했을 때 여기서
하급직에서 시작할 수 있나요?
② 지금 가장 후회되는 것이 무엇인가요?

❶ 기꺼이 도전하고자 하는 마음과 정신을 갖고 있는 한 나이는
숫자에 불과해요.

다른 분야에서 정말로 다시 시작할 기회를 원한다면 잠시
한 걸음 물러서 말단직에서 시작하는 것도 가치가 있다고
생각합니다.

하급직 일은 이 분야에 대해 바닥부터 배울 수 있게 해주고
제가 계획한 대로 나아갈 수 있게 될 것입니다.

❷ 제 커리어를 일찍 결정하지 못한 것이 가장 후회됩니다.

저는 4학년 여름에 인턴을 통해 직장 경험을 쌓으면서 늦은
시작을 만회했습니다.

그 후로 저는 이 업계에서 미래 경력을 준비하기
시작했습니다.

① **Pretend you're forty-something, then would you be willing to start at an entry-level position here?**
② **What is your biggest regret now?**

▌**LONG** TALKS ▌

반복훈련 ☐ ☐ ☐

필요한 문장에
표시해보세요!

As long as I have my mind and sprit to **be willing to give a challenge**, / age is just a number.   ☐
be willing to give a challenge 기꺼이 도전하고자 한다

I think that it's worth starting at an **entry-level** position a step backward for a while / if I really want the opportunity to start over again in a different field.
entry-level 말단의

I'm sure / starting in an entry-level role would allow me to learn this business **from the ground up** / and move forward as I plan.
from the ground up 밑바닥에서부터 끝까지

My biggest regret was / not **settling on** my career early enough.   ☐
settle on ～을 정하다

I **made up for** my late start by getting work experience / through my internship during senior year summer.
made up for 만회하다, 보상하다

Since then, / I started to prepare for my future career in this industry.

173 직장 내 문제 경험

① 동료와 문제가 생겼던 경험이 있나요?
② 팀원으로서 효율적으로 일하기가
   어려웠던 적이 있나요?

① 네, 새로 온 직원과 문제가 있었습니다.

저는 문제를 해결하고 싶어서 그에게 원하는 것을 주고 대신
그의 태도를 바꿔줄 것을 제안했어요.

그에게 부서의 다른 사람들과 좀 더 협조를 해달라고 했고
그는 그것을 받아들이고 더 어울릴 기회를 달라고 했습니다.

② 이전 회사에서 첫 해 동안 제가 일하는 스타일이 엄격해서
팀원들이 저를 대화에 잘 끼워주지 않는다고 느꼈습니다.

저는 신뢰를 얻기 위해 각 팀원들을 개인적으로 만나 이야기를
나누려고 했습니다.

저는 그들의 충고를 구했고 점차 그들과 잘 지내게
되었습니다.

① **Have you experienced when you had trouble with your co-worker?**
② **Did you have a time that you had difficulties being an effective team member?**

필요한 문장에
표시해보세요!

Yes, I had trouble with a new comer / in our office. ☐

I hoped to **figure things out**, / so I suggested him to give something / he wanted **in exchange for** a better attitude on his part.

figure ... out ～을 해결하다 **in exchange for** ～대신의, 교환으로

I asked him to be more cooperative with others in the department / and he admitted it and asked me to give more opportunity to get time together.

During my first year at the previous company, / I felt the team members did not include me in their conversation / because of my strict working style. ☐

I tried to meet each team member individually / and talk with them to get their trust.

I asked for their advice and gradually / I came to get along with them.

174 문제 상황 해결 방안

① 상사가 당신이 낸 좋은 아이디어를
'가로채려고' 한다면 어떻게 대응하겠습니까?
② 당신이 회의를 진행하고 있습니다.
주제에 대해 논의하고 싶지만 아무도
말을 하지 않습니다. 어떻게 이 상황을
해결하겠습니까?

❶ 먼저, 제 상사이고 우리가 한 팀임을 알기 때문에 신중하게
대응하겠습니다.

제 아이디어가 보너스로 보상을 받거나 다음 업무 평가에
반영된다면 만족하겠습니다.

그러나 말 그대로 '빼앗아가는' 것이라면 상황에 대해
공식적으로 논의하자고 요청하겠습니다.

❷ 재미있는 이야기로 분위기를 바꾸고 누구나 바로 답변할 수
있는 질문으로 넘어가겠습니다.

만약 주제에 대해 잘 모르면 말을 안 하려고 하잖아요.

사람들이 토론에 참여하기 시작하면 저는 구체적인 질문을
함으로써 계속 이어갈 수 있습니다.

① **What if your boss managed to "take credit" for all your great ideas, how would you handle it?**

② **You're conducting a meeting now. You want discussion on a topic but no one is talking. How would you handle the situation?**

반복훈련 ☐ ☐ ☐

필요한 문장에
표시해보세요!

Firstly, I would **tread cautiously** because he is my boss / and I understand we are on a team.   ☐

tread cautiously 신중을 기하다, 조심스럽게 접근하다

If I were being rewarded for my ideas with bonus / or it were reflected on the next performance review, / I would be satisfied.

But if it were literally / "taken away from me", / I would ask to openly discuss the situation.

I will **break the ice** by talking a fun story / and go over a general question / that anyone can say **without hesitation**.   ☐

break the ice 분위기를 바꾸다   **without hesitation** 바로, 주저없이

They won't speak / if they feel uncertain about the topic.

Once they start to participate in discussion, / I can continue by asking some specific questions.

175

문제 해결 과정/방안 제시

① 문제를 해결하는 과정을 세 단계로 요약해 설명해보세요.

② 회사 물품 사용을 줄이고 재활용품 사용 비율을 높여 환경에 기여하는 기업이 되기 위한 방안은 무엇입니까?

1 문제를 해결하기 위해 다음 세 단계를 따릅니다. 먼저 진짜 문제를 가려내기 위해 문제에 대한 데이터와 정보를 수집합니다.

다음으로 그것들을 분석하고 논의해 가능한 해결책을 찾습니다.

마지막으로 하나의 해결책을 정하고 실행합니다. 그런 후에도 문제가 실제로 해결되지 않는다면 처음부터 다시 시작할 것입니다.

2 제가 제안하는 주요 방안은 재활용 통을 각 부서에 제공하는 것입니다.

모든 부서가 같은 통을 갖고 있으면 재활용 과정을 준비하고 개선하는 데 훨씬 용이할 것입니다.

또한 이것은 도시 재활용 프로그램의 효율성을 증대시키는 데 도움이 될 것입니다.

① **Describe the process to solve a problem in 3 steps.**

② **What is the way for the company to contribute to our environment by reducing the consumption of office supplies and increasing the reusable things?**

∎ LONG TALKS **∎**

반복훈련 ☐ ☐ ☐

필요한 문장에
표시해보세요!

I will follow the next 3 steps to solve the problem. First, gather the data and information / about the problem to identify the real problem. ☐

Next, analyze them and discuss / and find possible solutions.

Finally, make a decision on one solution / and implement it. After doing so, if the solution doesn't actually work, I will start again at the first step.

The main way I will suggest now / is to provide each department / with **recycling containers**. ☐
recycling containers 재활용 통

With every department having the same containers, / it will be much easier to organize and improve our recycling process.

It will also help improve / the efficiency of the city's recycling program.

176 업무 효율을 위한 전략

① 이 직책에 채용된다면 향후 60일 동안 어떤 전략을 세울 건가요?
② 다음 주 월요일부터 상사로 승진된다고 가정해보세요. 어떤 전략을 세워 사무실에서 적용하겠습니까?

① 처음 60일 동안 저는 회사에 기여하기 위한 제 역할을 이해하기 위해 노력하겠습니다.

현재까지 어떤 작업이 이루어져 있고 전반적인 이윤율을 높이는 데 어떻게 기여할 것인지를 고려할 것입니다.

그 지점에서 성장 전략을 세우겠습니다.

② 팀의 업무 규범을 정하고 팀원들이 그것에 맞춰 조정할 시간을 일주일 정도 주겠습니다.

또한 직원 회의를 맨 처음에 소집해서 회사가 팀에 배당한 임무를 설명하겠습니다.

그리고 나서 일대일 회의를 통해 잘못 이해하는 것을 막고 개별적인 관계를 쌓을 것입니다.

① **If you were selected for this position, what would be your strategy for next 60 days?**
② **Pretend you will be promoted to a supervisor, starting next Monday. What strategy would you develop to use in your office?**

필요한 문장에
표시해보세요!

For the initial 60 days, / I will try to understand my role to contribute to the business. ☐

I'll see what has already been done / and how I can contribute to increasing the overall **profitability**.

profitability 수익성. 이윤율

From there on, / I'll **map out a strategy** to growth.

map out a strategy 전략을 짜다

I will set work standards in my team / and give everyone a week or so to **adjust** to them. ☐

adjust 조정하다

I will also call a staff meeting first thing / and explain the mission the company has given my team.

I will follow up **the one-on-one meeting** / so that I can avoid any misunderstandings / and improve individual relationships.

the one-on-one meeting 일대일 회의

177 승진 누락 이유/약점

① 이력서를 보니 이전 회사에서 3년간
일하셨는데 승진을 못하셨네요.
왜 그랬나요?
② 자신의 가장 큰 약점이 무엇인가요?
사실은 강점인 것이 아니라 진짜 약점이요.

1

회사에 들어가 첫 달에 회사 사정이 좋지 않아 직원들 월급이
3개월째 밀려 있다는 사실을 알게 되었습니다.

대량 해고가 있었고 저는 살아남았습니다.

그 회사는 몇 년간의 침체기를 거친 후 잘 회복했는데
대부분의 직원들이 승진하는 데는 오래 걸렸습니다.

2

업무에서 제 자신을 증명해 보이기를 기대하기 때문에 실패를
견디지를 못하는 것 같습니다.

제가 실패를 하면 저는 시간이 얼마나 걸리든지 모든 것을
하나하나 검토합니다.

그러나 요즘은 실패로부터도 배울 수 있다는 것을
깨달았습니다.

① **From your resume, I see that you worked at the previous company for 3 years, but you weren't promoted. Why not?**

② **What is your biggest weakness that's really a weakness not a secret strength?**

필요한 문장에
표시해보세요!

During the first month that I worked there, / I found out that the company **is in the financial dire straits**, / so employees hadn't been paid for 3 months. ☐

be in the financial dire straits 심각한 재정난에 빠지다

There were **a lot of layoffs** / and I survived.

a lot of layoffs 대량 해고

The company recovered well after going through several **lean years**, / but most of the employees were long **overdue** for a promotion.

lean years 어려운 시절, 침체기 **overdue** 기한이 지난

I think I can't stand failure / because I expect me to prove myself on the assignment. ☐

If I fail, I start going over everything step by step / how long it takes.

But these days, / I realized that I can learn from the failure.

178 해고 경험

① 이력서를 보니 전에 해고를
  당하셨네요. 어떠셨어요?
② 최근에 왜 일을 하지 않았나요?
  대신에 무엇을 하셨나요?

① 해고되고 나서 저는 충격을 받았지만 다시 제자리를 잡고자
했습니다.

위기는 곧 최상의 기회라고 믿었고 저는 2개월 내에 더 많은
돈을 받고 더 나은 회사에 취직했습니다.

그 경험을 통해 저는 제 자신에 대한 믿음과 그 일에 변치 않는
열정을 가지는 것에 대해 많이 배웠습니다.

② 저는 최근 졸업했기 때문에 직장을 구하고 있었습니다.

그러나 당시 고용 시장에서는 기회는 적고 많은 사람들이
일자리를 찾고 있었습니다.

그래서 저는 안정적인 일자리에 대한 기회를 기다리면서
실력을 향상시키기로 마음 먹었습니다.

① **From your resume, it looks like you were fired before. How did that make you feel?**
② **Why haven't you worked recently? What have you been doing instead?**

필요한 문장에
표시해보세요!

After I was fired, I was totally shocked / but I managed to **bounce back**. ☐

bounce back 다시 회복하다

I believed that the best opportunities can be found in times of crisis and / I was hired in a better firm / that paid me more money in a couple of months.

From that experience, / I learned a lot about having trust in myself and passion about working on it.

Since I just graduated from university, / I was looking for a job. ☐

In the job market at that time, / however, there were fewer chances / while more people were looking for a job.

So, I decided to upgrade my skills / while waiting / until the opportunity for the secure job comes.

179 자격 조건

① 이 직책에 대해 당신의 자격이 과한 것 같습니다. 어떻게 생각하세요?
② 왜 이 분야에서 성공할 거라고 생각하나요?

❶ 제가 기술이나 학위에 있어 자격요건보다 넘친다는 것이 사실일지도 모릅니다.

그러나 저는 이 직위에서 업무 효율성을 개선할 수 있고 그러면 이 자리는 더 자격 요건이 좋은 사람이 필요할 것입니다.

사람뿐 아니라 회사, 부서, 그 어떤 것도 매일 성장할 수 있다고 생각합니다.

❷ 여기 이 직책에는 팀을 이뤄 일을 잘 할 수 있는 프로젝트 관리 기술을 가진 사람이 필요합니다.

대학 학생회 회장으로서 저는 다른 학생들과 함께 많은 행사를 성공적으로 조직했습니다.

이런 이유로 제가 바로 기술과 경험을 고루 갖춘 적합한 사람이라고 확신합니다.

① **I think you are overqualified for this position. How do you feel about that?**
② **Why do you think you will be successful in this job?**

필요한 문장에
표시해보세요!

It might be true / that I have more skills and degrees than ☐
you require.

But I think I can improve **work efficiency** in this position /
and then this position will need more qualified person.
work efficiency 업무 효율성

I believe that not only people but also company,
department, / and anything can grow every day.

This position here needs people with **project** ☐
management skills / who can work well in a team.
project management skills 프로젝트 관리 기술

As a leader of university student union, / I organized many
events successfully with other students.

For this reason, / I'm sure I'm a qualified person / with the
right combination of skills and experiences.

180 동기부여 요인/봉급

① 사람들에게 가장 동기부여가 되는 것으로 우리가 해야 할 일이 무엇이라고 생각하나요?

② 괜찮은 봉급을 받기를 원하실 텐데요. 봉급이 줄어도 괜찮나요? 예상 봉급이 얼마인가요?

❶ 사람들에게 가장 동기부여가 되는 것은 돈이라고 생각합니다.

따라서 영업을 증가시킬 수 있도록 인센티브 프로그램을 만들 것을 제안하고 싶습니다.

매달 말에 가장 많이 판매한 사람에게 상금을 줄 수 있습니다.

❷ 저는 자아실현이 봉급보다 더 중요하다고 봅니다.

어떤 새로운 직업을 선택할 때 회사가 직원들의 능력을 인정해주고 그들에게 많은 기회를 주는지를 봅니다.

그리고 좋은 회사는 직원들에게 충분한 보수를 지급한다고 믿습니다.

① **What do you think we have to do to motivate people the most?**

② **You seem to be drawing a good salary. Will you be OK in taking a salary cut? What is your expected salary?**

┃LONG TALKS **┃**

반복훈련 ☐ ☐ ☐

필요한 문장에
표시해보세요!

I think / what motivates people most is money.   ☐

So I would suggest / that we create an incentive program to increase sales.

At the end of every month, / we can **reward** the top seller **with** some money as a prize.

reward A with B A에게 B로 보상하다

I believe **self-actualization** is more important / than the career salary.   ☐

self-actualization 자아실현

While taking up any new jobs, / I ensure that the company recognizes the employees' ability / and provides the employees with many opportunities.

And I believe that a good company ensures / that their employees are paid well.

181 <small>이직 관련</small>

① 어떻게 이번 인터뷰 시간을 잡았나요?
당신의 상사는 당신이 지금 어디에 있다고
알고 있죠?

② 당신은 이전 회사가 위기에 처했음을 알고
계셨는데 왜 그때 다른 직장을 찾아보지
않았나요?

❶ 제 상사에게 솔직할 수 없는 불편한 상황임을 잘 알고
있습니다.

그렇지만 저는 아직 현재 직장 소속이므로 일이 우선이고
인터뷰가 다음입니다.

사실 이 인터뷰는 개인적으로 휴가를 내서 보는 것입니다. 제
상사를 속이면서 일자리를 찾고 싶지는 않아서요.

❷ 제 주변의 모든 사람들이 해고당하고 있었다는 걸 알았지만
저는 업무 상황을 정상화시키기 위해 열심히 일해야 했습니다.

그 당시에 저는 일이 몰려서 다른 직장을 찾아볼 시간이
없었습니다.

이 업계에서 힘든 시기였기 때문에 어쨌든 그때는 일자리를
찾기 힘들었을 겁니다.

① **How did you make time for this interview? Where does your boss think you are right now?**

② **You knew that things at the previous company were rocky, why didn't you look for another job at that time?**

⏸ LONG TALKS **⏸**

반복훈련 ☐ ☐ ☐

필요한 문장에
표시해보세요!

I know this is an awkward situation / where I cannot be truthful to my boss.   ☐

But I still belong to the current job, / so my job first, interviews second.

Actually, this interview is during a break that is my personal time off / because I don't want to search for a job **behind my boss' back**.

behind somebody's back ~ 몰래

I knew everyone around me was being cut, / but I had to work hard to **stabilize** the work situation.   ☐

stabilize 정상화시키다

At that time, I didn't have any time left over to look for another job / because of being pressed with work.

With **tough times** in this industry, / anyway it would have been hard to find a job / at that time.

tough times 어려운 시기

182 이전 회사 경험

① 회사 정책에 동의하지 않았던 때에 대해 말해주세요.
② 당신이 어떻게 부서를 위한 목표를 세우고 실행했는지 말해주세요.

1

저는 모든 가능한 결과를 자세히 살펴보지 않고 말하는 대로 어떤 것이든 받아들이는 사람이 아닙니다.

회사는 직원들이 엄격한 복장 규정을 따르기를 원했던 반면 저는 구식 정책에 대해 변화를 제안하기를 원했습니다.

저는 정책을 개정하자는 저의 제안이 전반적으로는 회사에 이득이 된다고 믿었습니다.

2

동료들과 저는 향후 2개월간 새로운 프로젝트를 개발해야 했습니다.

저는 부서의 목표를 세우기 전에 회사의 비전과 목표를 찾아볼 필요가 있다고 생각했습니다.

저는 이러한 목표를 달성하는 최상의 결과를 내기 위해 우리가 무엇을 해야 하는지를 팀원들에게 설명했습니다.

① **Tell me about a time you disagreed with a company policy.**
② **Tell me how you set the goals for your department and gained commitment to them.**

❚LONG TALKS **❚**

반복훈련 ☐ ☐ ☐

필요한 문장에
표시해보세요!

I am not a person who accepts anything / that I am told to do / without thinking through all possible outcomes. ☐

While the company wanted employees to follow the strict dress code, / I wanted to propose changes to **outdated policies**.
outdated policies 구식 정책

I believed / that my proposal for reworking the policy **was beneficial to** the company / as a whole.
was beneficial to ~에 이득이 되다

My co-workers and I needed to develop new projects / for the next 2 months. ☐

I thought we needed to look for the company's vision and goals / before we set the departmental objectives.

I explained to team members / what we had to do for the best result / In achieving these goals.

183 가치관

① 10억 원이 생긴다면 무엇을 할 것입니까?
② 사내 정치성이 업무에 영향을 준다고 생각하나요?

1 저는 돈을 책임감 있게 쓰는 사람이고 충분히 성숙한 인간입니다.

따라서 무엇을 사는 데 돈을 쓰지 않고 제 미래를 위해 투자하는 데 쓰겠습니다.

또한 저는 제가 하는 일에 열정이 있기 때문에 돈을 얼마를 가지고 있든지 상관 없이 일을 계속할 것입니다.

2 내부의 정치적 갈등은 어디를 가든 있지만 그것은 정치인들에게나 맡기는 것이 현명한 것 같습니다.

다른 사람들과 일할 때는 그들의 말에 주의를 기울이고 완전히 협조해야 하니까요.

저는 사내 역학 관계에 휘말리지 않으려고 노력합니다.

① **What would you do if you won 1 billion won?**

② **How aware are you of internal politics that may affect your performance?**

반복훈련 ☐ ☐ ☐

필요한 문장에
표시해보세요!

I am responsible with using my money / and I am mature enough as a person. ☐

So I would invest my money for my future / instead of spending all in buy something.

Also, I would continue to work / because I am passionate about what I do / **no matter how much money I have**.

no matter how much money I have 돈을 얼마를 가지고 있든지 상관 없이

The internal political battles are found everywhere, / but it seems wise to leave it to the politicians. ☐

When you work with other people, / you have to listen to them, and fully cooperate with them.

I just try to never **become embroiled** / **in** office politics.

become embroiled in ~에 휩쓸리다

184 채용 이유 1

왜 당신을 채용해야 하나요?

지원자 자신이 가진 능력과 회사에 대한 잠재적인 기여도에 대해 충분히 어필할 수 있는 기회와도 같은 질문입니다. 지원자의 자질을 파악하는 압박 질문이지만 당황하지 말고 자신의 장점을 간단 명료하게 설명하세요.

귀사가 목표를 달성하는 데 제 능력이 필요하다는 걸 증명해 보일 준비가 되어 있습니다.

제 열정과 비전, 제가 가진 모든 능력으로 귀사에 기여할 수 있습니다.

무엇보다도 전 열심히 일하는 사람입니다.

제가 갖춘 다방면의 현장 지식이 귀사에 기여할 거라고 생각합니다.

저는 귀사의 일원이 되는 데 도움이 될 우수한 리더십과 조직 기술을 키워왔습니다.

Why should we hire you?

반복훈련 ☐ ☐ ☐

필요한 문장에
표시해보세요!

I am ready to prove / that my talents can be helpful / for
achieving the objectives of this company. ☐

I can contribute to your company / with **my passion,
vision, and all my abilities**. ☐
> **my major, my experience, and finally my attitude** 전공과 경험 그리고 마지막으로 저의 태도

Most importantly, / **I am a hard worker**. ☐
> **I have a strong academic background.** 학력이 우수합니다.
> **I have a lot of practical experiences.** 많은 실무 경험을 가지고 있습니다.
> **I was an excellent student.** 우수한 학생이었습니다.

I am sure / my well-rounded knowledge of the field / will
contribute to this company. ☐

I have developed strong leadership and organizational
skills / that will help me to be a part of your company. ☐

도입과 마무리 문장으로 활용해보세요!
There are 3 reasons why you should hire me, 저를 고용하셔야 하는 이유가 세 가지 있습니다.
That's why I feel so strongly / that this is the place for me. 그게 바로 이곳이 저를 위한 곳이라 확고히 믿
는 이유입니다.

185 채용 이유 2

왜 당신을 채용해야 하나요?

1 저는 귀사의 구인 광고에 기재되어 있는 모든 자격을
충족합니다. 저는 뛰어난 회계 능력과 이 분야에 대한 열정이
있습니다.

저는 귀사의 잠재력이 최고치에 도달하는 데 도움이 되고 싶고
또한 일등 회사의 일원이 되고 싶습니다.

그게 바로 이곳이 저를 위한 곳이라 확고히 믿는 이유입니다.

TIP 마무리 문장으로 활용하기 좋은 표현입니다. 꼭 활용해보세요.

2 귀사에서 저를 채용하셔야 하는 이유를 말씀드리겠습니다.
저는 이 일에 필요한 딱 맞는 능력을 갖추고 있습니다.

원하는 결과에 도달하기 위한 유연한 문제 해결 능력이 있으며
특히, 의사소통 능력이 뛰어납니다.

전 이 일을 즐겁게 하며 팀 작업을 즐기기 때문에 귀사는 높은
생신성을 기대하실 수 있습니다.

Why should we hire you?

반복훈련 ☐ ☐ ☐

필요한 문장에
표시해보세요!

I meet all of the qualifications / you have outlined in your
job advertisement. I have excellent / **accounting skills
and great passion** / for this field. ☐

▶ **expertise of the market** 시장에 대한 전문지식
  competency at statistics and market analysis 통계와 시장 분석에 대한 능숙함

I would like to help the company / to reach its full potential
/ and be a part of a winning team.

That's why I feel so strongly / that this is the place for me.

I can tell you why you should hire me. / I have exactly the
skills / you need for this job. ☐

I can be flexible in problem solving / to **get the desired
results** and especially, / I have strong communication
skills.

get the desired results 원하는 결과에 도달하다

I enjoy performing this work / and producing a team
product, / so you can look forward to being highly
productive.

186 채용 이유 3

왜 당신을 채용해야 하나요?

1 저는 마케팅 분야에 이상적인 지원자라고 생각합니다.

저는 강한 추진력과 융통성, 그리고 이 직책에 필요한 모든 자격 요건을 갖추고 있습니다.

저에게 여기서 일할 기회를 주시면 후회하지 않으실 겁니다.

---

2 첫 번째 이유는 제가 공학 전공자라는 것입니다.

둘째로 이 직책에 대한 열정이 직장에서 발생하는 어려움들을 헤쳐나갈 수 있게 해줄 것이라고 확신합니다.

무엇보다도 저는 이 분야의 지식과 열정 사이에 균형을 잘 맞추려고 노력합니다.

Why should we hire you?

필요한 문장에
표시해보세요!

I think I'm an ideal candidate / for a position in marketing. ☐

I have **a strong driving force** / and **flexibility** and all of
requirements for the job.
a strong driving force 강한 추진력 **flexibility** 유연성

If you give me the opportunity to work here, / **you won't
regret it**.
you won't regret it 그것에 후회하지 않을 것이다

First reason is / that I'm an engineering graduate. ☐

Second, I'm sure my passion toward this position will /
enable me to **push through** difficulties at workplace.
push through 헤쳐나가다

Above all, I try to get well-balanced / between knowledge
of this field and passion.

187 마무리 질문하기 1

질문 있나요?

회사에 대해 궁금한 것이 있는가도 필수 질문이므로 반드시 준비하세요. 궁금한 점이 있으면 적극적으로 물어보는 지원자가 긍정적으로 평가 받습니다.

신입직원들에게 회사는 어떤 교육 프로그램을 제공합니까?

_____

이 직무 지원자들에게 바라는 특별한 능력들을
말씀해주시겠습니까?

_____

이 직무에 따른 책임 업무는 어떤 것들이 있습니까?

_____

언제 결과를 알 수 있을까요?

_____

성과에 따른 상여금이 있나요?

Do you have any questions?

필요한 문장에
표시해보세요!

What kind of training programs does your company offer / ☐
for new employees?

Could you tell me some of the particular skills / that you're ☐
looking for / in the candidates for this position?

What are the major responsibilities / of this ☐
position?

When can I expect / to hear from you? ☐

Do you offer an added incentive / based on performance? ☐

188 마무리 질문하기 2

질문 있나요?

제가 근무하기로 결정된다면 언제 시작하게 되나요?

찾으시는 인재상은 정확히 어떤 사람입니까?

제가 지원하는 팀에는 현재 몇 명이 일하고 있나요?

이 직책의 월급은 어느 정도인가요?

귀사의 장단기 목표에 대해서 알고 싶습니다.

Do you have any questions?

반복훈련 ☐ ☐ ☐

필요한 문장에
표시해보세요!

If you decide to offer me the job, / when would I start?　☐

What kind of worker / are you looking for?　☐

How many people / are already working in the department　☐
/ to which I am applying?

How much / do you offer for this position?　☐
▶ **How much do you offer for the starting salary per annual?** 초임 연봉은 어느 정도인가요?

I'd like to know / a little about the company's
short term and long term goals.　☐

189 마무리 멘트 1

끝내기 전에 마지막으로 할 말이 있습니까?

면접관이 마지막으로 하고 싶은 말이 있냐고 묻거나 1분 스피치의 기회가 주어지면 강한 인상을 남기면서 마무리하는 것이 중요합니다. 앞서 실수가 있었더라도 만회할 수 있는 반전의 기회입니다. 아래 문장을 하나의 마무리 멘트로 연결해서 연습하세요.

"전략과 인재 그리고 제품이라는 최전선을 관리하면 나머지는 자연히 따라 온다"는 말이 있습니다.

따라서 성공으로 가는 간단한 방법은 필요한 인재를 적시적소에 배치하는 것입니다.

제가 컴퓨터 업계에 종사하며 가장 재미있었던 일 중 하나는 이전 회사에서 함께 ABC 소프트웨어를 개발한 일입니다.

기술은 시장의 주도권을 잡게 해줄 것이며 제가 가진 이 기술은 세상을 바꿀 능력이 있습니다.

그리고 저는 그 기술에 정통한 사람이므로 저를 이 직책에 배치해 이 기술을 가지고 ABC에 공헌할 수 있도록 해주십시오.

Do you have any last words before we finish?

반복훈련 ☐ ☐ ☐

필요한 문장에
표시해보세요!

It is said, "Manage the top line which is your strategy, ☐
your people, and your products, and the bottom line will
follow."

So one simple formula for success is / that puts the right
people in the right place at the right time.

Some of the most exciting work / that I've done in my
career has been the work / that I've done with the previous
company, / on the ABC Software.

Technology itself will put the company ahead of the curve,
/ and this technology / which I have has the ability to
change the world.

And I'm most knowledgeable about the technology / and
you can put me in this position / where I'll get the chance
to contribute to ABC with this technology.

190 마무리 멘트 2

끝내기 전에 마지막으로 할 말이 있습니까?

22년 전 '매킨토시'가 세상에 나타나 세상을 바꿔놓았습니다.

이것은 스티브 잡스처럼 창의적인 사람들은 세상을 바꿀 수 있음을 보여줍니다.

"아이디어 하나가 세상을 바꾼다"는 모토 아래 지금 ABC는 업계에서 위대한 자산을 만들고 있다는 것을 알고 있습니다.

ABC는 아이디어 제공자, 경영진, 직원들이 서로 '윈-윈'할 수 있는 구조를 구축할 것이라고 확신합니다.

ABC에 도움을 줄 수 있고 업계의 발전에 큰 기여를 할 수 있으면 기쁘겠습니다.

Do you have any last words before we finish?

필요한 문장에
표시해보세요!

Twenty-two years ago / "Macintosh" came out of nowhere, ☐
/ and changed the world.

That shows that creative people, / like Steve Jobs, can
change the world.

Under the motto "Ideas can change the world," /
I know ABC is right now **shepherding** some of the greatest
assets / in the industry.

shepherd (길을) 인도하다

I'm sure that ABC will build a win-win structure / for idea
providers, management, and their staff.

I'll be pleased to be supporting ABC / and make a huge
contribution to this industry.

Do you have any questions?
질문 있나요?

면접을 마무리하면서 꼭 듣게 되는 필수 질문입니다. 단순히 "No." 하고 끝내지 말고, 면접을 잘 끝내고 싶다면 적극적으로 궁금한 점을 물어보세요. 회사에 대해서 그리고 자신에게 주어진 기회에 대해서 파악할 수 있는 기회이므로 면접에서 자신이 하게 될 질문거리를 미리 준비해두세요.

미리 준비하는 질문거리

Company Organization 회사 조직 관련

What can you tell me about your company's organization/mission/vision/values?
회사 조직/강령/비전/가치에 대해 말씀해주시겠어요?

What do you like best about working for your company?
귀사에서 근무하면 가장 좋은 점이 무엇인가요?

What do you see as your company's single greatest asset?
귀사의 가장 중요한 단 하나의 자산은 무엇입니까?

How would you describe your company's culture?
귀사의 문화에 대해 설명해주시겠습니까?

How has the company changed over the last three years?
귀사는 지난 3년간 어떤 점이 바뀌었습니까?

The Department 부서 관련

How many employees does the department have?
이 부서에는 직원이 몇 명인가요?

Has that number changed significantly over the past six months?
지난 6개월간 많이 바뀐 숫자인가요?

What impact does this department have on the organization overall?
이 부서는 회사에 전반적으로 어떤 영향력이 있나요?

What business problems keep you awake at night?
(실무진에게 할 수 있는 질문입니다.) 밤에 잠 못 자게 하는 사업상의 문제는 무엇인가요?

Position for Applying 지원하는 일자리 관련

How long has this position been open?
이 일자리는 얼마 동안 비어 있나요?

Is this a new position or would I be replacing someone?
이 자리는 새로 생긴 자리인가요, 누군가를 대체하는 것인가요?

Why is the former employee no longer in this position?
이전 담당자가 이 자리에 계속 있지 못하는 이유가 무엇인가요?

What does the company consider the most important duties of the position?
이 직위의 가장 중요한 임무를 회사는 무엇으로 보나요?

What specific skills do I need to succeed in this job?
이 직위에서 성공하기 위해 필요한 특정 기술은 무엇인가요?

What do you see as the key challenges the person in this position will face?
이 자리의 담당자가 겪게 될 가장 큰 어려운 점이 무엇이라고 생각하시나요?

I would like to follow up with you, as I am very interested in this position. When do you expect to make a decision?
이 자리에 대단히 관심이 있어서 덧붙이고 싶은 말이 있습니다. 언제 결정할 것으로 보시는지요?

If you decide to offer me the job, when would I start?
제가 근무하기로 결정된다면 언제 시작하게 되나요?

영어 면접 평가 기준이 궁금하다

평가 기준은 회사마다 다르고 질문에 대한 답변은 정답이 따로 있지 않습니다. 지원자 저마다 개성 있는 답변이 나올 테니 100인 100색이라 할 수 있는 답변에 정답이란 있을 수 없겠죠. 그러나 좋은 답변, 좀 더 귀가 번뜩 뜨이는 답변은 있기 마련입니다.

외국 기업은 물론, 국내 기업도 면접관들이 외국인인 경우가 많으므로 핵심을 돌려서 말하는 것보다는 직접적으로 언급하는 것을 좋아합니다. 흔히 두괄식으로 답하라고 하는 이유가 그런 것이죠.

또 암기해서 말하는 듯한 답변을 좋아하지 않습니다. 이는 영어 스피킹 테스트에서도 마찬가지입니다. 자연스럽지 않으며, 말을 끊지 않고 책을 읽듯이 할 말만 해버리는 경우가 있습니다. 끊지 않고 쭉 연결해 말한다는 것은 의미를 생각하지 않고 외운 것을 혹시나 잊어버릴 세라 얼른 말해버리려는 조급함에서 나오는 행동입니다. 신인 배우가 대사를 외워 영혼 없는 연기를 보일 때 나타나는 것과 같은 현상입니다. 이런 건 면접관도 딱 알아봅니다. 외국 기업의 면접에서 외운 답변을 기계적으로 말한다면 면접관이 이 사람 뭔가 이상하다고 생각할 겁니다.

또한 최악의 실수는 질문을 잘못 알아듣고 엉뚱한 답변을 하는 것입니다. 질문을 못 들었다면 면접관에게 되물어서 정확한 의미를 알고 답변해야 합니다. 재질문은 감점이 되지 않습니다.

평가 기준은 어렵지 않습니다. 자신감을 가지고 대화하듯이 자연스럽게 말하면 최고 점수를 받을 수 있습니다. 그렇지만 면접에서 다소 긴장했다고 그리 큰 흠은 아닙니다. 우린 다 같은 사람이니까요. 평소에는 잘 떨지 않는 사람이라도 면접장 특유의 긴장감 넘치는 분위기에서는 머리카락이 쭈뼛 서지 않을 수 없습니다. 경험 삼아 보러 갔다 해도 떨릴 겁니다.

자, 어떤가요? 언급한 전략대로 하면 된다는 것을 재차 확인할 수 있죠?

평가 기준에 부합하려면

1 외운 티 내지 않기

2 버벅거림 최소화

3 유창한 듯 말하기(자신감으로 무장해 착시 효과)

4 못 들었으면 이실직고 재질문

5 태도 점수 100% 받기

영어를 못해도 이것만은 챙기자, 영어 기본기

영어는 우리말이 아니니까 내 의사 표현을 하면서 버벅거릴 수는 있습니다. 영어 실력 '상'인 후보자를 뽑는 곳이 아니라면 어느 정도 감안을 할 겁니다. 그렇더라도 기본기마저 안 갖춘 후보자라면 좀 곤란하겠죠? 우리가 영어를 배우기 위해 쏟은 시간만 봐도 중고대학 통합 자그마치 10년입니다. 중학교 영어 문법 수준의 기본은 지킬 줄 알아야 합니다. 마치 격식을 갖춘 자리에서 우리말 조사를 빼먹고 말하거나 자기소개서를 쓰면서 SNS식 맞춤법을 남발하면 격이 떨어져 보이는 것과 마찬가지입니다.

한국인이 매일 틀리는 영어 기본 문법 3

1 알고 있지만 적용 못하는 시제

'과거의 일이면 과거시제, 현재 일이면 현재시제'가 기본 원칙입니다.

I **was** nervous but I**'m** OK now. (조금 전) 긴장했는데 (지금은) 괜찮습니다.
　과거시제　　　　　　　현재시제

과거부터 현재까지의 일을 나타내면 현재완료시제를 씁니다. 우리말에는 없는 표현이라 어려움을 느끼는 시제인데 익숙해지면 어렵지 않아요.

I **have devoted** my educational pursuits exclusively to marketing.
저는 마케팅에 맞춰 교육을 받아왔습니다.

마케팅 교육을 과거 언제부터 지금까지도 받고 있다는 의미입니다. 기간을 넣어줘도 됩니다.

2 동사의 수 일치

영어에는 동사에 인칭과 수 개념이 적용됩니다. 역시 우리말과 다른 점이죠. 주어가 3인칭 단수라면 현재형 동사에는 -s를 붙여줍니다. 잊지 마세요. 별거 아닌 듯 하지만 정확하게 지켜주면 실제 영어 실력보다 높게 평가될 수 있습니다. 그만큼 작은 실수를 대수롭지 않게 여기고 많이들 한다는 얘기입니다.

My father **runs** a bakery, my mother **teaches** English in high school, and my brother **is** a high school student.
아버지는 제과점을 운영하시고 어머니는 고등학교 영어 선생님이시며 남동생은 고등학생입니다.

3 대명사 일치

면접에서 대체로는 지원자 자신의 이야기를 하는 것이기 때문에 대명사도 I, my, me 정도를 가장 많이 쓰고 상대를 가리키는 you, your도 많이 씁니다. 일반적인 사람을 의미할 때도 you를 쓰면 됩니다. 그러나 제3자에 대해 이야기할 때는 여자/남자 또는 여러 명이냐에 따라 적절한 대명사를 써줘야 합니다.

If **your** viewpoint is positive and enthusiastic, **you** can obtain excellent performance through **your** staff.
생각이 긍정적이고 열정적이라면 직원들에게서 훌륭한 업무 성과를 성취할 수 있습니다.

여기서 you는 상대방이 아닌 일반적인 경우를 얘기하기 위해 쓴 주어입니다.

English JOB! Interview